Esoterik

Herausgegeben von Gerhard Riemann

Rolph Gaïl, 1925 geboren, wuchs in München auf und blieb dort geistig und körperlich fast das ganze Leben. Ab 1946 veröffentlichte er Short stories, sechs Bücher unter Pseudonym, schrieb Texte für Fernsehfilme und arbeitete als Journalist.

1984 begann er mit den Vorarbeiten für sein Buch »Magische Kabbala«. Er unternahm zahlreiche Reisen – in andere Länder und die Innenwelt: zum Südwesten der USA, zu Schamanentum, Musikmeditationen, Tarot und kabbalistischer Magie. Seit 1992 lebt er mit seiner Frau vor allem in Umbrien und arbeitet kabbalistisch.

W0196231

Dieses Buch wurde auf chlor- und säurefreiem Papier gedruckt.

Originalausgabe Januar 1995
© 1995 für die deutschsprachige Ausgabe
Droemersche Verlagsanstalt Th. Knaur Nachf., München
Das Werk einschließlich aller seiner Teile ist urheberrechtlich
geschützt. Jede Verwertung außerhalb der engen Grenzen des
Urheberrechtsgesetzes ist ohne Zustimmung des Verlages
unzulässig und strafbar. Das gilt insbesondere für
Vervielfältigungen, Übersetzungen, Mikroverfilmungen
und die Einspeicherung und
Verarbeitung in elektronischen Systemen.
Umschlagillustration: Peter F. Strauß
Satz: Ventura Publisher im Verlag
Druck und Bindung: Ebner Ulm
Printed in Germany
ISBN 3-426-86078-3

2   4   5   3   1

ROLPH GAÏL

MAGISCHE KABBALA
DER WESTLICHE WEG

Eine verständliche Anleitung
zur magisch-kabbalistischen Arbeit
mit dem Baum des Lebens

Gewidmet meiner Frau
und den Begleitern
auf allen diesen Wegen,
ohne die das Buch
nicht entstanden wäre

Inhalt

Vorwort 11

TEIL I

1. Kapitel
Die zehn Sephiroth und der Baum
des Lebens 19
Die Geburt der Sephiroth 22
Wir sind ein genaues Abbild des Kosmos 28
Was ist ein spiritueller Mensch? 33

2. Kapitel
Die vier kabbalistischen Welten 35
Gottesnamen, Erzengel, Engelchöre und
astrologische Kraftprinzipien: Das Aufbauen
von Vorstellungsbildern 42
Die praktischen Übungen beginnen: Das
innere Sehen und »Merken« von Farben 58

3. Kapitel
Die zwei Seiten der Symbole 64
Die Wirkung der Symbole –
Harmonisierung mit dem Naturkreuz 69

4. Kapitel
Die leichten Schimmer 77
Die Persönlichkeit als Prügelknabe 80

Die Kunst öffnet uns die Türen ins geistige
Universum 83
Der göttliche Funke ist der wahre Meister 85
Wie lange existieren Persönlichkcit, Individualität
und Überselbst? 89

5. Kapitel
Gruppenarbeit: Anrempeln beim Meditieren 92
Der Vier-zu-zwei-Atem 98
Weitere Übungen mit farbigen Scheiben:
Die Farben der Wochentage 102
Symbolarbeit: Das Sehen einer Rose auf unserem
inneren Bildschirm 104

6. Kapitel
Die Hermetischen Gesetze, Grundpfeiler westlicher
Spiritualität 107

7. Kapitel
Bilder aufsteigen lassen 122
Kabbalistisches Kreuz und Pentagrammritual: Der
mikro- und makrokosmische Mensch im Baum
des Lebens 127
Konzentration, Meditation und Kontemplation,
einmal einfach erklärt 140
Einfacher Aufbau einer Meditation in vier Stufen . 144

8. Kapitel
Das mit dem Karma ist anders 146
Wie frei ist der Mensch? 147
Oft läßt das Karma nicht lange auf sich warten 150
Warum Heitersein gut für das Karma ist 154

TEIL II

9. Kapitel

Kabbalisten, die Esoteriker mit Hundepfeifchen . . 159

Das Aufladen der Sephiroth 161

10. Kapitel

Die fünf Aspekte der Sephiroth 164

Kether: Reines Sein 171

Chockmah: Der Motor des Universums 179

Binah: Die Urmutter der Formen 185

Chesed: Das Lächeln des Weltgeistes 192

Geburah: Das verbrennende Feuer Gottes 199

Tiphareth: Die Harmonie aller Dinge 206

Netzach: Das Prisma der Musen 213

Hod: Der Zeremonienmeister 220

Yesod: Die Maschinerie des Universums 230

Malkuth: Die Schule der Elemente 241

Daath: Die geheimnisvolle Sphäre 252

TEIL III

11. Kapitel

Die drei Kardinaltugenden 257

Das große Morgenzeremoniell 261

Zum Geleit – Neue Dimensionen 284

Literaturverzeichnis 291

Vorwort

Indem Sie sich anschicken, liebe Freundin und lieber Freund, diesen ersten Satz des Vorworts für ein Buch zu lesen, das Sie in das Universum der magischen Kabbala führen will, haben Sie den ersten Schritt auf dem kabbalistischen Weg bereits getan.

Denn niemand liest freiwillig das Vorwort eines Buchs, zu dessen Thema er sich nicht aus offenkundigen oder eher geheimnisvollen Gründen hingezogen fühlt. Vorworte sind bei der Leserin und beim Leser kaum beliebt – nur eitle Autoren und Herausgeber glauben das Gegenteil – und werden in ihrer Mißliebigkeit höchstens von den Nachworten übertroffen.

Nachdem wir nun trotzdem schon über den ersten Schritt hinausgegangen sind, möchte ich gern sagen, was dieses Buch will. Ich habe mich immer gewundert, warum ausgerechnet *der* spirituelle westliche Weg, nämlich der kabbalistische, so wenige Anhänger hat. »Das ist zu mühsam«, sagten mir Freunde. »Kabbala ist viel zu kompliziert und mühsam.« Das stimmt, wenn man die Wörter »viel zu« wegläßt. Aber jeder spirituelle Weg ist kompliziert und mühsam, und das Mühsamste ist eigentlich die innere Umwandlung des Menschen, die ihm auf keinem dieser Wege erspart bleibt, wenn er wirklich vorankommen will.

»Außerdem ist die Kabbala unverständlich«, sagen die Freunde. Aber das stimmt nicht. Die Kabbala ist nicht unverständlich. Nur viele Bücher über die Kabbala sind es. Die magische Kabbala, und um diese geht es uns hier, ist ein glasklares System. Daß es sich trotzdem dort, wo es ins Symbolische, Mystische, Numinose hinausstrahlt, nicht mit dem Wortschatz der Buchhaltung erklären läßt, leuchtet ein. Und hier beginnen dann für manche die Schwierigkeiten zu begreifen. Nicht zuletzt für sie ist dieses Buch geschrieben.

Verstehen kann man den Zulauf schon, den die östlichen Glaubenstraditionen bei den Esoterikern im Westen finden. Hierbei spielt die Verzauberung durch das Exotische sicher eine große Rolle. Verzaubert, vom Wunderbaren angerührt werden wollen wir doch alle. Und je weiter wir uns in die Ferne absetzen, um so leichter scheinen die Wunder uns zu begegnen, weil das Alltagsleben jener Fernen, aus dem sie aufsteigen und über dem sie schweben, uns nichts angeht.

Doch ist das weder Sinn noch Weg, noch Ziel unseres irdischen Lebens. Denn wir sind wohl kaum im Westen inkarniert, damit wir uns in östliche Religionen zurückziehen – vor unseren Arbeiten, die wir hier zu erledigen haben. Zuviel von dem, was man auf fernöstlichen Pfaden trifft, ist zu weit weg von den Dingen, mit denen sich der Mensch des Westens als Aufgabe beschäftigen muß. Der spirituelle Ferntourist, der mit seinem Gepäck früherer Leben und mit seinem Ego über den Wendekreis des Karmas hinweg direkt in asiatische Seligkeiten fliegt, ist eine Utopie. Leider sind die kosmischen Gesetze nicht so.

Aber was heißt hier leider. Unsere westliche Kabbala ist ein herrliches spirituelles System, dessen einziges Manko darin besteht, daß sich das noch nicht genügend herumgesprochen hat. Zudem ist es allumfassend. Was wir auch denken, tun und fühlen, was in uns und außer uns, auf der Erde und im Kosmos und hinter ihm geschieht, hat in der Kabbala seinen Platz. In ihr findet es eine Erklärung und wird uns dadurch zugänglich.

Der Begriff »Kabbala« umfaßt ein weites Feld – viel zu weit, um seine Grenzen in einem einzigen Menschenleben abzu-

12

gehen. Eines der wesentlichen kabbalistischen Gebiete ist Bereschit, die Schöpfungslehre und ihre Gesetze. Sie bilden die Grundlage des Buches Sepher Jetzirah. Merkaba, »der Wagen«, befaßt sich mit dem Wesen Gottes und mit der Weise, wie die göttliche Offenbarung zu den Menschen gelangt. Grundlage von Merkaba ist das Buch Sohar. Bereschit und Sohar zusammen sind die theoretische Kabbala, die zwangsläufig auch in unsere Betrachtungen hineinspielen wird.

Andere Studierende verfolgen als Historiker die Spuren der Kabbala zurück durch die Jahrtausende. Uns genügt es zu wissen, daß die Ursprünge der Kabbala, wie wir sie verstehen, aus dem alten Ägypten, dem alten Israel, dem alten Griechenland und dem alten Christentum stammen. Wenn wir sagen: »Die Kabbala, wie wir sie verstehen«, dann meinen wir damit die kabbalistische Geheimlehre, die erst vom 12. Jahrhundert nach Christus an aufgezeichnet wurde, und da zu oft verschlüsselt und unvollständig. Es ist die magische Kabbala, die mit dem Bild des Baums des Lebens arbeitet, dem allumfassenden und allmächtigen Mandala des Westens. Um den Baum des Lebens wird sich fast alles drehen, was in diesem Buch Bedeutung hat.

Es gibt dann noch eine Abteilung der Kabbala, die sich mit Zahlen und Buchstaben beschäftigt. Sie geht davon aus, daß jeder Buchstabe des hebräischen Alphabets einen bestimmten Zahlenwert hat. Auch die Wörter bekommen dadurch natürlich, wenn man die Wertigkeit der Buchstaben zusammenzählt, einen gewissen Zahlenwert. Und dieser numerologische Teil der Kabbala arbeitet unter anderem damit, daß er verschiedene Wörter miteinander vergleicht und so etwa zwischen Wörtern mit gleichem Zahlenwert geheime Verbindungen herstellt. Wollten wir behaupten, daß sich mit dieser Methode von einem Versierten alles beweisen und alles widerlegen läßt, würden wir den Zorn der Numerologen in der ganzen Welt auf unser unschuldiges Haupt ziehen. So lassen wir es lieber bleiben.

Viele von uns haben im Alten Testament über recht grausame, angeblich von Gott bestimmte Gesetzesvorschriften der Juden gelesen: wie Menschen wegen geringer Vergehen gesteinigt werden, wie ganze Völker ausgerottet werden sollen. Dies ist nicht unsere geistige, nicht unsere spirituelle Welt. Mit der Geheimlehre der Kabbala, wie wir sie verstehen, mit der wahren Kabbala, haben diese Dinge soviel zu tun wie die Prozedurvorschriften der christlichen Inquisition mit Jesus Christus.

Wenn man erklärt, man sei ein Anhänger der abendländisch-christlichen Kabbala, stößt man sogar bei vielen Esoterikern an eine Wand der Ablehnung. Forscht man nach den Gründen ihres Zurückweichens vor dem Wort »Christentum«, findet man erstaunlich oft im Hintergrund ein Männlein, das jenem Menschen in der Jugend Religionsunterricht gegeben oder, wie man so schön sagt, erteilt hat. Ob es die Erinnerung an eine Schmalspurinquisition war, durch die der Schüler oder die Schülerin geistig unter Druck gesetzt wurde, an zu infantil vorgebrachte heilige Geschichtchen oder an die Unfähigkeit der Lehrenden überhaupt, Glauben, religiöses Gefühl zu vermitteln – die Schwierigkeit, mit dem Wesen des Christentums umzugehen, wurde nur zu oft in der Religionsstunde geboren.

Doch davon muß man sich frei machen. Ein Mensch, dem es mit dem spirituellen Weg ernst ist, sollte nicht ein Leben lang das Opfer seines Religionslehrers bleiben. Übrigens haben weder Christen noch Juden die Kabbala »erfunden«. Sie haben sie nur entdeckt und erkannt.

Überhaupt ist die magische Kabbala, wie wir sie verstehen, nicht zwangsläufig christlich. Ein Anhänger des griechischen Olymps oder der germanischen Walhalla, der Druidengeheimnisse oder des altägyptischen Götterreiches kann mit der Kabbala genauso in den Himmel der Spirituellen einfliegen wie ein Gläubiger ohne festen religiösen Wohnsitz.

Die Kabbala, die mit dem Baum des Lebens operiert, ist neben Astrologie, Alchimie, Magie und Tarot der fünfte Pfeiler der abendländischen Esoterik und Spiritualität. Und außerdem ist die Kabbala der Grundpfeiler schlechthin, auf den die vier anderen Pfeiler zulaufen und der sie in sich aufnimmt. Sie ist ein gigantisches Instrumentarium für den Umgang mit uns selbst, mit der kosmischen Riesenmaschinerie und mit dem Göttlichen.

Wenn ich sage, die abendländische magische Kabbala bleibe nicht hinter den größten fernöstlichen Systemen zurück, begehe ich eine arge Untertreibung.

EINS

KAPITEL 1

Die zehn Sephiroth
und der Baum des Lebens

Die Kabbala weiß, daß das Universum von zehn verschiedenen Kraftquellen bewegt, regiert, beherrscht, geordnet wird, die alle aus einem geistigen Reservoir jenseits unseres Vorstellungsvermögens entspringen. Diese zehn Energiesphären sind so angeordnet, wie es uns der Baum des Lebens zeigt (Abb. 1).

Der Mensch, lehrt unsere Kabbala, ist als Mikrokosmos ein genaues Abbild des Makrokosmos, des Universums. Deshalb ist auch er ein Baum des Lebens mit zehn Energiestationen und den im Baum des Lebens herrschenden Gesetzen unterworfen.

Nur sollten wir uns gleich von Anfang an vor einem Mißverständnis hüten. Der Baum des Lebens ist keine geographische Karte jenes geheimnisvollen Landes mit Namen Seele und auch nicht des kosmischen Weltreichs Universum. Er ist vielmehr ein Diagramm, eine bildliche Darstellung der Beziehungen, die zwischen den im Universum und der menschlichen Seele herrschenden Kräften wirksam sind. Das heißt, der Baum des Lebens ist ein Abbild von Kräften und von Mächten, nicht von Dingen. Diese zehn verschiedenen Ausdrucksformen oder Emanationen, »Ausströmungen«, ein und derselben Kraft nennt die Kabbala Sephiroth (Einzahl: Sephira).

Wer jetzt gleich mehr über jene geheimnisvolle Kraft hinter allem wissen möchte – schon deshalb, weil wir sie unerkennbar nannten –, muß sich aber noch etwas gedulden. Man

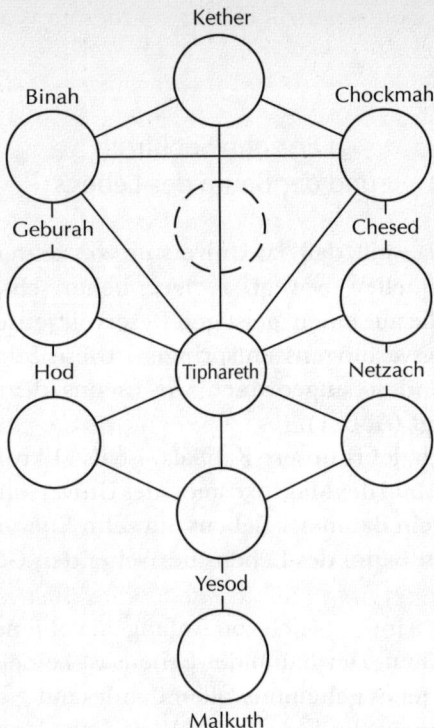

Abb. 1: Der Baum des Lebens

mag in ihr Gott sehen, doch wer vor diesem Wort zunächst noch zurückschreckt, kann sie auch Weltgeist, letzte Ursache oder oberstes, höchstes Prinzip nennen. Das spielt keine Rolle. Beim Weg durch die magische Kabbala wird die kabbalistische Freundin und der kabbalistische Freund ohnehin bald vom Göttlichen ergriffen werden.

Es wäre zu einfach zu glauben, daß jede einzelne der Sephiroth, jener zehn Grundkräfte, die zusammen unsren Kosmos und uns regieren und ordnen, einen ganz genauen, scharf definierbaren Aspekt besitzt, also sozusagen ein unverkennbares Gesicht. Alle Sephiroth haben vielmehr zahllose Möglichkeiten, Facetten, Aspekte ihres Grundcharakters. Sie sind miteinander vernetzt, sie beeinflussen und beeinträchtigen sich gegenseitig, verstärken sich und befinden sich schließlich im Idealfall miteinander in Harmonie.

Hier zwischenrein möchte ich alle beruhigen, die beim Betrachten der Abb. 1 immer wieder die Zahl der Sephiroth an ihren Fingern abzählen und dabei zu der Befürchtung kommen, daß sie einen Finger zuwenig oder eine Sephira zuviel haben. Sie haben mit ihrer Befürchtung durchaus recht – oder vielleicht doch auch nicht so ganz.

Bestimmt zeigt unsere Darstellung vom Baum des Lebens elf Kreise. Aber einer von ihnen unterscheidet sich schon durch die unterbrochene, gestrichelte Linie seines Umfangs von den zehn anderen. Es handelt sich um Daath, von vielen »die verborgene Sephira« genannt, auf die sich wegen ihrer Verborgenheit fast alle sofort stürzen.

Vielleicht ist es jedoch gar nicht so ausgemacht, daß es sich bei Daath tatsächlich um eine echte Sephira handelt. Es könnte auch eine andere Sphärenart hohen Niveaus sein, welche die drei allerhöchsten Sephiroth von den sieben tiefer gelegenen Sephiroth teilweise abschirmt. Dafür würde sprechen, daß die gewaltige Glyphe Baum des Lebens schon auf einer mächtigen und ausgewogenen Zahl wie der Zehn basieren muß und nicht auf einer Elf. Man sollte sich durch das, was ich im Vorwort scherzhaft über die Numerologen angemerkt habe, nicht verwirren lassen. Die Zahl gehört zu den wichtigsten Bestandteilen im Baum des Lebens, sie ist ein unerläßlicher Bauteil des kabbalistischen Gebäudes.

Über Daath werden wir trotzdem später in diesem Buch noch einiges lesen. Bis auf weiteres jedoch genügt es uns zu wissen, daß es sie gibt, in welcher Art auch immer. Jedenfalls können auch die Kabbalisten, deren Gedanken und Worte ständig um die »verborgene Sephira« kreisen, nicht leugnen, daß die Kabbala trotz Daath immer nur von den zehn Sephiroth spricht.

Die Geburt der Sephiroth

Wie entstehen nun die Sephiroth, und woher kommen sie überhaupt? Sie nehmen ihre Ursprünge in jenen unerkennbaren Bereichen, die ihre Kraft, eine jedes Vorstellungsvermögen überschreitende Potenz aus Energie und Geist, aus dem Unmanifestierten in die oberste Sephira, Kether, schleudern.

Aus gutem Grund trägt Kether als Sephira die Nummer eins. Sie ist der Ursprung für alles, was im Universum, das heißt auch auf der Erde und im Menschen, ist und geschieht. Kether ist, im Gegensatz zu den anderen neun Sephiroth, reines Sein. Das klingt sehr »philosophisch«, trotzdem ist es gar nicht so schwer zu begreifen, was wir unter reinem Sein zu verstehen haben. Reines Sein ist der Zustand, der noch nicht in die Form und noch nicht in die Aktivität eingetreten ist. Das heißt, dem reinen Sein fehlt alles, woraus ein Menschenleben besteht.

Kether ist nicht Gott, aber dem Göttlichen möglichst nahe. Kein Wunder, daß seine Farbe als purer Glanz beschrieben wird, der noch mehr strahlt als das Weiß, aus dem erst durch die Brechung im Prisma die Farben in die Welt leuchten. Es heißt, für den zur Vollendung gelangten Kabbalisten sei Kether der Ort seiner möglichen Begegnung mit Gott. Menschliche Zeugen dafür gibt es nicht. Wer die spirituelle Erfahrung einer Begegnung mit Gott erreicht, wird entrückt und kommt nicht mehr zurück.

Und doch wird selbst für Kether die Gewalt des reinen Seins zu stark, die aus dem Unerkennbaren, Unmanifestierten in sie unaufhörlich einströmt. Sie muß einen Teil des Seins, das alles enthält, weitergeben. Deshalb gebiert sie die zweite Sephira, Chockmah. Chockmahs Wesen ist totale, gerichtete Kraft in ungeheurer Potenz. Auch Chockmah behält ihre Energie nicht für sich. Dadurch entsteht, ihr gegenüber auf dem Baum des Lebens, die dritte Sephira, Binah. Es ist die Sephira der Form, die hinter allen Formen steht, die Urmutter der Formen.

So geht es, kreuz und quer den Baum des Lebens abwärts, weiter. Auf und aus Binah folgt die vierte Sephira, Chesed, eine Sphäre der Großzügigkeit, des väterlichen Schutzes, des heiter genossenen Reichtums. Nach Chesed entsteht die fünfte Sephira Geburah, die kriegerische Sephira des strengen Willens, des Mutes, der oft auch mit Gewalt ausgleichenden Gerechtigkeit und Korrektur. Die nach Geburah wirkende sechste Sephira Tiphareth ist die Heimat von Schönheit, reiner Liebe und Harmonie.

Aus Tiphareth bildet sich Netzach, die siebte Sephira. Hier ist die Liebe der sinnlicheren Art mit ihren Gefühlen zu Hause, hier wirken die Musen, hier strahlt das Licht im vielfarbigen Prismenglanz. Auf Netzach folgt Hod, die achte Sephira, Sitz der kühlen Vernunft, der Wissenschaften, der Bücher, der zeremoniellen Magie. Yesod, die neunte Sephira, in die sich die Kräfte von Hod ergießen, ist der Saal der Bilder und des Traums, die Heimat des Unbewußten. In Yesod wogen und wirken die astralen Kräfte. Aus Yesod kommt alles, was schließlich in der zehnten Sephira, Malkuth, Form, Farbe und Gestalt annimmt.

Die Kabbalisten nennen den Weg, den die Kräfte und Zustände aus Kether abwärts nehmen, den zündenden Blitz (Abb. 2). Er ist eine Hilfskonstruktion, ein graphisches Bild, das uns beim Verständnis kabbalistischer Wirkungen und Entstehungen weiterhelfen soll.

Allerdings ist »zündender Blitz« ein etwas zu eng gefaßter Begriff. Denn der Kabbalist kann die von ihm anvisierte Sephira nicht nur erreichen, indem er wie der zündende Blitz von oben nach unten reist – dazu müßte er zudem erst einmal sozusagen aus dem Stand hinaufkommen –, sondern auch in umgekehrter Richtung, was bei einem realen Blitz kaum möglich schiene. Wobei wir nicht die Vorstellung wecken möchten, daß man, um in das Kraftfeld einer bestimmten Sephira zu gelangen, dem Zickzackweg des zündenden Blitzes folgen müßte. Das ist keineswegs der Fall.

Vor allem in neuerer Zeit wird behauptet, der zündende Blitz sei kein Blitz, sondern eine durch alle Sephiroth laufende Spirale. Vieles spricht dafür. Darüber soll jeder selbst entscheiden. Am Prinzip des Vorgangs ändert sich dadurch nichts.

Der Baum des Lebens wäre ein recht zufällig aufgeschossenes Gewächs, hingen seine Sephiroth willkürlich und vom Zufall plaziert im Kosmos und in uns herum. Schon die Regelmäßigkeit des zündenden Blitzes verrät das Gegenteil. Eine Ahnung, daß am Baum des Lebens tiefgehende und

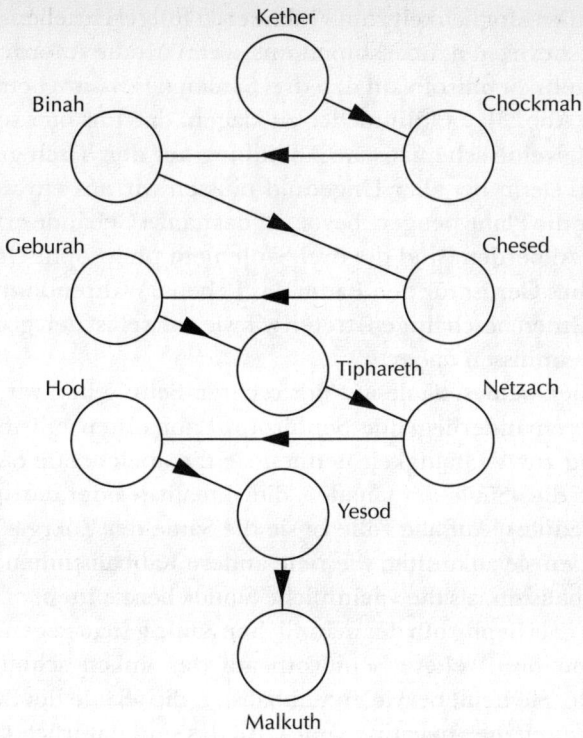

Abb. 2: Der zündende Blitz

bei aller Möglichkeit zum Fluktuieren festgeschriebene Gesetze herrschen, überkommt uns, wenn wir die Anordnung der zehn Sephiroth auf den drei Säulen des Baums betrachten (Abb. 3). Es hilft nichts, zu klagen, daß uns hier schon wieder eine schematische Abbildung auf den Tisch gelegt wird. Denn bei aller Ungeduld müssen wir uns ein wenig über die Pläne beugen, bevor wir das ganze Gebäude errichten. Außerdem sind die drei Säulen ein philosophisch-magisches Gerüst für den Baum des Lebens. Während wir uns mit ihnen beschäftigen, treten wir wie von selbst den großen Geheimnissen näher.

An der weißen Säule auf der rechten Seite sehen wir drei untereinanderliegende Sephiroth. Kabbalisten mit ihrem Hang zur Vielfältigkeit nennen sie die »belebende Säule« oder die »Säule der Gnade«, die »kreative« oder die »positive Säule«. Auf alle Fälle ist sie die Säule der Energie. Wir werden sie zukünftig, wie viele andere Kabbalistinnen und Kabbalisten, als die »männliche Säule« bezeichnen.

Den drei Sephiroth der männlichen Säule genau gegenüber liegen drei weitere Sephiroth auf der linken schwarzen Säule. Sie heißt bei vielen Kabbalisten die »Säule der Strenge«, auch die »negative Säule«. All das sind natürlich keine moralischen Werturteile, sondern nur Zusammenfassungen von Prinzipien und Kräften. Im Gegensatz zur männlichen Säule der aktiven Energie auf der rechten Seite des Baumes ist die linke die formgebende Säule. Wir wollen sie die »weibliche Säule« nennen.

Vier weitere Sephiroth – wenn wir die »verborgene« geheimnisvolle Daath dazunähmen, sogar fünf – haben wir auf der mittleren grauen Säule. Kabbalisten nennen sie oft die »Säule der Milde«. Bei uns wird sie schlicht »mittlere Säule« heißen.

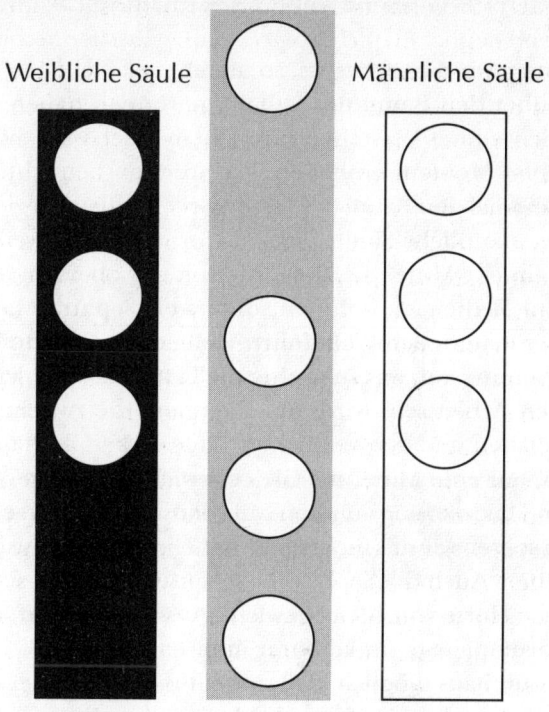

Abb. 3: Die drei Säulen im Baum des Lebens

Wir sind ein
genaues Abbild des Kosmos

Nachdem wir diesen ersten, so ungeheuer wichtigen Überblick über den Baum des Lebens gewonnen haben, ohne den ein weiteres Verstehen gar nicht möglich wäre, können wir einen Moment einhalten. – Und dann betrachten wir noch einmal den Baum des Lebens: rechts die energiespendende, männliche Säule, links die formgebende, weibliche Säule, in der Mitte die Säule, die von der obersten, ersten Sephira Kether zur zehnten, untersten Sephira Malkuth, unserer materiellen Welt, führt. Vielleicht steigt nun in uns eine Ahnung auf, was zukünftig die Essenz unserer kabbalistischen Arbeit sein wird: die Energien, die zwischen der männlichen und der weiblichen Säule wirken, zu harmonisieren, auf eine Mitte, ins Gleichgewicht zu bringen. Und das im Makrokosmos und im Mikrokosmos, in uns selbst.

Dabei sollten wir uns nicht einer naheliegenden Täuschung hingeben. Auch die Sephiroth der mittleren Säule sind per se keine Horte von Gleichgewicht, Ausgewogenheit, Balance, Harmonie. Sie sind das nur in ihrem Idealfall.

Es ist durchaus möglich, daß uns ein Bekannter, der schon etwas länger als wir auf dem kabbalistischen Weg wandelt – oder sagen wir besser: Pfad (die Verbindungswege zwischen den einzelnen Sephiroth heißen Pfade) –, ein wenig deprimiert erzählt: »Wohin ich auch bei meinen kabbalistischen Übungen reise, ich begegne immer nur mir selbst.« Das ist, zugegeben, für manchen kein Vergnügen. Doch ist der Klagende bei seinen Übungen schon weiter, als er denkt. Denn die emotionsfreie Beschäftigung mit sich selbst, dem Mikrokosmos, dem Baum des Lebens in sich, gehört ja zu den Hauptaufgaben der magischen Kabbalisten. Besonders in diesem Zusammenhang wird immer wieder bedauert, daß sich so viele Menschen mit unausgeglichener Psyche zur Spiritualität hingezogen fühlen. Aber das ist durchaus verständlich. Diese Menschen suchen Hilfe. Durch die Kabbala – und natürlich auf viele andere Weisen – können sie diese Hilfe finden. Doch gilt auch hier: Hilf dir selbst, dann hilft dir Gott – durch den Baum des Lebens.

Das heißt, man muß sich selbst in die Balance bringen, sich als harmonische Persönlichkeit aufbauen, wenn man in der praktischen Arbeit mit der Kabbala reüssieren will. Es gilt also, seine Emotionen und Energien zu harmonisieren, indem man die unerwünschten Kräfte nach Art des Kabbalisten durch ihre Gegenkräfte ausgleicht. Hier wird aber nicht lange wie beim psychoanalytischen Prozeß das Negative aufgelöst und dann positiv aufgebaut, sondern man geht gleich ins Positive. Behauptungen, auf diese Weise ginge das nicht, sind einfach unrichtig. Doch muß man natürlich auch das kabbalistische Verfahren üben, um Wirkungen zu erreichen.

Für die praktische Arbeit mit dem Baum des Lebens bedeutet das: Der Mensch muß vor allem mit den Sephiroth arbeiten, die bei ihm etwas verkümmert sind. Das tut er natürlich am Anfang nicht gern.

Einer ist zum Beispiel ein allzu großspuriger Typ, der mit dem Geld um sich wirft, auch mehr als die anderen verdient und den Sinn des Lebens darin sieht, in aller Heiterkeit maßlos zu sein. Dieser Mensch, sofern trotzdem Kabbalist, wird natürlich gern mit der ihm so nahe liegenden vierten Sephira Chesed arbeiten, in der Meditation wie im praktischen Leben. Aber das ist nicht ganz richtig. Er müßte die in ihm zu schwach ausgebildete Sephira Geburah stärken, die das Zuviel, das Wuchernde bekämpft.

Umgekehrt verhält es sich bei dem Pedanten, der das ganze Leben in Schemata einordnet, alles aufnotiert, jede Minute festlegt, nur das gelten läßt, was ihm seine Vernunft sagt. Der fühlt sich zur achten Sephira Hod hingezogen. Aber er müßte sich der gegenüberliegenden siebten Sephira Netzach zuwenden, wo die Phantasie zu Hause ist, das vielleicht Unscharfe, der Rosenduft, die Farben des Prismas, die Künste. Mit Netzach, deren astrologisches Kraftprinzip die Venus ist.

Wir verraten kein durch Schweigegelübde gehütetes Geheimnis, wenn wir sagen, daß es mit der Harmonie bei uns zur Zeit nicht zum besten steht. Disharmonie herrscht überall auf unserem schönen Planeten, und die Menschen bekriegen nicht nur andere Völker, mißbrauchen die Natur, sind ihres Mitmenschen Feind, sondern mißhandeln auch, was sie für ihr Wertvollstes halten: sich selbst. Die meisten Menschen unseres Kulturkreises leiden darunter, daß sie das Gleichgewicht im Inneren verloren oder es nicht geschafft haben, es herzustellen. Die einzigen, die wenigstens aus letzterem ihren Vorteil ziehen, sind die tief gestaffelten Reihen der Psychiater und Psychologen.

Hier haben die magische Kabbalistin und der magische Kabbalist ein weites Feld. Und es leuchtet ein, wenn es vielleicht auch gar nicht so gern gehört wird, daß die, welche geistig den Kosmos stürmen wollen, beim eigenen Menschen beginnen müssen.

Wie wir gesagt haben, ist auch der Mensch ein Kosmos, ein Netz aus zahllosen Verbindungslinien, die miteinander verknüpft sind, aufeinander zu- und auseinanderlaufen. Anlage und Geburt, Fähigkeiten, kosmische Einflüsse, andere Menschen, die beeinflussen, agieren und reagieren, Gefühle, sogenannte Zufälle, physische Konditionen im Wechselspiel mit der Psyche, Liebe, Hunger, Ehrgeiz, Weisheit – all das kann ein Menschenleben sein. Weil der Mensch ein Abbild des Baums des Lebens ist, ist auch der Baum des

Lebens selbst ein ungeheures Netz. So, wie man kein Detail des Lebens wirklich begreifen kann, ohne seine Verknüpfung mit dem großen Netz der anderen Aspekte zu kennen, genauso kann man keine Sephira des Baums mit all ihren Kräften verstehen, ohne daß man ihre Zusammenhänge mit den anderen Sephiroth gelernt und erfahren hat.

Manches von dem, was wir hier sagen, ist vielleicht anfangs schwer verständlich. Denn wenn wir uns mit der Kabbala beschäftigen, geht es uns nicht anders als in anderen spirituellen Gebieten. Man kann den einen Vorgang, das eine Phänomen nicht begreifen, ohne nicht vorher etwas anderes verstanden zu haben. Aber natürlich kann man jenes andere nicht verstehen, ohne daß man vorher das eine begriffen hat. Und so kapiert man weder das eine noch das andere. Aber irgendwann einmal versteht man dann beides: Sei es, daß man erst das eine und dann das andere oder erst das andere und dann das eine oder beides gleichzeitig begriffen hat. Und man wundert sich künftig schon sehr, wenn man Kabbalisten begegnet, die weder das eine noch das andere kapieren wollen.

Zu den Dingen, die den mit zuviel »Vernunft« ausstaffierten Kabbalisten und anderen westlichen Esoterikern anfangs zu schaffen machen, gehört die Geschichte mit dem Mikrokosmos und dem Makrokosmos. Der verflixte Realist mag es kaum einsehen (um das Wort »glauben« gar nicht erst zu versuchen), daß der kleine Mensch ein genaues Abbild des unermeßlichen Kosmos in sich herumtragen, ja sein soll. Aber es handelt sich hier eben um geistige, spirituelle Strukturen, denen weder mit der Schulweisheit noch mit dem Meßband beizukommen ist. Doch wenn das so wäre, mag der Rationalist einwenden und triumphierend den philosophischen Umkehrschluß aus der Tasche ziehen, wenn das so wäre, müßte umgekehrt auch das All ein Abbild des

Menschen sein. Ohne mit der Wimper zu zucken, kann der Kabbalist ihm antworten: So ist es. Der Kosmos hat die geistige Gestalt eines Menschen. Er heißt mit einer anderen Bezeichnung Adam Kadmon, der kosmische Mensch.

Die Entsprechung von Makrokosmos und Mikrokosmos verkündet auch eines der sogenannten Hermetischen Gesetze, die in der Esoterik eine so große Rolle spielen. »Wie oben, so unten«, formulierte es Hermes Trismegistos, der dreimal große Hermes, halb Gott, halb mythischer Philosoph ägyptischen Ursprungs in der Zeit vor Christi Geburt. Diese Hermetischen Gesetze tauchen meist nicht als solche erkannt und benannt und nur in Einzelstücken wie aus einem Puzzle in den esoterischen Systemen auf – und nicht nur dort. In einem späteren Kapitel werden wir sie zusammenstellen und verständlich machen.

So oder so: Das »Wie oben, so unten«, der kosmische Mensch Adam Kadmon, dessen Abbild wir sind, die Übereinstimmung von Makrokosmos und Mikrokosmos sind ein unabdingbarer Teil des kabbalistischen Gebäudes. Praktische, magische kabbalistische Arbeit ist ohne diesen Grundsatz nicht möglich. Der Rationalist, dem seine Vernunft nicht erlaubt, das Hermetische Gesetz »Wie oben, so unten« hinzunehmen, hat sich selbst aus dem Baum des Lebens hinwegrationalisiert. Der echten Kabbalistin und dem echten Kabbalisten wird das Problem Makrokosmos–Mikrokosmos eines Tages kein Problem mehr sein. Sie haben es einfach am Verstand vorbei integriert.

Was ist ein spiritueller Mensch?

Im Gegensatz zu früheren Zeiten ist heute die praktische, magische Kabbala keine Geheimlehre im eigentlichen Sinne mehr. Einige bedeutende englische Autoren wie Dion Fortune, die aus dem »Golden Dawn« hervorgegangen sind, dem »Hermetischen Orden der goldenen Dämmerung«, versuchen zwar, dem Leser ein paar magisch-kabbalistische Prozeduren zu verbergen, indem sie bei den ihnen bedenklich erscheinenden Passagen in ein schriftliches Gemurmel übergehen. Trotzdem möchten sie ihre – wie sie vermuten, wenigen – Musterschüler nicht verprellen und erklären gern bei den undeutlichen Stellen: »Wer Ohren hat, zu hören, der höre.« Ich hielt früher auch immer das Geheimhalten von gewissen Worten, Formeln und Vorgängen, die für das Werk mit dem Baum des Lebens gebraucht werden, für etwas altväterliches Getue. Aber jetzt glaube ich doch, daß manches davon vielleicht nicht jedermann mit Gewalt auf die Nase gebunden werden muß. Zumindest nicht sofort.

Wissentlich geheimhalten werden wir in diesem Buch jedoch nichts. Nur soll es an der Stelle gesagt werden, an die es hingehört. Wobei es ohnehin Unfug wäre, die Leserin und den Leser schon am Anfang mit den stärksten Formeln und Praktiken zu konfrontieren, ohne die nötige Vorarbeit blieben sie wirkungslos.

Und hier wollen wir auch gleich unsere allfällige Warnung absolvieren, daß die magische Arbeit mit dem Baum des Lebens sich nicht für Menschen eignet, deren Psyche ins Schlingern geraten ist. Unsere Hoffnung, daß dieser Hinweis etwas nützt, ist allerdings gering. Ver-rückte pflegen sich kaum an solche Warnungen zu halten.

In ihrem Standardwerk *Die mystische Kabbala*, einem Einführungsbuch für schon recht eingeführte Kabbalisten, die gerne auch mal auf schwerverständlichen Darlegungen herumbeißen und sich von gelegentlichem Eingeweihtenhochmut das Fell nicht naß machen lassen, beschreibt Dion Fortune »vier Zustände, in denen der Schleier reißen kann und wir dem Unsichtbaren direkt begegnen:

1. Wir können uns an einem Ort befinden, wo es diese Kräfte konzentriert gibt.
2. Wir können mit Menschen zusammenkommen, die mit diesen Kräften arbeiten.
3. Wir können das Opfer bestimmter pathologischer Bedingungen werden, die den Schleier zerreißen.
4. Wir können auch selbst danach trachten, dem Unsichtbaren zu begegnen, weil wir uns dafür interessieren, und aus unserer Tiefe aufsteigen, bevor wir wissen, wo wir sind.«

Da die normale Leserin und der normale Leser keinen dieser vier Zustände zu erwarten oder – wie Punkt 3 – zu befürchten haben, setzen wir konsequent unsere Arbeit mit dem kabbalistischen Baum des Lebens fort. Sie wird uns in die Reiche der Geheimnisse des kleinen und des großen Kosmos führen. Dann werden wir mehr sein als jemand, der unvermutet für kurze Zeit vor dem gerissenen Schleier steht. Mehr, das ist ein spiritueller Mensch, der auf zweierlei Weisen wirkt: durch das, was er tut, und durch das, was er ist. Wenn er auf dem kabbalistischen Weg das geworden ist, was er nach dem großen Plan sein soll, kann er auch das Richtige tun.

KAPITEL 2

Die vier kabbalistischen Welten

Wer unsere Welt immer noch mit unbefangenen Menschenaugen betrachtet und sie nicht in chemische Formeln oder physikalische Vorgänge zerlegt, für den besteht sie nach wie vor nur aus den vier Elementen. Es sind die alten Elemente Feuer, Luft, Wasser und Erde, mit denen schon die frühen Alchimisten arbeiteten, wobei die Begnadeteren von ihnen bereits hinter diesen konkreten Elementen höhere Kräfte und Prinzipien schimmern sahen.

Der magische Kabbalist geht von vornherein davon aus, daß die ihm durch den Baum des Lebens zugängliche unsichtbare Welt aus vier Entsprechungen jener alten alchimistischen Elemente Feuer, Luft, Wasser, Erde besteht. Diese Entsprechungen oder Welten sind:

1. Atziluth, die Welt der Emanationen, auch die Welt der Archetypen genannt, die spirituelle Welt; die Archetypen von Atziluth sind Urformen und Kräfte aus Energie und Geist, aus ihnen entsteht allerletzten Endes nach dem Weg durch den Baum des Lebens unsere materielle Welt;
2. Briah, die kreative Welt, auch Welt der Schöpfung genannt;
3. Jetzirah, die Welt der Formen;
4. Assiah, die Welt der Aktion, die materielle Welt, unser Leben auf der Erde.

Nehmen wir einmal an, ich will ein Buch schreiben. Ich weiß noch nicht, über was, aber irgendwie geistert in meinem

Kopf die Idee und vor allem der Drang herum: ein Buch. Das wäre die Welt von Atziluth.

Allmählich kristallisiert sich dann auch heraus, welcher Art dieses Buch sein soll. Es wird kein Roman werden, kein historisches Porträt, kein Kinderbuch, sondern ein Werk über die Kabbala. Vielleicht ist sogar schon vor meinem geistigen Auge die Umschlagseite fertig, und ich sehe, wie das Buch heißen wird. Das ist die Welt von Briah.

Ich lege nun meine Schreibutensilien zurecht, als poetischer Mensch schreibe ich noch mit dem Füllfederhalter, denn einem Schriftsteller nützt normalerweise ein schneller Computer wenig. Ein Computer kann nämlich auch nicht schneller schreiben, als der Dichter denkt oder inspiriert wird. Also der Füller, dazu schönes Papier, die Musen sollen nicht im Schmuddeligen landen, und das kleine Diktiergerät, in das ich meine Intuitionen und weniger großartigen Eingebungen hineinspreche. Dazu studiere ich noch einschlägige Bücher. Nachdem ich alles aufnotiert, hineindiktiert und notfalls hin und her gerückt habe, mache ich schön brav mein Konzept. Das ist die Welt von Jetzirah.

Dann muß ich nur noch das Buch schreiben, dessen Manuskript mir schon wegen des Themas die Verleger aus der Hand reißen. Es wird sofort gedruckt, damit es noch rechtzeitig zur Buchmesse erscheint. Freunde in der geistigen Welt befördern es großzügig in den Bestsellerlisten auf den ersten Platz. Im Handumdrehen sind meine Frau, die mit mir in Gütergemeinschaft lebt, und ich Millionäre. Das wäre die Welt von Assiah.

Als Kabbalisten auf dem Weg wundern wir uns schon nicht mehr, zu erfahren, daß der Mensch diese vier kabbalistischen Welten auch in sich trägt (Abb. 4). Atziluth, die oberste, erste kabbalistische Welt, das ist sein Geist. Die zweite kabbalistische Welt, Briah, das ist seine Seele. Jetzirah, die

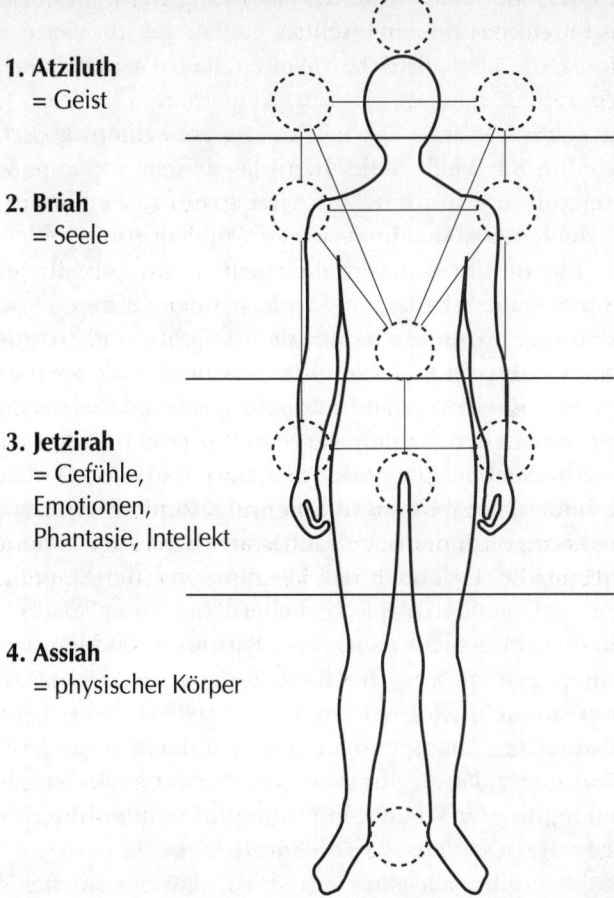

1. Atziluth
= Geist

2. Briah
= Seele

3. Jetzirah
= Gefühle,
Emotionen,
Phantasie, Intellekt

4. Assiah
= physischer Körper

Abb. 4: Die vier kabbalistischen Welten im Menschen

dritte kabbalistische Welt, das sind seine Gefühle, Emotionen, Phantasie und sein Intellekt. Und Assiah, die vierte und unterste der kabbalistischen Welten, das ist sein physischer Körper.

Eine echte magische Kabbalistin und ein echter magischer Kabbalist, das heißt Menschen, die sich selbst keine Verschleiertänze vorführen, können sich sehr nützen, wenn sie beobachten, was sich in diesen vier kabbalistischen Welten oder Ebenen ihres Inneren abspielt – nicht nur für eine schöpferische Arbeit etwa, sondern für jede menschliche Beziehung. So unterscheidet der verliebte und trotzdem wackere Kabbalist sehr schnell, in welchem Maße sein Geist, seine Seele, sein Verstand und sein Herz und die einschlägigen physischen Regionen seines Körpers beteiligt sind. Man tritt den heiß Liebenden nicht zu nahe, wenn man sagt, daß es meist die Welt des Geistes und allzuoft die Ebene des Verstandes sind, die beim Liebesrausch zu kurz kommen, während die Teilebene des Herzens und die Ebene des Darunterliegenden tropisch wuchern. Bei dieser Erkenntnis sollte man sich nicht gleich vom Partner abwenden. Denn Erfahrungen müssen die Kabbalistin und der Kabbalist schon sammeln. Zudem ist man meist selbst zu einem guten Teil an diesen unausgewogenen Zuständen mit schuld. Das ändert nichts daran: Nur wenn sich die vier kabbalistischen Ebenen, die vier Welten, in ihrem und seinem Inneren in Harmonie befinden, ist es die ideale Liebe.

Hieraus ergibt sich ganz von selbst, daß Sex an sich für Kabbalisten kein verbotener Tempel ist. Wer sich gern wegen seines Liebeslebens und dessen Verurteilung durch große Meister in Schuldgefühle treiben läßt, dem rate ich, bei den alten exoterischen christlichen Kirchen des Westens zu bleiben. Dort ist er bestens bedient.

Welche der Sephiroth zu welcher der vier kabbalistischen

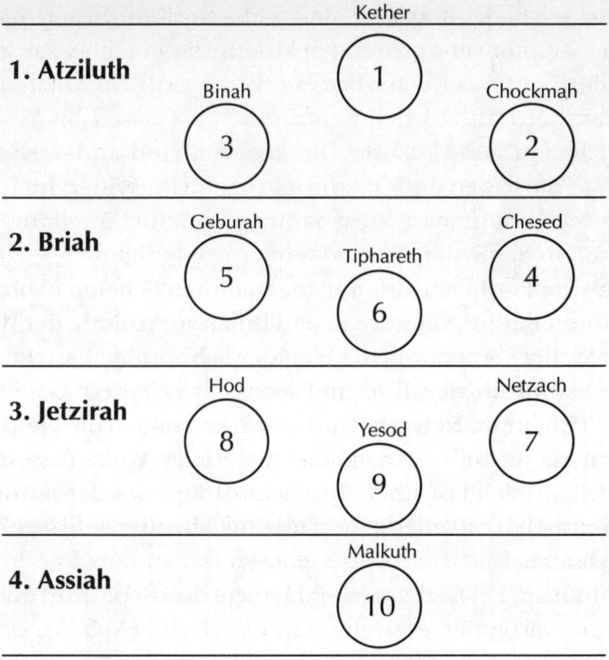

Abb. 5: Die vier kabbalistischen Welten und ihre Sephiroth

Ebenen gehört, darüber sind sich die Kabbalisten nicht einig. Es gibt verschiedene Schulen. Die einen sagen, daß Atziluth nur aus Kether besteht, Briah aus Chockmah und Binah, Jetzirah aus den Sephiroth von Chesed bis Yesod, und Assiah aus Malkuth. Die anderen sind anderer Meinung. Alle haben ihr Für, und alle haben ihr Wider. Im Lauf der Zeit kommt man selbst dahinter, welche Einteilung am besten in das System paßt, das man sich aufbaut.

Nach dem wohl am meisten angewandten Schema (Abb. 5) gehören Kether, Chockmah und Binah zu Atziluth, der Welt der Archetypen. Briah, die Welt der Schöpfung, besteht aus den Sephiroth vier, fünf und sechs, also Chesed, Geburah und Tiphareth. Netzach, Hod und Yesod bilden die Welt der Formen, Jetzirah. Assiah, die materielle Welt, besteht – darin sind sich fast alle Kabbalisten einig – aus der zehnten Sephira Malkuth allein. An dieses Schema werden auch wir uns halten.

Wenn man, bei Kether angefangen, je drei Sephiroth durch Striche verbindet, entstehen drei Dreiecke (Abb. 6). Eines ist mit der Spitze nach oben gerichtet, die beiden anderen weisen mit der Spitze nach unten. Die zehnte Sephira bleibt auch hier für sich. Natürlich haben diese Dreiecke ihre Namen. Das obere Dreieck, das bei unserem Schema mit Atziluth übereinstimmt, heißt das »überirdische Dreieck«. Das zweite, deckungsgleich mit Briah, nennen wir das »ethische Dreieck«. Und das dritte, das optisch Jetzirah entspricht, ist das »astrale Dreieck«. Selbst wenn man sich die vielen Namen nicht alle sofort merken kann, vermitteln sie hier doch schon eine Vorstellung vom Wesen der kabbalistischen Welten, der Dreiecke und der zugehörigen Sephiroth.

Nicht nur der Baum des Lebens insgesamt, sondern auch jede Sephira besteht aus den vier Welten, von denen wir

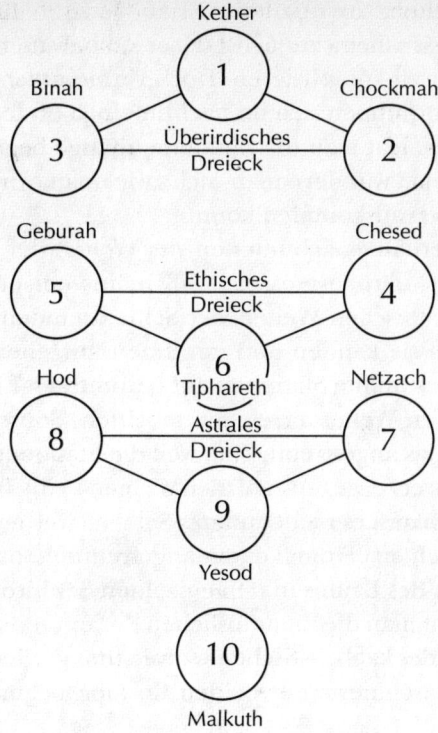

Abb. 6: Die drei Dreiecke im Baum des Lebens

eben sprachen: aus Atziluth, Briah, Jetzirah und Assiah (Abb. 7). Das scheint zunächst unser kabbalistisches System noch weiter zu komplizieren. Doch vermeintliche Komplikationen entpuppen sich im nachhinein ja oft lediglich als etwas Neues. Hat man die Zusammenhänge begriffen und sich gemerkt, wundert man sich, wie man vorher ohne dieses Wissen auskommen konnte.

Genauso verhält es sich mit den vier Welten der einzelnen Sephira. Im Mikrokosmos, das heißt in uns, entsprechen die vier sephirothischen Welten vier Seinszuständen (Abb. 8). Wir müssen sie kennen und mit ihnen umgehen können, wenn wir bestimmte Stationen auf bestimmten Ebenen unserer inneren Welten erreichen möchten. Sonst gelangen wir nie an das angestrebte Ziel, weil die Stationen an einer anderen Strecke liegen, auf der wir gar nicht fahren. Im Makrokosmos ist es nicht anders.

Hat man sich erst einmal damit angefreundet, daß sich die vier Welten des Baums in den einzelnen Sephiroth wiederfinden, ahnt man die unauflöslichen Zusammenhänge. Die Zahnräder des kabbalistischen Universums greifen ineinander. Die Maschinerie der beiden Kosmen beginnt sich zu drehen.

Gottesnamen, Erzengel, Engelchöre und astrologische Kraftprinzipien: Das Aufbauen von Vorstellungsbildern

Die oberste der vier kabbalistischen Welten im Baum des Lebens und in jeder einzelnen Sephira, Atziluth, wird durch einen Gottesnamen direkt angesprochen und ausgedrückt. Das heißt, der Gottesname ist kein Symbol und keine Personifizierung einer Energie oder rein geistigen Kraft. Er ist

42

Abb. 7: Die vier kabbalistischen Welten einer Sephira

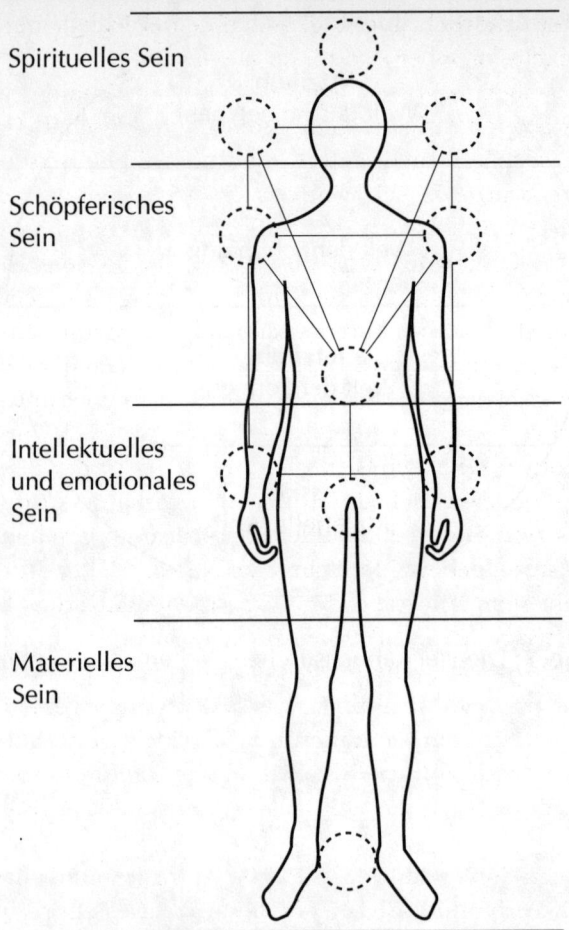

Spirituelles Sein

Schöpferisches
Sein

Intellektuelles
und emotionales
Sein

Materielles
Sein

Abb. 8: Die vier mikrokosmischen Seinszustände des
Menschen

direkter Ausdruck einer Eigenschaft, einer Facette der großen Macht, die über und hinter allem steht.

In den alten Schriften hatte Gott ja viele Namen. Jeder dieser Namen drückte eine besondere Eigenschaft Gottes aus. Erst später, nicht zuletzt durch die Bibelübersetzung Luthers, wurde das sehr simplifiziert. Wo früher ganz differenzierte Gottesnamen in den Schriften standen, ersetzte man sie verallgemeinernd durch »Gott« oder »der Herr«. Das war wohl auch für die Schlichten im Geiste gedacht. Aber die Kabbalistin und der Kabbalist sind damit schlecht bedient. Denn während sie sich beim Vibrieren des Gottesnamens El (»Gott der Mächtige«) Atziluth der Sephira Chesed nähern und durch den Gottesnamen Yod Heh Vau Heh Tsabaoth (»Herr der Heerscharen«) Atziluth der Sephira Hod, mögen sie sich durch den inbrünstigen Ausruf »O Herr!« zwar Gott näher fühlen. Kabbalistisch gesehen stochern sie jedoch mit der Stange im Nebel.

Das mit dem Vibrieren der Gottesnamen ist etwas kühn dahingesagt, ohne daß es begleitet ist von langen Erklärungen über theoretische Vorgänge und praktische Prozeduren. Aber immerhin ahnt der Leser ja schon, daß es bei den Arbeiten mit dem Baum des Lebens darum geht, mit den Kräften der einzelnen Sephiroth in sich und im Kosmos in Verbindung zu treten, und das auf der jeweils anvisierten Ebene.

Das Anrufen der Gottesnamen von Atziluth und damit das Sich-in-Verbindung-Setzen mit dieser Sphäre gehört zu diesen Arbeiten, und zwar der höheren Kategorie. Doch auch wenn man sich mit den niedereren Sphären befaßt – Briah, Jetzirah, Assiah –, empfiehlt es sich, zuerst den Gottesnamen »Ehejeh« zu intonieren, sozusagen als oberste reinigende Instanz. Dann folgt die Anrufung des Gottesnamens der Sephira, mit deren Kräften man in Verbindung treten möchte, und dann erst begibt man sich in die gewünschte Sphäre, Ebene, in die gewünschte kabbalistische Welt. So, von oben kommend, geht man sicherer, daß sich keine Gedanken und Kräfte als Vertreter der negativen Welten in die spirituelle Arbeit drängeln oder hineinschmuggeln. Selbst ein kabbalistischer Routinier, der sich auf schnelleren Flugbahnen als der Neuling in die gewünschten Sphären katapultiert, wird wichtige Unternehmungen zumindest mit dem höchsten »Ehejeh« beginnen.

Während sich Atziluth, die höchste kabbalistische Welt, direkt durch einen Namen Gottes kundtut, wird die zweite Ebene, Briah, von den Erzengeln repräsentiert. Im kabbalistischen Kosmos sind sie die mächtigsten Vertreter des Allerhöchsten. Sie sind seine Statthalter, seine Heerführer, seine Regenten.

Briah ist die kabbalistische Ebene, in der Energie und Geist zum erstenmal einer differenzierteren Form entgegendrängen. Deshalb nennen wir Briah die Welt der Schöpfung: Wo etwas in die Maschinerie der Schöpfung gerät, wird etwas erschaffen, entsteht etwas. Aus gutem Grund heißen die Erzengel deshalb auch die Herren der Flamme. Eine Flamme ist ja nicht das Prinzip des Feuers an sich, nicht sein Urgrund, sondern sein Ausdruck. So regieren die Herren der Flamme, die Erzengel, das kabbalistische Reich, in dem sich das aus dem Göttlichen Fließende erkennbar bemerkbar macht und Ahnungen von Formen uns auf den Flügeln der Schwingungen entgegengetragen werden. Für kabbalistische Übungen und Werke ist die Erzengelwelt von Briah am geeignetsten. Dort macht sich die Schöpfung schon erkennbar, aber sie ist noch in keine Vielheit aufgesplittert. In unserem kabbalistischen Mikrokosmos beginnt dort die Sphäre des Bewußtseins.

In Wirklichkeit, was immer das sein mag, sehen die Herren

der Flamme, diese gewaltigen Ströme aus Energie und Geist, nicht wie Erzengel aus. Das liegt zum einen daran, daß sie überhaupt nicht »aussehen wie…« Darüber hinaus können Anhänger anderer Glaubensrichtungen sich vielleicht keine Erzengel vorstellen, weil sie noch nie etwas von ihnen gehört haben. In ihrer Imagination regieren als Stellvertreter der höchsten Macht die Drachen der Elemente, oder sie bitten um geistige Vermittlung der Häuptlinge der hierarchisch genau eingestuften Winde.

Aber für uns, die wir in den Traditionen des christlichen Glaubens aufgewachsen sind, wird Briah von zehn Erzengeln regiert. Wir können sie uns so vorstellen, wie wir sie von den Bildern und Plastiken der Kunst her kennen. Besser noch ist es, in uns Vorstellungsbilder aufzubauen, so daß die Erzengel schließlich mit allen ihnen zukommenden Attributen und Symbolen erscheinen. Auf diese werden wir später, vor allem in den Kapiteln über die einzelnen Sephiroth, genau eingehen. Bei dieser inneren Gestaltung der Erzengel – wie auch später der Engel – könnten Anhänger protestantischer Glaubensrichtungen zunächst ihre Schwierigkeiten haben, aber sie werden im kabbalistischen Geist auch bald damit fertig werden.

Es ist gut, hier schon einen Überblick darüber zu geben, welche Erzengel welche Sephiroth regieren. Das werden wir uns, wie noch manches andere, allmählich merken müssen. Vorderhand mag es jedoch genügen, sich eine Fotokopie vom Baum des Lebens (Abb. 1) zu machen und auf ihr die Erzengel einzutragen (siehe Kasten auf Seite 49). So kann man die Zeichnung bei seinen Studien neben sich legen und immer wieder befragen; außerdem werden bald weitere Eintragungen auf der Abbildung möglich sein.

Die Welt von Briah der obersten Sephira, Kether, wird vom Erzengel Metatron regiert, dem »Fürst des Umfassenden«.

Ihm folgt in Chockmah, der zweiten Sephira, der Erzengel Raziel, »Einer, der von Gott ausgesandt ist«, auch »Geheimnis« oder »Wappen Gottes«. Erzengel Zaphkiel, Herrscher in der Welt von Briah der Sephira Binah, ist zugleich »Der Betrachter Gottes« und »Das Auge Gottes«.

Chesed auf der Ebene von Briah wird von Erzengel Zadkiel regiert. Er ist »Der Gerechte Gottes«, und zwar in der Bedeutung von »gerecht« gleich »gut gerichtet, von freundlicher Harmonie«. Der Erzengel von Geburah ist Kamael, »Das Schwert Gottes« und »Das verbrennende Feuer Gottes«. In Tiphareth, der für uns vielleicht wichtigsten Sephira, herrscht der Erzengel Michael, »Der ist wie Gott«, »Der Fürst des Lichts«. Die englische spirituelle Schule »Hermetischer Orden der goldenen Dämmerung« und ihre geistigen Ableger vertreten die Ansicht, der Erzengel von Tiphareth sei Raffael. Nun kann man über fast alles, was die Kabbala betrifft, unterschiedlicher Meinung sein. Aber zu Tiphareth gehört nun einmal als Erzengel Michael. Alles andere ist schlicht falsch.

Die Sephira Netzach, sehr vielgestaltig zerfließend, hat gleich drei Erzengel: Haniel, »Die Verkörperung des lebendigen Gottes«, Phaniel »Das Gesicht Gottes«, und Auriel »Das Licht Gottes«. Um den Umgang mit der ohnehin vielgestaltigen Sephira Netzach nicht zusätzlich zu komplizieren, ist es besser, sich mit einem dieser Erzengel zu begnügen. Meiner Erfahrung nach ist dazu der Erzengel Haniel am geeignetsten, »Die Verkörperung des lebendigen Gottes«. Die achte Sephira Hod hat als Erzengel Raffael, »Heiler oder Arzt Gottes«. In der neunten Sephira Yesod herrscht Erzengel Gabriel, »Der Starke aus Gott«.

Malkuth, die zehnte Sephira, die materielle Welt, steht in ihrer Briah-Sphäre unter der Herrschaft des Erzengels Sandalphon. Ihn nennt man auch den »dunklen Engel« oder,

1. Kether:	*Metatron,*
	»Der Fürst des Umfassenden«
2. Chockmah:	*Raziel,*
	»Einer, der von Gott ausgesandt ist«
3. Binah:	*Zaphkiel,*
	»Das Auge Gottes«
4. Chesed:	*Zadkiel,*
	»Der Gerechte Gottes«
5. Geburah:	*Kamael,*
	»Das Schwert Gottes«
6. Tiphareth:	*Michael,*
	»Der Fürst des Lichts«
7. Netzach:	*Haniel,*
	»Die Verkörperung des lebendigen Gottes«
8. Hod:	*Raffael,*
	»Der Arzt Gottes«
9. Yesod:	*Gabriel,*
	»Der Starke aus Gott«
10. Malkuth:	*Sandalphon,*
	»Der Führer der Erde«

Die sephirothischen Erzengel der zweiten
kabbalistischen Welt von Briah

weniger bedrohlich und weniger geheimnisvoll, »Führer der Erde«.

Die zehn Erzengel der Sephiroth, haben wir gesagt, und die zahllosen anderen Erzengel sehen nicht aus »wie Erzengel«. Manche Kabbalisten stellen sie sich als gewaltige Rundpfeiler vor, die wie Riesenbatterien in der Farbe ihrer Sephiroth die Energien vom Himmel in ihre Sphäre bringen. Sie so mit dem inneren Auge zu sehen ist natürlich einfacher als das Imaginieren körperlicher Erzengel, aber auch langweiliger. Sich die Erzengel – und auch andere Mächte – in Gestalt vorzustellen ist menschlicher und schöner und obendrein für uns meist wirksamer. Ein Erzengel von Gestalt, mit allen seinen Attributen, kommt uns Menschen mehr entgegen. Er ist nicht anonym wie ein Pfeiler, eine Säule, eine Batterie und läßt sich besser im Geist entwickeln und mit den unerläßlichen Emotionen laden. Wobei wir, um das späteren Erklärungen vorauszuschicken, mit Emotionen nicht die Gefühlsausbrüche des unteren Ego meinen, sondern eine Art Intuitionen jenseits des Verstandes.

Das Wort »Vorstellungsbild« sollte eigentlich keine Irrtümer aufkommen lassen. Trotzdem sagen wir es noch einmal überdeutlich: Das, was wir da sehen oder ahnen, ist keine äußere Erscheinung, sondern tritt auf unserer inneren Bühne auf. Eine Gestalt aus der feinstofflichen Welt, die vor uns im Zimmer stünde und mit unserem äußeren Auge sichtbar wäre, könnte nur ein Gesandter einer ungewöhnlichen göttlichen Gnade sein, das Produkt einer raren Invokationsgabe, ein Zombie oder – nur scheinbar äußerlich – ein Kind der Schizophrenie.

Wenige Experimente haben solche Scharen frustrierter Kabbalisten und überhaupt Magier hinterlassen wie die mißglückten Versuche, Erzengel oder Engel zu visualisieren, mit dem inneren Auge wahrzunehmen, sie oder auch

Symbole sich bildhaft vorzustellen. Wenn uns das nicht auf Anhieb gelingt, sollten wir zumindest diese Flinte nicht sofort ins Korn werfen, ganz gleich, was uns geistige Mitstreiterinnen oder Autoren darüber erzählen, die behaupten, alles innerlich messerscharf in wunderbarsten Farben zu sehen. Denn wenn es etwas gibt, was magische Bemühungen ganz allgemein zum Scheitern bringt, dann ist es ein psychisches Angespanntsein, die seelische Verkrampfung. Das Unbewußte in uns erwartet, daß wir ihm heiter, locker begegnen. Sonst hält es sich unerbittlich bedeckt.

Wenn man sich immer wieder einen Erzengel vorstellt, wenn man geduldig oft genug an ihn denkt, wird sich sein Aussehen in uns entwickeln. Außerdem ist das Wissen, was ein bestimmter Erzengel ist, seine Bedeutung zu spüren, wichtiger, als ihn scharf zu sehen. Denn das Sehen ist ohnehin nur eine Vorstufe zum Wissen.

Beim Integrieren eines Vorstellungsbildes, auch wenn dieses Bild nicht scharf ist, verschmelzen die vorgestellten Eigenschaften allmählich. Und wenn man dann zu einem beliebigen Zeitpunkt in sich dieses Symbol oder jenen Erzengel hervorruft, steigt die Intuition als Gesamtheit der verschmolzenen Eigenschaften des Symbols oder des Erzengels in unserem Inneren auf.

Von den spöttischen Fragen ist die, was denn ein Erzengel tue, wenn ihn mehrere oder gar viele Kabbalisten gleichzeitig rufen, am dümmsten. Natürlich vermag ein Erzengel, ebenso wie andere höhere Lichtwesen, an vielen Stellen gleichzeitig zu sein. Das kann ja auch zum Beispiel das Sonnenlicht, sogar die Rundfunkmusik oder das Fernsehen – Energien, die von einer einzigen Quelle ausgehen. Wobei ein in die Posaune blasender Erzengel schon einen ganz anderen Strahl losläßt als eine Rundfunkkapelle…

Was wir gerade von den Erzengeln sagten, gilt auch in vielem für die Engel. Sie wirken auf der dritten kabbalistischen Ebene, Jetzirah, der Welt der Formen. Ihr Zugriff ist deshalb direkter als der der Erzengel, aber weniger eindeutig. Das geht schon daraus hervor, daß wir – anders als beim Erzengel einer Sephira – von den Engeln im Plural sprechen. Ganz allgemein und ohne viel darüber nachzudenken, verwendet man ja die Begriffe Engelscharen oder Engelchöre. Das sind Scharen oder Chöre von Gleichgestimmten. Wenn wir von Erzengeln im Plural sprechen, handelt es sich um Vertreter unterschiedlicher Energien, die sich zusammengetan haben, sozusagen um kabbalistisch-geistige Individualisten.

So wie es viel mehr Erzengel gibt als die für die zehn Sephiroth zuständigen, so wogen und wirken in den geistigen Welten bis hinunter in unsere materielle Welt unsagbar mehr Engelscharen, als wir in den Sephiroth als »Engel vom Dienst« begegnen. Eine besonders verzaubernde Rolle spielen sie in den Künsten. Wo ein Gemälde, ein Roman, ein Musik- oder Theaterstück mit besonders schönem, dem Laien unmerklich spirituellem Hintergrund unerwartet den Applaus eines großen Publikums findet, kann man sicher sein, daß hier Engel als feinstoffliche Claqueure für das Gute, Schöne und Edle wirken. Die Griechen der Antike wußten, daß hinter einem erhebenden Kunstwerk mehr steht als der schöpfende und ausübende Künstler. So entstanden in ihrer Vorstellung die neun Musen, die nichts anderes sind als neun ins Prinzip, das heißt in den Singular, zurückgeführte Engelscharen.

Natürlich stellt sich uns auch auf der Ebene von Jetzirah die Aufgabe, die Kräfte der sich jeweils auf den beiden äußeren Säulen im Baum des Lebens befindlichen und gegenüberliegenden Sephiroth auszugleichen. Das klingt wieder recht theoretisch und ist es wohl auch, aber nur vorläufig. Viele dieser Theorien sind von den Anfängern der Kabbala zumindest zunächst praktisch wenig anzuwenden. Das muß man einsehen. Und trotzdem so tun, als ginge das alles selbstverständlich, denn eines Tages tut es das auch. Die Leute, die sich nicht mit den Studien abgeben wollen, warnen immer vor der Kopflastigkeit bei geistigen Arbeiten. Aber ein Strohkopf ohne Kenntnisse ist auch eine Last – trotz seines scheinbar leichten Gewichts.

In diesem Sinne nehmen wir also wieder die Fotokopie der Abbildung vom Baum des Lebens zur Hand und tragen ein, welche Engelchöre auf der Ebene von Jetzirah in den einzelnen Sephiroth wirken (siehe Kasten auf Seite 55). Wie bei den Erzengeln werden wir uns eine detaillierte Betrachtung der Engel für den Teil des Buches aufsparen, in dem wir die zehn Sephiroth einzeln untersuchen.

Im Gegensatz zu dem, was wir bisher erklärt haben, sind auf der Jetzirah-Ebene von Kether – aber bestimmt nur dort – keine Scharen von Engeln tätig, sondern nur vier. Ihr Name ist »Chajoth ha Quodesch«, »Die vier lebenden Geschöpfe«. Dargestellt werden sie als Löwe, Adler, Engel und Stier, und in dieser vorgestellten Verkörperung symbolisieren sie die vier Elemente in ihrer höchsten, noch einheitlichen Urenergie. In Chockmah sind die Engelscharen der Ophanim am Werk, »Die Räder«, und in Binah die Aralim, »Die Throne«, auch »Die Mächtigen«. Die Engel von Chesed sind die Chasmalin, »Die Funkelnden«, und die von Geburah die Seraphim, »Die Feuerschlangen«. Die Engel von Tiphareth heißen Malachim, »Die Könige«, auch »Die Tugenden«.

Elohim, »Die Götter und Göttinnen«, sind der Sephira Netzach zugeordnet, und Beni Elohim, »Die Kinder der Göttinnen und Götter«, der Sephira Hod. In Yesod wirken die Cherubim, »Die Mächtigen«, in Malkuth die Ischim, »Die Feuerseelen«. Sie gelten für manche Kabbalisten nicht als Engel im strengen Sinn, sondern als glorifizierte Menschenseelen (»Die guten Menschen«), die freiwillig in der Sphäre Malkuths geblieben sind, um uns hier zu helfen.

In der vierten kabbalistischen Ebene, Assiah, finden die sephirothischen Kräfte ihren handfesten Niederschlag. Assiah ist die materielle Ebene, die materielle Welt. Die Energien einer Sephira werden in Assiah durch astrologische Begriffe bezeichnet und hervor- oder herabgerufen. Die meisten Kabbalisten sprechen vom »mundalen Chakra« einer Sephira, was nicht gerade ein glücklicher Ausdruck ist. Der Schweizer Autor Hans-Dieter Leuenberger spricht statt dessen vom »astrologischen Kraftprinzip«, was weit weniger geschwollen klingt und obendrein den Nagel auf den Kopf trifft. Wir wollen von ihm das »astrologische Kraftprinzip« gern übernehmen. Und schon bekommt unsere Abbildung vom Baum des Lebens eine weitere wichtige Beschriftung: Kether besitzt als astrologisches Kraftprinzip das Primum mobile. Das sind die ersten Wirbel, der Anfang der Dinge. Übrigens auch das Ende, aber das ist eine andere Geschichte. Die Sephira Chockmah hat als astrologisches Kraftprinzip den Zodiak, den Tierkreis. Binah ist der Planet Saturn zugeordnet, Chesed der Planet Jupiter, Geburah der Planet Mars und Tiphareth die Sonne. Netzach hat als Planeten die Venus, Hod den Merkur, Yesod den Mond. Das astrologische Kraftprinzip von Malkuth sind die vier Elemente.

Neben den planetarischen haben wir in Assiah die körperlichen Zuordnungen im Mikrokosmos: den Scheitel für Kether, die linke Schläfe für Chockmah, die rechte Schläfe für Binah, den linken Arm für Chesed, den rechten Arm für Geburah. Der Solarplexus, für manche auch die Brust, gehört zu Tiphareth, die Hüften sind Netzach, die Beine Hod, die Geschlechtsteile Yesod und der Anus und die Füße Malkuth zugeschrieben. Wer etwas über Chakren Bescheid

1. Kether:	*Chajoth ha Qodesch,* »Die vier lebenden Geschöpfe«
2. Chockmah:	*Ophanim,* »Die Räder«
3. Binah:	*Aralim,* »Die Throne«
4. Chesed:	*Chasmalin,* »Die Funkelnden«
5. Geburah:	*Seraphim,* »Die Feuerschlangen«
6. Tiphareth:	*Malachim,* »Die Könige«, »Die Tugenden«
7. Netzach:	*Elohim,* »Götter und Göttinnen«
8. Hod:	*Beni Elohim,* »Kinder der Götter und Göttinnen«
9. Yesod:	*Cherubim,* »Die Mächtigen«
10. Malkuth:	*Ischim,* »Die Feuerseelen«, »Die guten Menschen«

Die Engel der dritten kabbalistischen Welt von Jetzirah

weiß, wird erkennen, daß diese kabbalistischen Körperzu-
ordnungen sich ziemlich genau dort befinden, wo die Chakren liegen (Abb. 9). In dieser Hinsicht hat der Ausdruck
»mundales Chakra« seine Richtigkeit.

Die Kräfte jeder Sephira in ihrer Gesamtheit sind von vielen
Kabbalistengenerationen in einem magischen Bild zusammengefaßt, das heißt symbolisiert worden. Um zum Beispiel
mit Geburah in Kontakt zu kommen, stellt man sich das
magische Bild eines mächtigen Kriegers in einem antiken
Streitwagen vor, was sehr dem Charakter dieser kämpferischen Sephira entspricht. Als magisches Bild von Chesed
imaginiert man einen wohlwollenden König auf einem
Thron. Genauer werden wir auch das auf den Seiten über
die einzelnen Sephiroth erklären.

Außer durch das magische Bild kann man sich einer Sephira
unter anderem durch ihre Symbole nähern. Während das
magische Bild die ganze Sephira darstellt, zeigt und invo-
ziert das Symbol nur einen Aspekt: beispielsweise die Taube
und der Luchs den sanften und den rauhen Venusaspekt
der Sephira Netzach. Das Zepter symbolisiert das Herrscher-
tum der Sephira Chesed, das Füllhorn ihre Großzügigkeit.
Schon im nächsten Kapitel werden wir uns näher mit den
Symbolen befassen, ohne die in der magischen Kabbala
wenig möglich ist.

Diese Symbole und das magische Bild, das im Grunde nichts
anderes ist als ein alle vier kabbalistischen Welten einer
Sephira umfassendes Symbol, sind natürlich nicht durch
Zufall entstanden. Kabbalisten haben sie in ihren Meditationen und Intuitionen entdeckt, zugeordnet, aufgebaut. Andere haben sie bei ihren kabbalistischen Arbeiten durch
Jahrhunderte verwendet. So wurden diese Bilder und Symbole zu starken, immer wieder von den Gedanken, Vorstellungen und Anrufungen genährten Kraftzentren. Wer sie

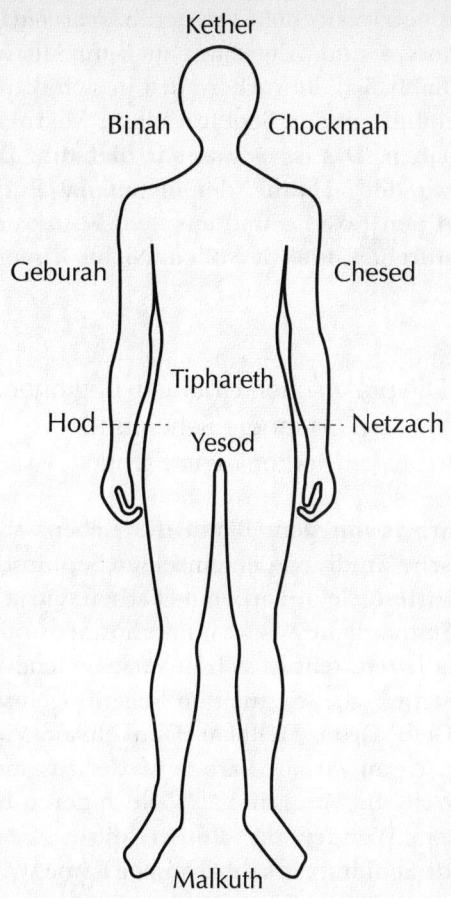

Abb. 9: Der mikrokosmische Baum des Lebens

verwendet, bekommt einen Teil der Kräfte zurück, die in sie hineingeflossen sind. Allerdings auch nur die Kabbalistin oder der Kabbalist, die vorher auch in sich diese Symbole geschaffen und mit den Sephiroth ihres Mikrokosmos eng vernetzt haben. Das ist es, was wir hier tun. Denn sonst könnten wir den »Hahn«, der in uns das Ende unserer Leitung in den Kosmos und aus dem Kosmos abschließt, so weit aufdrehen, wie wir wollen: Nichts käme dann heraus.

Die praktischen Übungen beginnen: Das innere Sehen und »Merken« von Farben

Für die Arbeit mit dem Baum des Lebens schreibt die kabbalistische Tradition den einzelnen Sephiroth verschiedene, genau festgelegte Farben zu. Farben sind ja bestimmte Teile des Sonnenlichts. Wenn wir die Sonnenstrahlen durch ein Prisma leiten, teilt es sich in verschiedene Farben. Es sind die Farben, die wir auch im Regenbogen sehen: Rot, Orange, Gelb, Grün, Hellblau, Dunkelblau, Violett – das Spektrum. Wenn wir alle Farben wieder zusammenleiten, entsteht Weiß. Im Weiß sind also alle anderen Farben enthalten. Kein Wunder, daß Kether, die erste, noch alles umfassende Sephira, die kabbalistische Farbe Weiß – genauer genommen: hellen Glanz – hat.

Eine Farbe besitzt ihre ganz spezielle Vibration, ihre eigene Schwingung. So können wir das unterschiedliche Wesen, den verschiedenartigen Charakter und die andersartige Kraft einer Sephira auch ausdrücken, indem wir ihr ihre spezielle Farbe geben. Farben sind, wie zum Beispiel die Symbole oder die magischen Worte, ein äußerst effizientes

Instrumentarium für unsere Arbeiten. Natürlich sind diese Farben auch nicht willkürlich gewählt. Kabbalisten haben sie im Lauf der Zeit ausgearbeitet, meditativ gewonnen, sie haben erkannt, daß gerade diese Farbe mit dieser Sephira und jene Farbe mit jener Sephira in Verbindung steht, daß sie ihr entspricht. So ist durch die Farbe ein zusätzliches Kraftfeld um die ihr gemäße Sephira gewachsen. Dieses Kraftfeld zapfen wir an, wenn wir die Sephira mit ihrer Farbe angehen, wenn wir uns ihre Farbe vorstellen, sie imaginativ sehen.

Jede Sephira hat, entsprechend ihren vier kabbalistischen Welten, vier unterschiedliche Farben. Wir begnügen uns mit den Farben der zweiten kabbalistischen Ebene, von Briah, der Erzengel- und Bewußtseinsebene. Auf dieser Ebene, in dieser kabbalistischen Welt vollbringen wir ohnehin unsere meisten kabbalistischen Operationen. Fast alle farbigen Abbildungen vom Baum des Lebens sind daher in der Farbe der Welt von Briah gehalten.

Auch wenn sie es nicht wissen, leben die Menschen in der Welt von Malkuth im Spiel unsichtbarer Kräfte, deren Wirkungen sie – oft ahnungslos – ausgesetzt sind. Wir alle existieren inmitten dem Auge unerkennbarer Energien, Formen und Einflüsse, die wir häufig überhaupt nicht wahrnehmen, obwohl sie die Anstöße für unsere Gedanken und Handlungen geben. In jenen geistigen Welten, die unseren physischen Sinnen nicht greifbar sind und vor denen auch die feinsten Geräte der Wissenschaft versagen, entsteht, passiert und bildet sich pausenlos alles, was schließlich in der Welt von Malkuth seinen Niederschlag findet. Wir glauben, ganz selbständig und unabhängig auf der Bühne dieser Erde zu handeln, doch sind wir oft nur Darsteller, die das ausführen, was die Regisseure hinter den Wänden der Kulissen planen. Auch am Textbuch hat ein anderer geschrieben. Allerdings sollte man unser Mitspracherecht daran nicht unterschätzen.

Eine der Grundtugenden, die der Kabbalist und die Kabbalistin in sich entwickeln müssen, ist die absolute, kompromißlose Wahrheit. Autoren neuerer Kabbalabücher haben die Farbskalen der Sephiroth von den Leuten des englischen »Golden Dawn« und vor allem aus dem Buch von Dion Fortune übernommen. Vom Gros jener Autoren unterscheiden wir uns auf originelle Art, indem wir zugeben, daß auch wir das getan haben.

Und nun, beharrliche Freundin der Kabbala und beharrlicher Freund, stehen wir vor einem großen Augenblick. Mit leichtem Schritt und von unserer Begabung überzeugt, betreten wir das Feld der praktischen Übungen. Wir beginnen mit dem Visualisieren, mit dem inneren Sehen oder zumindest Ahnen von Farben. Später werden wir diese Vorstellungen einer bestimmten Farbe emotional mit der Essenz der Sephira aufladen, zu der diese Farbe gehört. Vorläufig jedoch begnügen wir uns mit der Vorstellung der Farbe allein.

Ich schlage vor, wir beginnen mit einem tiefen Blau. Das ist eine schöne Farbe, die sich nicht zu schwer vorstellen, »merken« läßt. Das tiefe Blau gehört zur Briah-Ebene der Sephira Chesed. Es hat im allgemeinen eine gute, positive und wohltuende Wirkung. Auch wenn wir noch nicht so weit sind, daß wir das Tiefblau von Chesed oder andere Farben aufgeladen haben, ist es zunächst besser, mit diesen Farben zu arbeiten als etwa mit dem Scharlachrot der aggressiven Sephira Geburah, die Chesed auf der weiblichen Säule der Strenge gegenüberliegt.

Auf einen Karton zeichnen wir mit dem Zirkel oder indem wir den Rand eines Glases oder kleinen Untertellers mit dem Bleistift nachfahren, einen Kreis von etwa sieben Zen-

60

timeter Durchmesser – die genaue Größe spielt keine Rolle. Einen gleich großen Kreis zeichnen wir auch auf die Rückseite eines glänzenden, tiefblauen Buntpapiers, wie es Kinder oder auch Erwachsene für Klebearbeiten benutzen. Mit einer Schere schneiden wir die beiden Kreise aus und kleben die blaue Scheibe, natürlich mit dem glänzenden Blau nach oben, auf die Pappscheibe. Das erste handwerkliche Utensil, das für uns sehr bald magische Qualitäten annehmen wird, ist für unsere Arbeit mit den Farben aus dem Baum des Lebens fertig.

Diese blaue Scheibe legen wir irgendwo in unserem Zimmer an eine gut sichtbare Stelle. Wenn wir daran vorbeikommen, bleiben wir stehen und sehen sie ein paar Sekunden intensiv an, schließen kurz die Augen und versuchen, das Blau mit unserem inneren Auge zu sehen oder uns die blaue Scheibe ahnend vorzustellen. Genauso verfahren wir, wenn wir zwei-, dreimal am Tage konzentriert mit den Farben, das heißt zunächst mit der blauen Farbe, arbeiten. Dazu legen wir die tiefblaue Scheibe auf einen dunklen einfarbigen Untergrund – ein friedliches dunkles Braun ist sehr geeignet – vor uns hin, betrachten sie intensiv und schließen wieder die Augen, um die blaue Scheibe innerlich zu sehen oder zu ahnen. Das machen wir fünf- bis zehnmal hintereinander. Besonders wirksam ist es, wenn wir morgens oder abends die Scheiben von oben mit einer elektrischen Tischlampe beleuchten, ohne daß ihr Licht dabei unsere Augen trifft.

Jetzt machen wir, um Ahnungen zu wecken, ein anderes Experiment, das wir aber für unsere weiteren Übungen nicht brauchen. Wir legen die blaue Scheibe auf einen weißen Untergrund und betrachten sie längere Zeit. Bald werden wir bemerken, daß sie, wenn unsere Augen etwas unruhig hin und her gehen, gelbe Halbkreise auf das weiße Papier der Unterlage aussendet. Diese verdichten sich zwar nirgendwo zu einem kompakten Gelb, trotzdem wirkt es so, als sei die blaue Scheibe von gelben, sich in Ausdehnung und Lage verändernden Halb- und Viertelkreisen umgeben, die aus ihr hervorkommen. Gelb ist die Komplementärfarbe zu Blau.

Für weitere Arbeiten fabrizieren wir uns nun eine zweite runde Scheibe, indem wir diesmal ein sonnengelbes Glanzpapier auf eine Pappscheibe kleben. Diese Scheibe betrachten wir wieder unter einer Lampe, doch lassen wir diesmal unsere Augen lange und möglichst unbewegt darauf ruhen. Ganz von selbst wird sich dabei ergeben, daß der Brennpunkt unserer Augen zwischendurch unscharf wird und das Gelb mit ihm. Schamanen würden sagen, wir bekommen einen »weichen Blick«. Nach einer Weile schließen wir die Augen, und vor unserem inneren Auge wird eine kräftige blaue Scheibe erscheinen und dort möglicherweise eine ganze Weile »sichtbar« bleiben, ehe sie langsam verschwindet.

Von nun an wollen wir diese zuletzt geschilderte Arbeit mit der gelben Scheibe unseren täglichen Versuchen beifügen, uns das Blau durch Betrachten der blauen Scheibe direkt zu merken. Wie lange es dauern wird, bis wir richtige, befriedigende Resultate damit erzielen und uns schließlich auch ohne blaue und gelbe Scheiben das Blau und das Gelb nach Wunsch vorstellen können, läßt sich nicht genau voraussagen. Genausogut könnte man von uns verlangen, eine exakte Zeit zu nennen, innerhalb deren ein Mensch das Radfahren lernt oder das Schwimmen. Man muß es einfach üben, und plötzlich – man kann nicht genau sagen, wie – bleibt man oben.

»Wissen, Wollen, Wagen, Schweigen« sind, wie man sagt, die vier Voraussetzungen für magische Werke. Schon jetzt am Beginn wollen wir vor allem das Schweigen üben und nicht

62

aller Welt von unseren Fortschritten beim inneren »Farbensehen« interessante Details schildern. Nicht nur, daß magische Fähigkeiten durch Publizität verschwinden können. Von seinen eigenen magischen, mystischen, kabbalistischen Erlebnissen und Erfahrungen zu plaudern ist nichts anderes, als uns bloß und verletzlich zu machen. Wir aber, wir Kabbalistinnen und Kabbalisten, wollen unverletzbar werden.

KAPITEL 3

Die zwei Seiten der Symbole

In seinem *Buch der göttlichen Magie* sagt der 1986 in Südfrankreich gestorbene Maître Omraam Mikhaël Aïvanhov, zu dessen Spezialitäten die Erklärung komplizierter spiritueller Vorgänge mit einfachen Worten und Bildern gehört, daß die äußeren, mit der konkreten Nase zu riechenden Parfums im Inneren des Menschen feinstoffliche Entsprechungen haben, die von diesen äußeren Parfums angeregt und in Schwingungen versetzt werden. Das gilt für alle anderen positiven Einflüsse – und leider auch für die negativen.

Gehen wir kurz einen Schritt zurück, und nehmen wir das Beispiel einer Einwirkung auf ein und derselben Ebene. Zwei Gitarren liegen in einem Zimmer. Zupft man die G-Saite der einen, schwingt, ohne daß man sie berührt, die G-Saite der anderen Gitarre hörbar mit. Aber das ist nur das offenkundigste Phänomen des Vorgangs. Daneben gibt es Wirkungen, die nicht nur bei der auf der gleichen Ebene – hier dem akustisch wahrnehmbaren Ton – miteinander schwingenden G-Saiten eintreten, sondern auch von einer Ebene, hier dem hörbaren Ton, auf andere, subtilere Ebenen übergreifen.

Wirkungen solcher Art erzielt man im Feinstofflichen durch die Verwendung von Symbolen. Wobei natürlich die Auswirkungen der Symbole selten so überdeutlich sind wie das Wirken einer G-Saite auf eine gleichgestimmte andere. Zwischen diesen und den Effekten der Symbole und den Einflüssen zum Beispiel des Parfums liegen noch viele geheimnisvolle Schalter.

Bei der Arbeit mit den Symbolen und bei vielen anderen kabbalistischen Praktiken ist es oft schwer, genau zu definieren, was jetzt Psychologie ist, ja Psychoanalyse, und was schon ins Spirituelle hinüberwechselt, zum Spirituellen gehört. Da helfen kluge Erklärungen und Versuche, Grenzen zu ziehen, oft auch nicht viel. Es sind mehr die Intuition, die Ahnung und die Erfahrung, die hier zählen.

Trotzdem läßt sich der Unterschied zwischen der Arbeit des Kabbalisten und des Psychologen schon erklären. Vieles ist ähnlich, vieles scheint ähnlich. Aber vor allem der Hintergrund ist eben anders. Der Kabbalist weiß, daß bei seinem Bemühen immer sein Kosmos und der große Kosmos die Hintergründe bilden. Beim Psychologen ist – im Gegensatz zum Kabbalisten – mit dem Tod, dem Stillstand des physischen Gehirns des Patienten, alles zu Ende. Beim Kabbalisten stehen die große Umwandlung und ein Neubeginn bevor.

Ehe wir nun zu reisen beginnen, um in die Welt der Symbole einzutauchen, sollten wir noch etwas hierbleiben und Erklärungen zu Grundvoraussetzungen geben und Abgrenzungen machen. Den hohen Weihen gehen nun einmal die niederen voraus. Wer lernen will, eine Krebssauce Nantua zu bereiten oder eine Trüffelsauce Périgord, tut gut daran, erst einmal zu erfahren, wie man eine Béchamelsauce ohne Klümpchen macht. Und ehe man die Haute Cuisine der Kabbala praktiziert, muß man mit den Grundrezepten beginnen.

Wie fast alles bei den Arbeiten mit dem kabbalistischen Baum des Lebens besitzen die Symbole eine doppelte Funktion.

Zum einen verwenden wir sie, um uns mit ihrer Hilfe einer Sephira und ihren Kräften zu nähern. Wer etwa ein Schwert imaginiert, wird die kriegerischen Energien der fünften

Sephira Geburah in sich wecken oder aus dem Makrokosmos in sich herabziehen. Jasminduft – auch Düfte sind unter anderem Symbole – wird die Mächte der neunten Sephira Yesod mobilisieren. Voraussetzung für solche Wirkungen, deren Hervorrufung zum täglichen Brot des magischen Kabbalisten gehört, ist natürlich, daß er die Symbole vorher in meist zahlreichen Versuchen entsprechend aufgeladen hat. Das heißt, er hat – zunächst über den Verstand – in seinem Unbewußten eine Verbindung zwischen dem Symbol und den Eigenschaften der Sephira geschaffen, die dieses eben symbolisiert.

Wenn er nun das Symbol imaginiert, läßt das Unterbewußtsein diese Energien der Sephira in ihm aufsteigen. Beim Schwert sind das etwa Mut, Angriffslust in gerechter Sache und Zurechtweisung von Übergriffen. Jasminduft führt uns in unseren inneren Bildersaal und bringt uns in Verbindung mit den Kräften des Mondes. Je länger wir uns mit einem Symbol befassen, um so mehr verschmelzen die mit ihm verbundenen Begriffe zu einer nicht mehr mit dem Verstand definierten Gesamteigenschaft. Wenn wir uns jetzt das Symbol vorstellen, erreichen wir die Kräfte der dazugehörigen Sephira durch eine einzige gehobene Emotion, eine Intuition. Das heißt, wie schon gesagt, natürlich nicht, daß wir im Bedarfsfall nicht nach wie vor über den Verstand einen Teilaspekt der betreffenden Sephira mobilisieren können.

In ihrer anderen, zweiten Funktion dienen Symbole als Mittler, um Unbeschreibliches annähernd verständlich zu machen. Die Kabbalistin und der Kabbalist treten nicht nur mit den nicht direkt erkennbaren Mächten durch Symbole in Verbindung, weil diese Symbole ihnen zugängliche Annäherungen an jene Mächte darstellen. Genauso erfahren sie auch die Energien oder Wesenheiten aus den oberen und inneren Räumen in der Form von Abbildern, Farbe, Tönen, eben Symbolen, weil sie sie nur in dieser Form in ihr irdisches Leben und Verständnis holen können. Symbole sind die Flügel, die uns Erfahrungen aus Welten herübertragen, von denen kein normaler Fußpfad in unser Alltagsbewußtsein führt.

Man wird zwar keine bösen Überraschungen erleben, aber auch keine anderen, wenn man sich einbildet, mit ein paar aus dem Zylinder geholten kabbalistisch-magischen Symbolen aus der Normalität abheben und ins Luftreich der ungeahnten Möglichkeiten sausen zu können. Es stimmt schon, daß der Kabbalist in seinem Magierhut potente Symbole finden kann. Doch mit dem Hervorholen derselben ist es nicht getan. Nur mit einer Rose aus Phantasie wird die faule Kabbalistin oder der faule Kabbalist im Land der Venus nicht unwiderstehlich sein. Und achtmal gedankenlos Merkur zu visualisieren, sofern sie das überhaupt vermögen, bringt ihnen keinerlei Schätze ein. Es ist wahr, die ungeahnten Möglichkeiten gibt es. Aber zwischen ihnen und uns tut sich ein Wall von Anstrengungen und Bemühungen auf, die lästigerweise obendrein zum großen Teil in uns selbst zu bewältigen sind.

Einfach ausgedrückt sagt dies, daß Symbole für sich allein normalerweise keine eigenen Energien besitzen. Nur wenn man mit den Prinzipien umgehen kann, die sie vertreten, entfalten sie ihre Macht. Doch sollte sich der Kabbalist nicht zu sehr darauf verlassen, daß Symbole per se keine eigene Kraft besitzen. Es gibt zahllose Ausnahmen, und eine davon könnte ihm sonst zu schaffen machen.

Einen der Mechanismen, derentwegen man durch Symbole mit den Kräften einer Sephira in Verbindung treten kann, möchte ich durch eine Geschichte darlegen, die scheinbar mit unserem Thema nichts zu tun hat. Obendrein spielt sie in Indien:

Der Arbeitselefant war immer fleißig und friedlich gewesen. Er schleppte Bäume und andere Lasten, wie es die Menschen befahlen. Doch eines Tages drehte er durch. Mit erschreckendem Trompeten stürzte er sich auf das Dorf, trampelte das Gemüse in den Gärten zu Brei, riß Hütten ein und jagte die Bewohner davon. Die Menschen dachten, das sei ein vorübergehender Wutausbruch, vielleicht hatte man ihn ungerecht behandelt, am nächsten Tag würde er wieder sein wie früher. Aber am folgenden Morgen änderte sich nichts. Da beschloß der Dorfälteste, einen Derwisch zu Hilfe zu holen.

Der Derwisch kam: ein alter, dünner, wenig appetitlich aussehender Mann, der Wasser nur noch zum Kochen und Trinken verwendete. Hinter Bäumen versteckt, beobachteten die Dorfbewohner, wie der Derwisch über die staubige Hauptstraße dem Elefanten entgegenging, der mit erhobenem Rüssel auf ihn losstürmte.

Fünf Schritte vor dem Derwisch blieb der Elefant stehen. Der Derwisch machte eine Handbewegung. Gehorsam setzt sich der Elefant auf sein Hinterteil. Von diesem Augenblick an war er gezähmt. Für den Rest seines Lebens blieb er der friedliche, fleißige Elefant von einst.

Ein Fremder, der zufällig Zeuge des erstaunlichen Vorgangs geworden war, fragte den Dorfältesten, welchen Zaubertrick der Derwisch angewandt habe. »Das war kein Zaubertrick«, antwortete der Älteste ärgerlich. »Es ist nur so, daß sich der Derwisch einbildet, er sei Gott. Und der Elefant glaubt ihm.«

Ähnlich ist es in der Kabbala. Der Kabbalist bildet sich ein, durch Worte oder andere Symbole eine Kraft der anvisierten Sephira zu erreichen. Und wenn das Wort oder das bildhafte Symbol und das Prinzip, das dahintersteht, stimmt, glaubt ihm die Kraft.

Die Wirkung der Symbole – Harmonisierung mit dem Naturkreuz

Um es noch einmal zu sagen: Der Baum des Lebens ist ein Schema von den zehn Grundkräften, die unseren Kosmos ordnen und beherrschen. Um diese zehn Kräfte wogt ein Universum geistiger, seelischer, intellektueller, emotionaler, materieller und auf jeden Fall vibrierender Energien und Mächte, in uns, im materiellen Außerhalb und im Transzendenten. Indem wir in uns eine entsprechende Bilderwelt schaffen, nicht zuletzt durch die Symbole, können wir mit diesen Kräften oder zumindest mit einigen von ihnen in Verbindung treten. Das hört sich zugegebenermaßen nicht ganz einfach an, und wie wir bereits wissen, ist es so, wie es sich anhört.

Es liegt in der Natur des Menschen, auch in seiner subtileren, daß er sich von dem angezogen fühlt, was in ihm ohnehin dominiert. Ein Weinfreund wird dem Aushängeschild einer Schenke nicht widerstehen, das eine Traube darstellt, der ungetreue Ehemann nicht einer Kusine von zweifelhaftem Ruf. Genauso zieht es eine heftige, aggressive Frau in die Ströme des Mars, den übergefühlvollen Knaben in die Sphäre des Mondes. Indem die eine und der andere diese Kräfte in sich weiterentwickeln, stärken sie und er Mächte, die in ihnen sowieso zu stark sind. Durch solches Tun wird man kein Kabbalist, sondern das Gegenteil.

Natürlich wird der systematische Kabbalist in seiner spirituellen Entwicklung versuchen, mit Kräften aller zehn Sephiroth in Kontakt zu kommen. Aber er hütet sich, dabei ein Spielball der Energien zu werden, die es für ihn zurückzudrängen gilt. Im Gegenteil: Er wird einen Großteil seiner Bemühungen darauf konzentrieren, die Gegenkräfte anzuziehen und in sich zu stärken. Für die Aggressive hieße das, die heiteren und großzügigen Mächte der Sephira Chesed zu suchen. Der gefühlvolle Mondknabe sollte die Yesod-Sphäre mit der Verstandeskühle von Hod vertauschen. Wie wir schon einmal erklärt haben: Der praktische Kabbalist löst nicht auf oder verdrängt, sondern stärkt die richtigen, ausgleichenden Gegenkräfte. Ausbalancieren ist das große kabbalistische Spiel, und sein Sinn heißt Harmonie.

Das Wort »Symbol« – das wie alle Worte ein Symbol ist – böte uns wieder einmal Gelegenheit für tiefschürfende Definitionen. Doch möchten wir dieses philosophisch-philologische Pferd nicht müde reiten. Als Symbole gelten uns hauptsächlich bildliche Darstellungen von Energien, Wesen, Zuständen, Mächten in den nicht direkt erkennbaren feinstofflichen Welten. Eigentlich ist, wie wir schon meinten, auch ein Duft ein solcher hilfreicher »Stellvertreter«, auch ein Klang, eine Farbe wären als Symbole zu bezeichnen. Und nachdem wir jetzt doch plötzlich auf dem Pferd sitzen, das wir eigentlich nicht reiten wollten, müssen wir sagen, daß sich die ganzen magischen Hilfsmittel als Symbole einstufen ließen: der Saphir wegen seiner blauen Farbe als Symbol für die Kräfte der Sephira Chesed, Blei wegen seiner Schwere für die Saturn-Sephira Binah, Rosenduft für die Venus-Sephira Netzach, der Ton Cis als Sonnenton für die Sephira Tiphareth.

Begnügen wir uns mit einer Feststellung, die »symbolisch« für alle diese Begriffsspekulationen ist: Wem es gelingt, sich mit Hilfe von Zedernöl in die erhabene Sphäre der Chesed-Kräfte aufzuschwingen, der ist ein arrivierter Kabbalist – gleichgültig, ob er Zedernöl als Duft bezeichnet oder als Symbol.

Welche Symbole welche Ebenen und Kräfte vertreten, darüber werden wir gründlicher im zweiten Teil unseres Buches, bei den Abschnitten über die einzelnen Sephiroth, zu erzählen haben. Hinter dem äußeren Erscheinungsbild der Symbole verbirgt sich logischerweise ihre tiefere, das heißt symbolische Bedeutung. Das Bild eines Königs auf dem Thron vertritt nicht nur den Aspekt der nackten Macht, sondern auch das über die Macht Erhabene, Auserwählte »von Gottes Gnaden«. Ein gleicharmiges Kreuz ist kein Kreuz schlechthin, sondern das Symbol der vier Elemente. Die Ziffer 8 ist eine mathematische Größe und zugleich ein Symbol für die achte Sephira Hod.

Die Symbole, mit denen wir den Baum des Lebens bereisen wollen, sind meist schon alt. Kabbalistische Autoren unserer Tage raten zwar gern, auch Symbole aus der modernen Welt zu nehmen. Sie dürften sogar darauf verweisen, daß irgendwann einmal in den Anfängen auch der Thron und das Elementarkreuz junge Symbole waren. Natürlich kann man moderne Symbole, zum Beispiel aus der Technik, nehmen. Trotzdem rate ich davon ab, ein kurzlebiges und junges Symbol statt eines jahrtausendealten Ursymbols zu benutzen. Jenes gibt wenig Kraft, es ist nicht vom langen Atem der Kabbalistengeneration »aufgeblasen«. Auch fehlt ihm völlig das Mythische und Mystische. Ein Telefon zum Beispiel ist doch ein recht windiges Symbol im Vergleich zur Posaune eines Verkündigungsengels.

Die Beschäftigung mit den Symbolen hat uns hoffentlich nicht daran gehindert, täglich unsere Übungen mit den Farben fortzusetzen. Bisher haben wir uns bemüht, uns mit

Hilfe einer blauen und einer gelben Scheibe diese Farben direkt zu »merken«. Außerdem ließen wir vor unserem inneren Auge die blaue Scheibe erscheinen, indem wir längere Zeit die angestrahlte gelbe Scheibe betrachteten und dann die Augen schlossen. Wenn diese Übungen Resultate zu zeigen beginnen, drehen wir den Farbenzauber einmal um. Jetzt schauen wir eine Weile die blaue Scheibe an und klappen dann unsere Augendeckel herunter: Die Scheibe, die vor unserem inneren Auge aufgeht, ist nun gelb. Wir haben eine Variante gefunden, mit der wir uns im Laufe der Zeit auch die gelbe Farbe besser merken können.

Und jetzt machen wir den nächsten bedeutsamen Schritt. Denn wir wollen dieses Kapitel über Symbole nicht beenden, ohne zusammen ein Symbol aufzubauen, es aufzuladen und zu erklären, wie wir schon bald daraus Nutzen ziehen können.

Wir setzen uns also aufrecht, aber bequem auf unseren Stuhl. Der Atem geht ruhig. Die Gedanken werden stiller. Wenn Emotionen und Bilder auftauchen, gehen wir nicht mit der Fliegenklatsche auf sie los, sondern lassen sie vorüberziehen und verschwinden. Es wäre besser, in uns wäre es still, aber das gehört bereits zur hohen Schule. So hilft es auch schon, sich nicht zu erregen und gehobenen Gleichmut zu bewahren, wenn die unerwünschten Gedanken, Bilder und Gefühle in uns vorüberhuschen.

Man sollte nie vergessen, daß Operationen wie die nun folgende, auch wenn wir sie schlicht »Übung« nennen, besonders bei der engagierten und talentierten Leserin und dem ebenso begabten Leser nicht ohne Wirkungen bleiben. So ist es sicher gut, mit einem ausgleichenden, harmonischen Symbol zu beginnen. Auch später sollten wir nicht mit einem Symbol ausgerechnet an dem Tag arbeiten, an dem die Kräfte und Neigungen, die dieses Symbol anspricht, eher ausgeglichen werden müßten – wir sprachen davon schon. So sollte sich der Weinfreund nicht gerade mit der Traube als Bacchussymbol der Sephira Tiphareth beschäftigen, wenn er beruflich durch das Rheinland reisen muß. Und der mit seiner Treue ringende Ehemann läßt besser den Luchs der Venus-Sephira Netzach im Wald, wenn seine Kusine von zweifelhaftem Ruf ins Haus steht.

Unser erstes Symbol ist das gleicharmige Kreuz. Mit dem Leidenskreuz der christlichen Kirche und seinen Assoziationen hat es für den echten Kabbalisten nichts zu tun. Es kann also auch keine schmerzlichen Gedanken oder ein schlechtes Sündengewissen erzeugen. Das gleicharmige Naturkreuz symbolisiert, wie sein Name sagt, die konkrete Natur und das, was direkt dahintersteckt: die Elemente Feuer, Luft, Wasser und Erde.

Nun nehmen wir ein Blatt Papier und zeichnen ein Naturkreuz. Kein bombastisches Gebilde, sondern einfach zwei gleich lange, sich in der Mitte kreuzende Striche, der eine von vorne nach rückwärts bzw. von oben nach unten verlaufend, der andere von links nach rechts. Wir schließen die Augen und versuchen, das Bild oder die Vorstellung des Naturkreuzes, das wir eben gezeichnet haben, in der Erinnerung zu behalten. Das wird vielleicht nicht so einfach sein, und wir gehen deshalb vor wie beim »Merken« von Farben. Das heißt, wir öffnen zwischendurch die Augen, betrachten das Naturkreuz und schließen die Augen wieder. So wird sich zumindest die Vorstellung des Naturkreuzes in uns festigen.

Langsam beginnen wir, die vier halben Striche des von uns gezeichneten Naturkreuzes mit Bedeutung zu füllen. Wir sagen uns, daß die vordere, auf unserer Zeichnung obere Hälfte des senkrechten Striches das Element Luft symbolisiert. Die hintere, auf unserer Zeichnung untere Hälfte des senkrechten Striches symbolisiert das Element Wasser. Die rechte Hälfte des waagerechten Striches steht für das Element Feuer, die linke Hälfte für das Element Erde. Und hier bekommt unsere Übung eine Dimension, in die ich die liebe Freundin und den lieben Freund nur führen kann, weil an dieser Stelle des Buches wir magischen Kabbalisten längst unter uns sind: Mit einer leichten, freudigen, tänzerischen Emotion stellen wir uns in die Mitte des von uns gezeichneten Naturkreuzes, genau dorthin, wo sich die beiden Striche kreuzen. Dort verharren wir zunächst eher lässig und glauben, daß wir im Mittelpunkt der vier Elemente stehen (Abb. 10). Von vorne im Gesicht spüren wir das Wehen des Windes, von rechts lichtvolle Wärme, von rückwärts geheimnisvolles Wasser. Von links erreicht uns das Gefühl von etwas Bergendem, zuverlässig Festem.

Jetzt lassen wir diese Reihenfolge von Vorstellungen los und geben uns der unschärferen Wahrnehmung hin, daß uns die vier Elemente gleichzeitig umgeben. Das klingt für den »geradlinigen« Denker zunächst kompliziert, ist es aber nicht. Man muß dazu kein Schamane sein, der das gleichzeitige Erfassen verschiedener Eindrücke geübt hat. Nach wenigen Versuchen werden Sie mir zustimmen. Und dann verharren wir einfach, jeder für sich, einen gedehnten Moment oder ein paar Minuten im Mittelpunkt des Naturkreuzes und lassen die vier Elemente gleichzeitig und gleich stark auf uns wirken. Damit haben wir ein ebenso einfaches wie wirksames Exerzitium in innerer Harmonisierung begonnen, dessen Wirkung sich schon nach wenigen Wochen, vielleicht sogar Tagen zeigen kann.

Bei solchen Operationen stehen wir immer mit dem Gesicht nach Osten. Wenn wir nicht wissen, wo Osten ist, oder aus irgendeinem Grund nicht nach Osten blicken können,

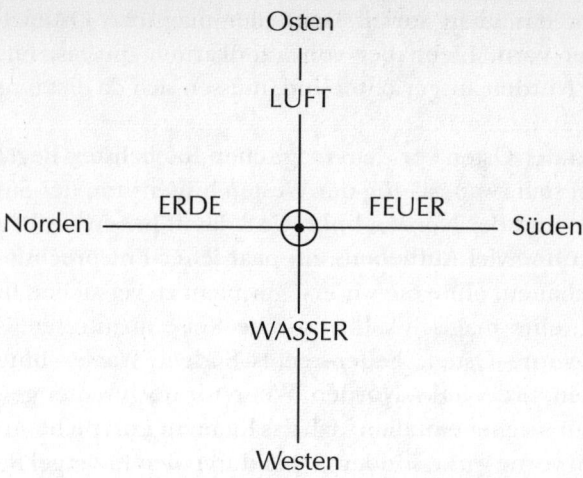

Abb. 10: Eine praktische Übung in Harmonisierung – mit einer leichten, freudigen, tänzerischen Emotion stellen wir uns in der Vorstellung in die Mitte des Naturkreuzes und glauben, im Mittelpunkt der vier Elemente zu stehen

macht das nicht soviel. Denn der magische Osten liegt immer vorn. Liebhaber von Landkarten, die fast immer nach Norden ausgerichtet sind, müssen sich da erst umstellen.

Wenn der Osten vor dem magischen Kabbalisten liegt, befindet sich zwangsläufig der Westen hinter ihm, der Süden rechts und der Norden links. Und damit haben wir begonnen, ohne viel Aufhebens ein paar jener Entsprechungen aufzubauen, ohne die wir erst gar nicht zu versuchen brauchen, eine magisch-kabbalistische Reise anzutreten. Also Luft–vorne–Osten, Feuer–rechts–Süden, Wasser–hinten–Westen, Erde–links–Norden. Wenn wir noch weiter gehen, wird uns sicher einfallen, daß das Element Luft nicht nur im Osten vorne wirkt, sondern auch durch den Erzengel Raffael vertreten wird, daß das von Raffael regierte Element Luft dort vorne im Osten liegt, wo der Morgen, die erste der vier Tageszeiten, beginnt, und daß die erste der vier Jahreszeiten, der Morgen des Jahres, der Frühling ist. Also Element Luft, Raffael, Osten, vorn, Morgen, Frühling: Die Glieder der symbolischen Ketten beginnen ineinanderzugreifen. Wir sollten ein neues Heft nehmen und sie und alle folgenden zum häufigen Studieren aufschreiben.

KAPITEL 4

Die leichten Schimmer

Ein »Poet des Wunderbaren«, der Südfranzose Maurice Magre, hat über die verwischten Spuren der keltischen Druiden einige Sätze formuliert, die auch genau die Situation des Menschen schildern, der heute darangehen will, die Spur zu seinem Überselbst aufzunehmen, auch wenn sie verwischt zu sein scheint. Der Poet schreibt: »Trotzdem existiert diese Spur: Sie ist eher ein fließendes Leuchten in Schatten als eine greifbare Gewißheit. Man muß, will man sie erkennen, die Fähigkeit entwickeln, die leichten Schimmer, die kaum aufspürbaren Hinweiszeichen wahrzunehmen.« Auf diese Schimmer und schwer aufspürbaren Hinweiszeichen ist jede und jeder meist mehrmals gestoßen, als ihr oder sein Leben anfing, eine noch unauffällige Wendung zum Spirituellen zu nehmen – Bekehrungen solcher Art finden in den seltensten Fällen durch spektakuläre Ereignisse oder Visionen statt. Doch ist man, wenn man die ersten Hinweise auf das Numinose wahrzunehmen beginnt, meist schon weiter, als man ahnt. Nur wer bereit ist, spürt das Bedürfnis, in die feineren Schichten des Seins einzudringen.

Über das Hauptziel unserer spirituellen Bemühungen pflegt man gern unerhört kompliziert hin und her zu reden. Aber das Prinzip ist ganz einfach. Es geht darum, die menschliche, irdische Persönlichkeit nach den Regeln der Schöpfungsordnung durch unser gegenwärtiges Leben zu bringen, um unsere durch die Reinkarnationen wandernde Individualität zu veredeln und dem Überselbst anzugleichen, dem göttlichen Funken, der in jedem von uns ist. Nichts weiter.

In der Praxis ist das allerdings nicht ganz so leicht. Um so zu leben, wie wir sollten, müssen wir erst wissen, wie das geht. Esoteriker aller Richtungen sehen daher eines ihrer Hauptziele darin, zu erfahren, welches die göttlichen Gesetze sind. Denn nur wenn sie das herausbekommen, können sie auch danach handeln und in Harmonie mit der Schöpfung gelangen.

Hierzu bedarf es der großen Tugend der Geduld – wie beim Durcharbeiten eines Buches wie diesem. Kapitel, auch die im Buch des Lebens, kann man nicht einfach überblättern, notwendige Erfahrungen nicht überspringen. Doch alle Erfahrungen und alle Geduld zeigen kaum spirituelle Resultate ohne den Glauben. Durch Glauben wird man weise. Denn der Glaube zieht das Ahnen, die Erkenntnisse, das Wissen um das Wirken des Weltgeistes und seiner kosmischen Gesetze in uns herab.

Es kling paradox. Aber um Gott ähnlicher zu sein, müssen wir bessere Menschen werden. Die Höhe der Zinsen, die das bringt, erfährt man nicht am Bankschalter. Aber man merkt es spätestens am Stichtag, der vorher geheimgehalten wird. Auch wenn er es nicht weiß, ahnt fast jeder Mensch, was das ist: gut zu sein. Und selbst der Hartgesottenste hat, wenn er einmal aus der Reihe seiner Verhaltensmuster tanzt und eine gute Tat begeht, ein wohliges, erhebendes Gefühl. Doch wollen wir ehrlich sein und zugeben, daß »ein guter Mensch sein« wenig in die Formen des modernen Lebens paßt. Dazu müßte der Materialist zwei Dinge tun: die heiße Flamme des Ego klein stellen und zu oft auf seinen Vorteil verzichten, den er auf Kosten anderer erzielt. Das will er nicht, und darum kann er es nicht.

Bei aller Güte sollten wir – was immer man uns zu diesem

Thema einreden möchte – aber auch nicht in der Demutshaltung vor den Mitmenschen verharren. Das mit der linken und der rechten Backe ist, zumindest wörtlich genommen, kein allgemeingültiger Rat, dem die Geistlichkeit selbst zu Recht kaum folgen mag. »Man soll seinen Nächsten lieben wie sich selbst« heißt genauso, daß man sich selbst· lieben soll wie seinen Nächsten. Das läßt man uns gern übersehen. Ein guter Mensch muß nicht unbedingt einer sein, der sich alles gefallen und von allen auf der Nase herumtanzen läßt. Wird er in einem seiner göttlichen Rechte angegriffen, kann er sich durchaus wehren. Wer unter Verletzung der großen kosmischen Regeln und der Grundtugenden gegen einen anderen vorgeht, soll nicht um jeden Preis mit unserer Nachsicht rechnen können. Die des Karmas hat er ohnehin nicht, denn das Karma kennt keine Nachsicht, nur zu begleichende Rechnungen.

Dem kompakten Gefährt, das uns auf zwei Beinen durch unser irdisches Leben befördert, auf der Ebene der zehnten Sephira Malkuth, unserem Körper, entspricht im Geistigen unsere Persönlichkeit. »Er ist eine starke Persönlichkeit«, pflegen die Leute von einem zu sagen, der sich durchzusetzen versteht. Sehr häufig, das muß man auch sehen, ist eine sogenannte starke Persönlichkeit ein unangenehmer Mensch, der die anderen dominiert. Das heißt allerdings nicht, daß man keinen Willen haben soll, verurteilt wird hier nur der Wille, der sich zum Nachteil anderer durchsetzt.

Zahlreiche Gurus und solche, die es zu sein wähnen, sind solche starken, andere dominierenden Persönlichkeiten. Doch sie und die meisten ihrer Jüngerinnen und Jünger sehen das nicht so. Es heißt dann: »Er hat eine große Aura.« Und wenn die Persönlichkeit des Meisters zur Hochform aufschwillt und er den anderen kraft seines Willens überbrät, was ihm gefällt, heißt es bewundernd: »Der Meister hat seine Aura aufgeblasen.« Aber eine starke Ego-Persönlichkeit und eine starke Aura sind zwei ganz verschiedene Paar Stiefel. Man muß sie zu unterscheiden lernen. Denn wenn man die eine für die andere hält, verliert man eine unersetzliche Rüstung der Kabbalistin und des Kabbalisten: die uns im Rahmen der Schöpfungsordnung zustehende Freiheit. Mit ihr werden wir uns im Kapitel über Karma gründlich befassen.

Die Persönlichkeit als Prügelknabe

An der Struktur der Persönlichkeit eines Menschen, auch der untersten Form seines Geistes, haben viele Faktoren mitgewirkt. Zu ihnen zählen nicht zuletzt die von den Vorfahren überkommenen Eigenschaften, die man gern außer acht läßt, so als hätten wir uns nicht durch unser Karma auch diese Vorfahren zugeschrieben. In der Persönlichkeit, das heißt ja in unserem gegenwärtigen Leben, sind selbstverständlich auch Resultate aus früheren Leben eingewirkt. Zu alldem kommen, als grellste Schicht, die Einflüsse, die uns die Umwelt zugefügt hat und zufügt: die pausenlosen, als Gesamtkonzept unsinnigen Anbrandungen durch Medien, Schlagwort-, Ton- und Bildeindrücke, die allgegenwärtige Werbung, die uns mitgeteilten Ansichten von Mitmenschen zu willkürlich aus dem Mosaik des Lebens herausgepickten Steinchen, unsere ungeordneten Erfahrungen mit anderen Lebewesen, Materien und Ereignissen, die wir je nach empfundenen Lust- oder Unlustgefühlen als feste Ansichten – »gut«, »schlecht« – in unser persönliches Weltbild integrierten. Daß ein so unschematisch entstandenes und zusammengesetztes Ding wie unsere Persönlichkeit der Korrektur bedarf, liegt auf der Hand.

Da erstaunt es uns nicht, daß die Esoteriker jeder Couleur sich auf die Persönlichkeit als Erzfeind stürzen, der sich zu allem Unglück in ihrer eigenen Brust verschanzt hat. Andere nennen diesen Hauptfeind ihr Ego. Dabei ist es Ansichtssache, ob man das Ego für dasselbe wie Persönlichkeit hält oder nur für deren siamesischen Zwilling. So fordert man mit den Zen-Buddhisten, die zwar in ihren unerbittlichen Übungen die Stärkung des Willens trainieren, aber vornehmlich des Willens zur Selbst-Disziplinierung, die »Ego-Zertrümmerung«. Für kabbalistische Ohren klingt das ungut mit diesem Unterton von Inquisition. Das Ego muß nicht »zertrümmert«, die Persönlichkeit nicht ausgelöscht, sondern emporgehoben und dem Überselbst angeglichen werden, was eine Auslöschung ihrer negativen Eigenschaften bedeutet. Denn trotz allem ist diese Persönlichkeit für unsere Existenz auf der Erde unersetzlich. Ohne sie könnten wir uns nicht so in den handfesten Abenteuern des modernen Lebens schlagen, wie wir das oft müssen.

Nach dem Ende unseres gegenwärtigen Lebens erlischt früher oder später auch unsere damit verbundene Persönlichkeit. Aber ihre Spuren bleiben. Sie haben sich in unsere Individualität eingegraben, diese höhere, fast unvergängliche Form unseres Ichs, die sich wie auf Brückenpfeilern von Wiedergeburt zu Wiedergeburt spannt.

Die Individualität, die in unserem eigenen, mikrokosmischen Baum des Lebens in der zentralen Sephira Tiphareth auf unser gereinigtes Ego wartet, hoffentlich nicht vergebens, und die auch in den oberen Sephiroth Chockmah, Binah, Chesed und Geburah zu finden ist, gilt es zu veredeln. Das ist ein hohes, mühsam zu erklimmendes, herrliches Ziel. Um es zu erreichen, müssen wir nicht nur der gute Mensch werden, von dem wir eben sprachen. Es gilt auch, das Gesetz des Karmas zu erfüllen und die Gedanken, Worte und Werke auszubügeln, in denen wir uns als weniger gute, oft sogar böse Menschen gezeigt haben. Denn alles, Gutes, Böses und zu Laues, prägt – über die Persönlichkeit – unsere Individualität. Da genügt es leider nicht, unser gegenwärtiges Leben rechtschaffen zu führen. Wir haben auch die in früheren Leben begangenen Fehler gutzumachen. Und Fehler wiedergutzumachen ist, wie wir alle wissen, meist schwieriger, als keine zu begehen.

Um unsere Individualität aufzupolieren, indem wir unsere Persönlichkeit verbessern und frühere Fehler nicht mehr begehen, dafür gibt es in unserer irdischen Existenz ein weites, jedoch ziemlich festumrissenes, jedem zugängliches Feld, auf dem zu viele Esoteriker versagen. Sie ziehen es vor, schwärmerisch mit hohen Theorien zu spekulieren, statt sich mit der Praxis dieser Theorien herumzuschlagen. Obwohl ich mich bei vielen damit nicht einschmeicheln werde, verrate ich jetzt, um welch weites und doch scheinbar bescheidenes Feld es sich hier handelt: um die dauerhafte Zweierbeziehung zwischen Mann und Frau. Denn in einem solchen polaren Zweierverhältnis ist alles in uns auf die Probe gestellt: unsere Güte, unsere Wahrhaftigkeit, unsere Gerechtigkeit, unsere Liebe, unser Mut, unsere Selbstlosigkeit, auch unser Wille, unser Glaube, unsere Dankbarkeit, unsere Gelassenheit, unsere Fähigkeit zur Harmonie, unsere Geduld, unsere Freiheit und die Freiheit, die wir dem Partner oder der Partnerin gewähren. Eine Ehe oder ähnliche Zweierbeziehung ist das idealste und größte Übungsfeld für den Aufstieg in die kabbalistische, ja in jede geistige Oberliga. Es ist sinnlos, in esoterische Seminare, Ashrams oder Bruderschaften zu gehen und für ein paar Stunden oder Tage die Schwestern oder Brüder liebevoll anzulächeln, um dann heimzukehren und den alten Krieg gegen den Partner oder die Partnerin wieder zu beginnen. Wer sich nicht mit all seinen Kräften bemüht, die hohen Ziele auch in seiner Partnerschaft zu verwirklichen, kann auf andere Wege verzichten. Das, nicht das »Mehret euch« ist das wahre Geheimnis von Mann und Frau.

Die Kunst öffnet uns die Türen ins geistige Universum

Zum Glück warten auf jeden, der den Weg durch die Spiritualität antritt, die wunderbarsten Begleiter: die Künste. Sie wehen sogar einen Hauch des Göttlichen in die Herzen von Menschen, die mit dem Göttlichen nichts zu tun zu haben glauben. Aber da irren sie sich.

Wen beim Betrachten von Claude Monets Gemälde »Garten in Giverny« eine Ahnung von Naturgeistern überkommt, die der Maler unsichtbar und vielleicht unbewußt auf seinem Bild mit eingefangen hat, wer sich beim Hören von Wolfgang Amadeus Mozarts Messe »Regina coeli« erhoben fühlt, wer Rainer Maria Rilkes *Stundenbuch* öffnet und spürt, daß eine geheime Saite in ihm angeschlagen wird, wenn er die folgenden vier Zeilen liest:

> »Ich kreise um Gott, um den uralten Turm,
> und ich kreise jahrtausendelang;
> und ich weiß noch nicht: bin ich ein Falke, ein Sturm
> oder ein großer Gesang.«

Wer kurzum ahnt, daß hinter den gewiß schönen Fassaden solcher Kunstwerke sich noch etwas anderes verbirgt, der spürt schon, sogar wenn er es selbst gar nicht möchte, den leisen Atem der Transzendenz.

Auch ein Roman kann diese Ahnung durchaus vermitteln.

Ich lese immer wieder in Vladimir Nabokovs *Ada* eine kleine, scheinbar nebensächliche Passage, in der der Dichter besser als jeder große Prediger durch eine Impression, die man geradezu hören, riechen und flirren sehen kann, den Zusammenhang zwischen irdischem Augenblick und seiner Transzendenz offenbart: »… und weil das Détail alles ist: Das Lied eines toskanischen oder kalifornischen Goldhähnchens in einer Friedhofszypresse; der minzige Hauch von Bohnenkraut oder von Yerba Buena an einem Steilufer; das tanzende Flattern eines Faulbaumbläulings oder eines Echobläulings zusammen mit anderen Vögeln, Blumen und Schmetterlingen: *das* muß man hören, riechen oder durch die Transparenz von Tod und glühender Schönheit sehen.«

Um so stärker wirkt Kunst, die das Gute und Schöne und Tiefe zum Inhalt hat, auf die Kabbalistin und den Kabbalisten, die bereits um die Hintergründe der äußeren Erscheinung wissen. Sie öffnet uns ohne Rituale und herkömmliche Meditationen die Türen, die in unsere verborgenen Zimmer und ins geistige Universum führen. Einige Sephiroth im Baum des Lebens – vor allem Netzach, ferner Yesod und eigentlich auch Malkuth – erschließen sich in ihrer ganzen Tiefe kaum dem Kabbalisten, den keine der Künste anzieht. Er muß diese zwar nicht selbst ausüben, aber pflegen und lieben. Zum Dank dafür werden ihn die Musen auf seiner ganzen Reise durch den Baum des Lebens begleiten, seine Persönlichkeit heben und auf seine Individualität einen Glanz werfen, der dauert.

Der göttliche Funke
ist der wahre Meister

Neben unserem Ego, der Persönlichkeit unseres augenblicklichen irdischen Lebens, und neben der Individualität, unserem höheren Selbst, das durch all unsere Inkarnationen wandert, ist jede und jeder von uns noch Sitz einer dritten geistigen Instanz, die alles in uns überragt, meist ohne einzugreifen. Sie ist das Eichmaß, nach dem unsere persönlichen Taten und der Zustand unserer Individualität gemessen werden. Sie nimmt selten aktiv an unserer Entwicklung teil, meist nur als unbewegter Beobachter, manchmal als leiser Ratgeber, und sie ist selbst unveränderlich. Das liegt auch auf der Hand. Denn diese dritte, in jedem Menschen wohnende geistige Instanz ist das Überselbst, der göttliche Funke. Ihr Ort ist die höchste Sephira Kether (Abb. 11).

Hier stehen wir wieder an einem Tragpfeiler des kabbalistischen Gebäudes, so wie wir es errichten. Dieser Stützpfeiler wird durch eines der Hermetischen Gesetze beschrieben – im Kapitel über diese Gesetze werden wir gründlicher darüber reden. Doch müssen wir jetzt schon eine Ahnung davon haben, wenn wir begreifen wollen, was »der göttliche Funke« ist. Dieses Gesetz, das eigentlich ein Prinzip ist und von Hermes Trismegistos vielleicht zum ersten-, aber bestimmt nicht zum letztenmal aufgestellt wurde, lautet bei den Hermetikern: »Der Weltgeist ist in allem, und alles ist im Weltgeist.« Das ist eine gar nicht so nebulose Formulierung, um deren Erklärung man eigentlich nicht seitenlang herumreden und herumschreiben muß.

Wir alle und alles, was der Kosmos enthält, an Materie, Energien und Geist, sind Teile einer vom Weltengeist Gottes geschaffenen Einheit. Nichts existiert außerhalb die-

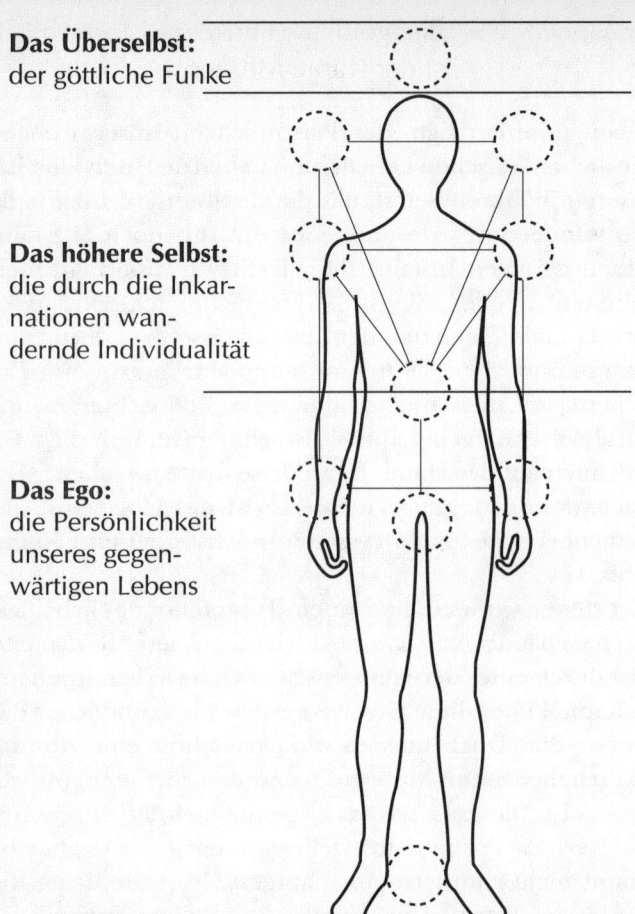

Das Überselbst:
der göttliche Funke

Das höhere Selbst:
die durch die Inkar-
nationen wan-
dernde Individualität

Das Ego:
die Persönlichkeit
unseres gegen-
wärtigen Lebens

Abb. 11: Die geistig-seelisch-spirituelle
Struktur des Menschen

ser Einheit. Deshalb hängt alles zusammen, was zu dieser Einheit gehört, auch wenn diese Zusammenhänge manchmal weit jenseits unseres Begriffsvermögens liegen.

Umgekehrt birgt alles, was Gottes Wille geschaffen hat, auch seinen göttlichen Funken in sich, der Stein genauso wie der Mensch. Wobei dem Menschen die Aufgabe gestellt ist, sich dem Licht entgegen zu entwickeln. Anders als Persönlichkeit und Individualität ist dieser göttliche Funke natürlich nicht durch den Menschen zu verändern.

Wenn der göttliche Funke nicht direkt auf unser irdisches Leben durchschlägt, sondern die makellose Schablone darstellt, der wir unsere Persönlichkeit und damit unsere Individualität anzupassen haben, so spricht er doch manchmal zu uns mit seiner Stimme. Sie steigt in der tiefsten Gedankenleere der Meditation in uns auf, unaufdringlich, klanglos und klar. Nicht immer kommt in unser nüchternes Tagesbewußtsein herüber, was sie uns sagt: Lehren, Ratschläge, Wahrheiten, Erkenntnisse. Aber dann nimmt das Unbewußte sie auf und steuert uns danach im passenden Augenblick.

Auch an den gehobenen Intuitionen hat die Stimme des göttlichen Funkens ihren Anteil, wohl zusammen mit der Individualität, die in höher schwingenden Bewußtseinszuständen ein paar in vergangenen Leben erworbene Kleinodien herausrückt. Ein Buch wie dieses etwa wäre ohne solche Hilfe kaum zu schreiben.

Die Stimme der Stille, die in der Meditation vernehmbar wird, kann die Stimme des Überselbst sein, unseres göttlichen Funkens, das heißt ein Flüstern Gottes. Besser als viele andere wird der magische Kabbalist sie verstehen. Denn auch die Kräfte und Mächte, die er in seinen Ritualen und auf seinen Reisen durch den Baum des Lebens erreicht, wirken leise. Das ist ebenso ein Kriterium für die Stimmen, die in uns bei klarem Bewußtsein vernehmbar werden.

Man kann die wahre innere Stimme – manche nennen sie unseren Schutzengel – erst vernehmen, wenn man einen gewissen Grad von Reinheit erreicht hat. Und auch dann muß man unterscheiden, um sie zu erkennen. Sie ist leiser als die äußeren Stimmen und Geräusche. Vor allem ist sie verhaltener als die Emotionen, die oft mit wütenden Aufforderungen zu uns sprechen. Während diese Emotionen ihre Forderungen in uns ständig wiederholen, spricht die wahre innere Stimme zu uns meist nur ein einziges Mal. Wer auf sie hört, ihr glaubt und ihren Rat befolgt, wird – von Mal zu Mal sicherer und leichter – einen Freund fürs Leben finden. Die Kabbalistin und der Kabbalist, die in der Lage sind, der inneren Stimme Gehör zu schenken, haben es bald auch als Kabbalisten weit gebracht.

Die magische Arbeit mit dem Baum des Lebens geht von einer Grunderkenntnis aus: Man kann mit Gott nicht direkt korrespondieren, sondern nur über die Hierarchien. In dieser Beziehung haben die konventionellen Kirchen schon recht. Nur täuschen sie sich – und das werden die Vertreter dieser Kirchen möglicherweise so ungern hören wie viele Gurus – in der Art der Wesen, über die man diese Verbindung aufzunehmen hat.

Diese Hierarchien, das heißt nach ihren Potenzen und Wirkungsweisen gestaffelte Mächte, findet die Kabbalistin und der Kabbalist im Baum des Lebens, der alles umfassenden westlichen Darstellung. Ein Meister kann die Schülerinnen und Schüler zwar dorthin führen und ein gutes Stück auf den Weg bringen, aber die eigentliche Arbeit muß der Schüler selbst vollbringen. Das muß ein Meister selbst oft und nachdrücklich sagen. Genauso wie er seinen Schülern immer wieder klarmachen muß, daß es für jeden Menschen nur einen wirklichen Meister gibt: den eigenen göttlichen Funken. Hier scheiden sich die Geister und die Meister.

Wie lange existieren Persönlichkeit, Individualität und Überselbst?

Die klassischen psychologischen Schulen nennen vier Stufen des menschlichen Bewußtseins:

1. das Wachbewußtsein,
2. das persönliche Unterbewußtsein,
3. das von C. G. Jung formulierte kollektive Unbewußte, das heißt die von der ganzen Menschheit gesammelten Erfahrungen und aufgebauten Archetypen, die auch dem Einzelmenschen zugänglich sind,
4. das Überbewußtsein.

Mit diesem Schema kann auch der Kabbalist leben, aber natürlich genügt es ihm nicht. Er weiß ja, daß die von den Psychologen nur im Menschen vermuteten Bewußtseinszustände ihre Entsprechungen durch Kräfte im Kosmos haben, im Adam Kadmon, im Makrokosmos. Und auch der Sammelbegriff »Überbewußtsein« ist ihm, der mit feinerem Besteck arbeitet, zu pauschal.

Im Gegensatz zum schieren Psychologen wissen die magische Kabbalistin und der magische Kabbalist um das Vorhandensein und Schicksal verschiedener menschlicher Formen. Diese Formen, unser gegenwärtiger Körper wie alle Materie und Energie und Geist bergenden Hüllen im Universum, sind vergänglich. Sie lösen sich auf, früher oder später, und damit wird die Kraft frei, aus der sie bestanden. Diese Kraft kehrt ins Urenergiefeld des Weltgeistes zurück.

Während unser Körper, materiell gesehen auch ein Wunderwerk, nach dem Tod relativ schnell seine Form verliert und seine physischen Substanzen an die vier Elemente zurückgibt, existiert seine geistige Entsprechung, die Persönlichkeit, etwas länger. Wir alle haben von den Gespenster genannten Persönlichkeiten Verstorbener gehört, die sich nicht von ihren Körpern, ihren Verwandten und Geliebten und von ihren irdischen Gewohnheiten lösen können und den auf der Erde gebliebenen Lebenden mehr oder weniger zur Last fallen. Auch wissen wir, daß wir die Persönlichkeiten Verstorbener, die gern und fälschlich Seelen genannt werden, nicht durch übermäßige Trauer und klammernde Liebe in unserer Sphäre zurückhalten sollen. Indianische Schamanen behaupten, sie sähen auf Friedhöfen die Geister Verstorbener über ihren Gräbern schweben, weil sich diese Geister nicht von ihren beerdigten Hüllen trennen wollten.

Selbst wenn sich der Teil von uns, den wir Persönlichkeit nennen, von seinem einstigen Körper und aus seinem früheren Umfeld frei gemacht hat, mag er sich noch eine Weile in den astralen Weiten herumtreiben. Dort existiert er, vielleicht schon mit einem Schimmer seiner Individualität, in der Umgebung, die er sich im letzten irdischen Leben durch seine Gedanken, Emotionen, Worte und Taten geschaffen hat. Das heißt, der Herzlose und moralische Stinker wird unter Herzlosen und Stinkern verweilen müssen, der freundliche Mensch von freundlichen Persönlichkeiten umgeben sein. Der Griesgram und Pessimist findet sich dann in einer Landschaft, die er mit seinen negativen Anschauungen astral vorfabriziert hat, das heißt einer scheußlichen, der Lächler und Optimist in einer Gegend, die man Sommerland nennt.

Auf allen Ebenen schaffen sich die Menschen ihre Höllen

und Paradiese selbst. Eigentlich wissen sie das sogar. Nur halten sie sich nicht daran.

Nach einer Weile, die von den Erdenmenschen möglicherweise mit Jahrhunderten gemessen werden müßte, stirbt die Persönlichkeit für immer. Es ist anzunehmen, daß sie einfach langsam erlischt. Unser höheres Ich dagegen, das, was wir als Individualität bezeichnen und das den Schatten der erloschenen Persönlichkeit bewahren muß, vergeht nicht. Durch immer neue Inkarnationen in immer anderen Persönlichkeiten und Personen ist ihm die Aufgabe gestellt, sich zu vervollkommnen. So hat jeder Sterbliche durch den Anteil, den er an seinem individuellen höheren Selbst besitzt, auch schon auf Erden ein Stück Unsterblichkeit.

Kapitel 5

Gruppenarbeit:
Anrempeln beim Meditieren

Ohne Zweifel ist es möglich, durch gewisse Einstimmungen und Praktiken große kosmische und spirituelle Kräfte herbeizurufen und in uns wirksam zu machen. Doch können diese starken Kräfte in uns nur ankommen, wenn wir vorher in uns eine gleichermaßen starke Empfangsstation aufgebaut haben. Ohne vorhergehende innere Arbeiten zischt die Erleuchtung aus dem All an uns vorbei zu anderen, die fleißiger gewesen sind.

Da die kabbalistischen Freundinnen und Freunde das wissen, haben sie die im 3. Kapitel vorgeschlagenen Arbeiten fortgesetzt, während sie über Persönlichkeit, Individualität und den göttlichen Funken weiterlasen. Ihr Blick fällt täglich und beharrlich auf die einfarbigen Scheiben, und vielleicht beginnen sie bereits, eine harmonisierende Wirkung zu spüren, wenn sie in der Imagination tänzerisch auf den Kreuzungspunkt der vier Elemente hüpfen. So können wir in diesem Kapitel unbekümmert weitere Übungen hinzufügen. Und vielleicht sollten wir zur Aufmunterung jetzt verraten, daß fast all diese Übungen in dem großen Zeremoniell münden, das wir am Ende dieses Buches gemeinsam aufbauen und durchführen werden und das zu einem täglichen Kraftquell im Leben der Kabbalistin und des Kabbalisten werden wird.

Wer allerdings das Kapitel über das große Zeremoniell im voraus lesen würde, handelte wie der Krimileser, der den Schluß mit der Auflösung als erstes liest. Er hat diese und jene entscheidende Spur und Motivierung nicht mitbekommen. Er weiß jetzt zwar, wer der Mörder war, aber vom Geheimnis dieses Falles hat er keine Ahnung. Damit begibt er sich freiwillig des Interessantesten, Spannendsten, was das Buch zu bieten hat.

Doch zunächst möchte ich noch einmal kurz auf die Frage der esoterischen Gruppenarbeit eingehen. Sie wird von vielen als für die spirituelle Entwicklung unerläßlich gehalten, vor allem von Veranstaltern und Leitern esoterischer Seminare. Auch in den Gemeinschaften, die von den etablierten Kirchen mit nutzloser Beharrlichkeit »Sekten« genannt werden, leistet man ja Gruppenarbeit. Doch kommt dort als zusätzliches Element die länger dauernde Einbettung in eine große Anzahl Gleichgesinnter.

Das muß jeder halten, wie er es richtig findet. Für viele ist, vor allem in den Anfängen, die Gemeinschaft eine Stütze. Und sicher gelingt es bei Gruppenarbeiten oft merklich stärker zu »powern«, wie man so schön sagt, Dampf dahinterzusetzen. Die Energien, die von einer Gruppe herunter- oder heraufgeholt werden, sind auf Anhieb spürbar. Doch ist keineswegs sicher, ob diese Energien vom einzelnen Teilnehmer so mit Nutzen für sich verwendet werden können, als habe er sie selbst allein herabgezogen oder geweckt.

So kann man sagen, recht pauschal natürlich, daß eine von vielen auf ein gleiches Ziel gerichtete Phantasie, Vorstellung, das heißt Energie, ihre Vorteile hat. Ganz anders ist es in der freien, dem einzelnen überlassenen Meditation. Wenn alle, die da beisammensitzen, durcheinandermeditieren und wie beim Scooterfahren die anderen Themen der meditierenden Kolleginnen und Kollegen anrempeln und womöglich aus der Bahn werfen, leuchtet es ein, daß dabei wenig Gewinn zu erwarten ist. Doch ist das Ansichtssache und noch mehr. Hier scheiden sich oft ganze Lebensformen.

Spirituelle Arbeit, vor allem wenn man sie allein ausführt, erfordert nicht nur Disziplin, sondern auch jeweils wieder eine bestimmte Prozedur von Einleitungen. Übrigens können auch ein Meister, ein Seminarleiter oder eine Gruppe und auch ein Buch nur Anleitungen geben, Stimulantien, Anschübe. Beim Eigentlichen ist man allein. Mit dieser Erkenntnis hat vor rund 350 Jahren Pascal seine Mitmenschen schockiert, indem er über das vielleicht bedeutendste spirituelle Ereignis, dem jeder Mensch ausnahmslos unterworfen wird, den Tod, schrieb: »On mourra seul – man stirbt allein.« Dem kann man hinzufügen, Pascal zu Ehren auf französisch: »On vivra seul – man lebt allein.«

Um sich dem Ziel ihrer Übungen, Zeremonien oder Meditationen zu nähern, durchlaufen die magische Kabbalistin und der magische Kabbalist – wie andere Esoteriker auch – vier einleitende Phasen. Sie oder er bemüht sich:

1. sich zu entspannen,
2. die richtige Körperhaltung einzunehmen,
3. richtig zu atmen,
4. die kunterbunt einströmenden Gedanken und Emotionen auszuschalten oder auf ein Thema zu fokussieren.

Wie alle wissen, denen diese Einleitungen zur Selbstverständlichkeit geworden sind, verlangen diese vier Phasen nach einiger Zeit der Übung keine Anstrengung mehr, nur Aufmerksamkeit.

Keine Arbeit funktioniert richtig, wenn man sich verkrampft. Das gilt auch für die geistige. Der Geist muß locker sein, schwebend trotz Konzentration, und das ist er nicht, wenn der Körper, die Muskeln angespannt sind. Der geübte magische Kabbalist wird diese Entspannung des Körpers jederzeit durch einen sanften Willens- und Bewußtseinsakt finden. Doch bis es soweit ist, muß man mit etwas deftigeren Methoden nachhelfen. Man spannt alle Muskeln des Körpers an, auch die des Gesichts, der Augenpartien, runzelt die Stirn und läßt dann die angespannten Muskeln los. Das wiederholt man zwei-, dreimal, jedenfalls so oft, bis man das Gefühl hat, vom Scheitel bis zur großen Zehe locker zu sein. Und locker ist man, wenn sich der Körper nicht mehr aufdringlich spürbar macht.

Wenn wir von der richtigen Haltung sprechen, die wir bei unseren spirituellen Bemühungen einnehmen sollen, meinen wir damit vor allem das Sitzen. Es ist richtig, daß die magische Kabbalistin und der magische Kabbalist viele ihrer Zeremonien im Stehen ausführen. Symbolische, das heißt magische, Hand- und Armbewegungen spielen dabei eine große Rolle. Doch müssen wir dabei so entspannt wie möglich stehen. Auch die Arm- und Handbewegungen vollführen wir gelöst, weniger mit muskulöser als mit geistiger Kraft.

In völlig entgegengesetzte Richtungen ziehen die Esoteriker auf ihrem geistigen Pfad der Erleuchtung, wenn es um die Frage des richtigen Sitzens geht: Hier die »Europäer«, die sich arglos und wie sie es gewöhnt sind, auf einem Stuhl niederlassen. Dort die Anhänger fernöstlicher Weisheit, die den Europäern das Wissen voraushaben, daß die Erleuchtung nur zu dem kommt, der sie mit überkreuzten Beinen erwartet, den Buddha macht. Natürlich ist es nicht so, daß sie den Andersgläubigen von seinem Stuhl ziehen würden. Ich selbst habe öfter als einziger in einer ganzen Versammlung auf einem Stuhl gethront, unangefochten, während unter mir die Schar der Eingeweihten auf ihren Decken die Beine kreuzte. Niemand sprach zu mir ein abfälliges Wort.

Doch war mir klar, die meisten wußten, daß das so, wie ich das auf meinem Stuhl versuchte, nicht geht.

Und doch geht es. Ich will jetzt nicht den Spieß umdrehen und behaupten, man könne nicht in der Haltung meditieren, die auch wir Lotussitz nennen wollen, um niemanden durch das profane Wort Schneidersitz zu kränken. Voraussetzung ist allerdings, daß man den Lotussitz mühelos und ohne Schmerzen beherrscht, was keineswegs allen ihn Praktizierenden möglich ist, wie man am Ächzen in fernöstlich ausgerichteten Seminaren erkennen kann. Ich selbst halte die unverspannte, aber gerade Sitzposition auf einem Stuhl als für die Kabbalistin und den Kabbalisten sehr geeignet.

Eine ganze Wissenschaft, auch sie meist von den Weisen des Ostens zu uns gekommen, befaßt sich mit dem Atmen. Fast mehr noch als das Schlagen des Herzens ist der Atem ja eines der großen Mysterien des Lebens. Beide sind eng miteinander verbunden, der eine stockt ohne das Schlagen des anderen, das Herz bleibt stehen, wenn die Lungen keine Luft mehr schöpfen können. Doch während die Menschen direkt, von ein paar Yogis abgesehen, die Arbeit des Herzens nicht beeinflussen können, läßt sich der Atem durch einen einfachen Willensakt regulieren. Niemandem macht es Mühe, schneller oder langsamer zu atmen. Hier setzt die Wissenschaft vom Atmen und die Praxis der Atemübungen an. Hier beginnen auch meine bescheidenen Bedenken.

Es geht mir jetzt ein wenig wie im Vorwort, wo ich gegen die numerologischen Kunststücke zu Felde zog, um dann später sagen zu müssen, daß die Zahl in der Kabbala eine bedeutsame Rolle spielt. Tatsächlich werden auch kabbalistische Zeremonien und Meditationen nicht funktionieren, wenn man falsch atmet. Trotzdem glaube ich, daß das richtige Atmen vor allem dazu da ist, den Körper und damit den Geist in eine Ausgewogenheit zu bringen, die das stabile

Element für die darauf stattfindenden spirituellen Akte darstellt. Das heißt, ich habe Bedenken gegen die Unternehmen, durch absichtlich zu schnelles oder zu langsames Atmen scheinbar gehobene Bewußtseinszustände zu erreichen, die daher rühren, daß die chemische Zusammensetzung des Blutes sich ändert.

Da können mir die Anhänger exotischer Richtungen erzählen, was sie wollen. Das Atmen ist nur ein Hilfsmittel – von manchmal gar nicht so einwandfreier Art. Das Eigentliche, was sich ereignet, muß geistiger Natur sein und weit hinter den physischen Auswirkungen des Atemvorgangs liegen. Natürlich kann man sich durch den Atem in Tiefen versetzen, aber das ist oft trügerisch. Bilder und innere Erlebnisse, die durch die Atemkunststücke hervorgerufen werden, sind Schleiertänzerinnen und Gaukler. Sie springen kurz auf die Bühne, uns sichtbar und scheinbar greifbar. Doch dann verschwinden sie wieder hinter den Vorhängen des Unbewußten, für immer. Und es ist gar nicht so sicher, ob sich jene Atemmeister nicht nur in Zwischenreiche schnaufen, die wohl mit den Höhen und Abgründen der menschlichen Psyche, aber mit wahrer Spiritualität wenig zu tun haben.

Was vielleicht geschieht, wenn man das Atmen, ein meist fabelhaft funktionierender unbewußter menschlicher Ablauf, mit dem Verstand angehen will, zeigt das Abenteuer eines englischen Wissenschaftlers, das für diesen im wahrsten Sinne atemberaubend war. Der Mann arbeitete daran, seinen Atem bewußt zu kontrollieren, und das gelang ihm auch sehr gut. Doch durch diese bewußte Kontrolle brachte er den unbewußten Mechanismus durcheinander, der dafür sorgt, daß die Menschen in jeder Situation atmen, ohne darüber nachzudenken. Er bekam Angstzustände, keine Sekunde konnte er nachlassen, seinem Atem durch das Bewußtsein die richtigen Impulse zu geben. An Schlafen war nicht zu denken, und als er es erschöpft doch einmal versuchte, wäre er beinahe im Schlaf erstickt. Drei Tage und drei Nächte lang quälte er sich ab. Dann übernahm zu seinem Glück das Unbewußte wieder die Steuerung seines Atems, und er trat zurück ins Glied der Normalmenschen, die einfach schnaufen, ohne sich etwas dabei zu denken. Man muß eben wissen, wo man der Natur nicht ins Handwerk pfuschen darf, denn das kann unangenehm werden, wenn es die eigene Natur ist, und karmisch bei einer fremden.

Der Vier-zu-zwei-Atem

Die ideale Praxis, um sich nach dem Entspannen und dem richtigen Hinsetzen auf eine Meditation oder einen anderen spirituellen Vorgang einzustimmen, ist der schlichte Vier-zu-zwei-Atem. Wie üblich wird er als Zwerchfellatmung praktiziert. Man atmet ein und zählt dabei stumm bis vier, hält den Atem an und zählt bis zwei, atmet aus und zählt dabei wieder bis vier, hält erneut den Atem an und zählt bis zwei. Dann beginnt der kleine Zyklus von neuem. Bis vier einatmen, bis zwei Atem anhalten, bis vier ausatmen, bis zwei Atem anhalten. Wichtig bei dieser gar nicht kapriziösen Atemübung ist, wie wir wissen, daß das Anhalten des Atems nicht verkrampft erfolgt, nicht mit Gewalt, sozusagen mit einem Luftkloß in Lunge oder Kehle. Ganz locker stellen wir für zwei Augenblicke die Atemzufuhr ein. Das ist alles. Wahrscheinlich wird, während die Aufmerksamkeit des Mitzählens allmählich erlischt, unser Atem ein wenig ruhiger, langsamer, flacher. Auch das ist gut so.
Übrigens empfiehlt sich das Vier-zu-zwei-Atmen sehr in Augenblicken der Angst, der Gefahr. Nicht nur, weil man

dadurch im Inneren gestärkt wird. Es fällt uns auch schwer, während wir uns doch ein wenig auf diese Atmung konzentrieren müssen und zählen, gleichzeitig Angst zu haben. Das Wichtigste an solchen einfachen Atemübungen ist außer ihrer suggestiven und daher autosuggestiven Wirkung eine vorbereitende Säuberung unseres Inneren von primitiven Emotionen und dem wildesten Durcheinander unserer Gedankensprünge. Sie bilden die natürliche Vorstufe zum Ausschalten der Gedanken, von dem wir schon gesprochen haben. Denn nur wenn wir uns davon frei machen, Spielball willkürlich hereinbrechender Emotionen und Gedankenfetzen zu sein, können wir geistig richtig arbeiten. Sei es, daß wir aus dem Unterbewußtsein Bilder, Gedanken und Erkenntnisse auf dem nun leeren Bildschirm unseres Inneren erscheinen lassen. Sei es, daß wir uns auf ein bestimmtes spirituelles Thema konzentrieren oder darüber meditieren.

Dieses Gedankenausschalten ist nicht einfach, selbst alte spirituelle Hasen haben damit ihre Probleme. Nichts wird funktionieren, wenn wir uns große negative Gefühle erlauben, sobald unerwünschte Gedanken sich eindrängen. Wir lassen diese ganz einfach locker wieder ausschweben. Sie haben nicht viel zu bedeuten, müssen wir glauben, sie gehen wieder weg und kommen nicht wieder. Und eines Tages bleiben sie dann wirklich fort.

Eine wirksame und unkomplizierte Übung, um das Gedankenausschalten zu trainieren, ist die mit der Uhr. Hierfür legen wir eine Uhr mit großem Sekundenzeiger, am besten eine Armbanduhr, vor uns auf den Tisch. Wer noch eine Uhr zum Aufziehen besitzt, darf sich bevorzugt fühlen, denn bei ihr bewegt sich der Sekundenzeiger in gleichmäßigem Fluß wie die Zeit, während bei den Digitaluhren der Sekundenzeiger mit kleinen Rucken rotiert, was für unsere Übung etwas störend ist. So oder so: Wir legen die Uhr vor uns auf den Tisch oder Schreibtisch, entspannen uns und verfolgen entspannt den Weg des großen Sekundenzeigers, ohne an etwas zu denken.

Meist merken wir sofort, daß es auf diese Weise leichter ist, den Ansturm der willkürlichen Gedanken und Gefühle für eine kleine Weile zu unterbrechen, als wenn wir das ohne Hilfsmittel, sozusagen aus dem Stand, versuchten. Natürlich wird früher oder später ein aufdringlicher Gedanke oder eine ganze Assoziationskaskade den Ring der inneren Stille durchbrechen. Das ist kein Grund zur Aufregung. Wir beginnen einfach mit unserer Übung von neuem. Und das werden wir im Lauf der kommenden Wochen und Monate noch vielmals tun. Nebenbei üben wir damit auch die kabbalistische Grundtugend der Beharrlichkeit.

Ein regelmäßiger Atem ist auch bei dieser Übung hilfreich. Man wird den Vier-zu-zwei-Atem vielleicht so durchführen, daß man für die vier Takte Einatmen und die zwei Takte Anhalten des Atems fünf Sekunden benötigt, ebenso fünf Sekunden für die vier Takte des Ausatmens und die zwei Takte des Atemanhaltens. Das wären sechs volle Atemzüge pro Minute, was etwas beunruhigend klingt, aber für einen gesunden Menschen durchaus möglich ist. Doch sollte man sich bei diesen ganzen Atemübungen auf keinen Fall zu etwas zwingen, was einem physisch oder auch psychisch unbehaglich ist. Wer am Herzen, an der Lunge oder am Kreislauf leidet, tut gut daran, auf die Atemübungen ganz zu verzichten. Es geht auch ohne sie.

Beim Trainieren des Gedankenausschaltens mit dem Sekundenzeiger der Uhr ist für den Übenden besonders positiv, daß die Erfolge meßbar sind. Natürlich gibt es manchmal kleine Rückschläge. Das liegt dann daran, daß man an diesem Tag nicht gerade in Hochform ist. Die Bedingungen in jenen astralen Bereichen, welche auf die Gedanken der

Menschen Einfluß haben, spielen mit herein, und das eben nicht immer nur positiv. Aber im ganzen genommen werden die Zeiträume, die wir von unerwünschten Gedanken und Emotionen frei zu halten vermögen, größer. Das ist für die Übenden das beste Stimulans.

Als ich ein ganz junger Mann war, fragten mich meine Freundinnen manchmal, wenn ich eine Weile schwieg: »Was denkst du jetzt?« Ich antwortete wahrheitsgemäß: »Nichts.« Immer erregte das den Zorn der jeweiligen Freundin. »Das gibt es nicht, daß man nichts denkt«, erklärte sie fast stereotyp mit den anderen und argwöhnte wohl, ich habe Unerfreuliches über sie gedacht und wolle das nun nicht verraten. Aber ich hatte die Wahrheit gesagt. Ich war mir nicht bewußt, etwas gedacht zu haben.

Irgend etwas wird allerdings in mir schon vorgegangen sein. Es geht immer etwas in uns vor, auch wenn unser wacher Verstand es nicht erkennt und registriert. So stimmt auch der Vorwurf nicht, durch das Gedankenausschalten erzöge man sich zu einem Stumpfbock, in dessen Gehirn Windstille herrsche. Genausowenig sind die Kassandrarufe exakter Wissenschaftler berechtigt, durch das Gedankenausschalten verliere man die Fähigkeit, am aktiven Leben teilzunehmen. Die meisten leugnen ohnehin, das Ausschalten der Gedanken sei möglich, weil es ihnen selbst nicht gelingt. Mir selbst ist die frühe Fähigkeit, zur Empörung meiner Freundinnen vorübergehend »nichts zu denken«, im Trubel des Lebens teilweise verlorengegangen. Ich mußte sie mir später erst wieder erneut aneignen.

Doch lassen wir das weite Umfeld, und fassen wir noch einmal zusammen, wozu die magische Kabbalistin und der magische Kabbalist die Fähigkeit benutzen, den Strom der aufdringlichen Gedanken, Emotionen und Außeneinflüsse zu unterbrechen:

1. zur Konzentration, um uns auf ein Bild, ein Thema, ein Wort konzentrieren zu können und die Früchte dieser Konzentration zu ernten, ohne durch weitab vom Thema liegende Gedanken und Gefühle unterbrochen zu werden,

2. für die Meditation, um Raum zu schaffen für die aus dem Unbewußten aufsteigenden Bilder und Erkenntnisse zum Meditationsthema und die aus fremden äußeren fernen Dimensionen in uns einströmenden Kräfte,

3. um Gleichmut im Trubel des äußeren Lebens zu bewahren, auch wenn sich Situationen zuspitzen und die harmonische Haltung der Kabbalistin und des Kabbalisten zu stören drohen,

4. als Vorfeld für magisch-kabbalistische Operationen mit dem Baum des Lebens, seinen Sephiroth, seinen Namen, Zahlen, Kräften, Farben und Symbolen in ihrer endlosen Kette von Assoziationen,

5. um jeden Morgen in unsere eigene Stille zu tauchen, auf deren Grund der Vorrat an innerem Frieden und Harmonie für einen ganzen Tag liegt.

Weitere Übungen mit farbigen Scheiben: Die Farben der Wochentage

Jetzt wollen wir mit unseren praktischen Arbeiten fortfahren, mit den Farben der Sephiroth im Baum des Lebens, die in der magischen Kabbala ja eine so große Rolle spielen. Gegen Ende des 2. Kapitels hatten wir damit begonnen, uns das Königsblau (Briah-Ebene der Sephira Chesed) mit unserem inneren Auge zu merken. Wir hatten das mit einer blauen und einer sonnengelben Scheibe getan. Nun legen wir jeden zweiten Tag statt der blauen die sonnengelbe

Scheibe an einen Ort, an dem wir täglich oft vorbeikommen, und sehen sie dabei intensiv an. Auch legen wir an diesem Tag zwei-, dreimal die gelbe Scheibe auf einen dunklen einfarbigen Untergrund, wie wir sagten, vorzugsweise ein dunkles Braun, setzen uns entspannt davor, betrachten sie eine Weile, schließen die Augen und versuchen, die Scheibe mit unserem inneren Auge zu sehen.

Im 2. Kapitel hatten wir auch geschildert, wie man durch Betrachten der gelben Scheibe mit dem inneren Auge eine Scheibe in der Komplementärfarbe Blau wahrnehmen kann. Genau dieselbe Prozedur führen wir nun mit der blauen Scheibe durch. Und siehe da: Vor unserem inneren Auge erscheint die Scheibe in Sonnengelb.

Ermutigt von diesen Erfolgen bekleben wir nun eine dritte Scheibe mit scharlachrotem Glanzpapier, ihre Rückseite mit smaragdgrünem. Das Integrieren dieser Farben in unser inneres Merkvermögen werden wir bei späteren kabbalistischen Operationen dringend benötigen. Denn Scharlachrot gehört zur Sephira Geburah, Smaragdgrün zur Sephira Netzach. Um uns diese Farben vorstellen und merken zu können, verfahren wir genauso wie mit dem Blau und dem Gelb: Scheibe an einem oft besuchten Ort aufstellen, zwei-, dreimal täglich mit der Scheibe arbeiten, Erzeugen des Eindrucks der roten Scheibe vor unserem inneren Auge, indem wir die grüne Scheibe auf die bestimmte, geschilderte Weise betrachten, und am nächsten Tag Erzeugen des Eindrucks der grünen durch die rote Scheibe. Wie Blau und Gelb sind auch Rot und Grün bekanntlich Komplementärfarben.

Vielleicht sollten wir uns jetzt schon angewöhnen, mit den jeweiligen Farbscheiben besonders an den Tagen zu arbeiten, zu denen diese Farbe am Baum des Lebens gehört. So ist der Sonntag gelb, der Dienstag rot, der Donnerstag blau und der Freitag grün. Der Montag wäre violett, der Mittwoch orangefarben und der Samstag schwarz, manche meinen dunkelblau. Es ist gut, am jeweiligen Tag ein Kleidungsstück oder auch nur ein Tuch, einen Schal in der Tagesfarbe zu tragen. Wie ganz beiläufig geraten wir dabei weiter in das geheimnisvolle Gebiet der kabbalistischen Farbmagie.

Symbolarbeit: Das Sehen einer Rose auf unserem inneren Bildschirm

Auch am Aufbau von Symbolen, über die wir im 3. Kapitel gesprochen haben, wollen wir weitermachen. Wir haben bereits das Symbol des gleicharmigen Naturkreuzes in uns geschaffen und daran eine magische Operation angeschlossen, die wir täglich ausführen: den imaginativen, tänzerischen Sprung in den Kreuzungspunkt, ins Zentrum der vier Elemente. Im Baum des Lebens ist das Naturkreuz ein Symbol der zehnten Sephira Malkuth. Selbstredend werden auch die Symbole, mit denen wir uns jetzt beschäftigen, zu einer der Sephiroth gehören.

Ein mächtiges und verzauberndes Symbol, das auch sonst nicht sehr sensible Exoteriker irgendwie gelten lassen, ist die Rose. Sie gilt als Symbol der Liebe, und indem wir das sagen, strömen auch schon die Assoziationen auf uns ein.

Die Rose ist ein Symbol der Sephira Netzach, deren magisches Bild, das Netzach in ihrer Gesamtheit vertritt, die Venus ist. Den Römern galt die Rose als ein Symbol der Göttin Venus, den Griechen als Symbol der Minerva, die eine griechische Liebesgöttin war (und selbstverständlich noch ist). Die siebenblättrige Rose war eine Lieblingsblume der Alchimisten. Netzach ist am Baum des Lebens die siebte Sephira. Rosenduft ist eine Königin der natürlichen Parfums. Die Parfums in ihrer Gesamtheit gehören zur Sephira Netzach (und zu Yesod). Was der Lotus für den Fernen Osten, ist die Rose für den westlichen Kabbalisten. Die Rose ist ein Symbol des Selbst: Nach dem langen Weg der geistigen Verwandlung, nach dem Aufstieg, erscheint sie uns als inneres Bild und zeigt uns an, daß wir als spirituelles Wesen einen hohen Grad erreicht haben.

Um eine Rose mit unserem inneren Auge wahrzunehmen, können wir auf drei Arten vorgehen:

1. Wir stellen eine Rose in einer Vase vor uns auf den Tisch und versuchen, uns genau einzuprägen, wie sie aussieht. Wir betrachten ihre Farbe, ihre Formen, die unvergleichliche Eleganz ihrer Blütenblätter. Dann schließen wir die Augen und bemühen uns, das exakte Bild der Rose auf unseren inneren Bildschirm zu projizieren. Weil uns das wahrscheinlich nicht gelingt, öffnen wir die Augen wieder, wir betrachten erneut die Rose, schließen die Augen – und so fort. Diese Prozedur läßt sich mit allen Erscheinungen durchführen, die unserem äußeren Auge zugänglich sind. Sie hat im Fall der Rose, um nur ein Beispiel zu nennen, den Nachteil, daß die Rose verwelkt sein wird, bevor wir uns merken konnten, wie sie aussieht.

2. Wir vollführen die erste Prozedur mit dem Abbild einer Rose. Das hat den Vorteil, daß das Bild nicht welkt.

3. Wir halten die Augen geschlossen und versuchen, in uns das Vorstellungsbild einer Rose selbst zu schaffen, wobei natürlich Erinnerungen an gesehene Rosen hereinspielen werden. Dieses Verfahren, nur scheinbar das schwierigste, ist meiner Meinung nach am wirksamsten. Wer Fremdsprachen nach der konventionellen Methode lernt, weiß, daß die Wörter am besten sitzen, die man nicht nur aus dem Buch gelernt, sondern selbst in ein

Heft niedergeschrieben hat. Und wer dank der Arbeit mit den bunten Scheiben bereits mit dem inneren Auge Farben sehen kann, sollte die Rose in einer schönen, leuchtenden Farbe visualisieren, die für ihn oder sie die Liebe symbolisiert. So entspricht sie am besten der Sephira Netzach.

Im zweiten Teil des Buchs, wo wir uns mit den Sephiroth im Baum des Lebens gründlich beschäftigen, werden wir dann auch in die Lage versetzt werden, die Symbole für unsere kabbalistische Arbeit emotional aufzuladen und damit in uns jederzeit abrufbare Aspekte der jeweiligen Sephira zu integrieren. Dann wird es uns von unschätzbarem Nutzen sein, das Bild einiger dieser Symbole bereits innerlich zu sehen oder es in einer weniger präzisen Vorstellung, in einer Annäherung wahrzunehmen.

So schlage ich noch ein paar Symbole vor, die die magische Kabbalistin und der Kabbalist in sich nach einer der drei Methoden aufbauen können. Etwa das Schwert, ein Symbol der kämpferischen Sephira Geburah. Schon jetzt können wir das Bild des Schwerts mit der Emotion einer furchtlosen Gerechtigkeit verbinden. Oder das Füllhorn, Symbol der großzügigen Sephira Chesed. Dieses laden wir in uns mit Nachsicht, Wohlwollen und Freude am Schenken auf, drei Tugenden, die wir allmählich vergeistigen. Oder ein Buch, Symbol der Sephira Hod. Es ist für uns das Buch, das alle anderen Bücher enthält.

Mit dem »Einüben« dieser Symbole fahren wir fort, während wir im nächsten Kapitel ins wahre Reich der Zusammenhänge eintreten, die hinter den Kulissen herrschen: ins Reich der Hermetischen Gesetze. Sie sind die Angelpunkte der Spiritualität. In der magischen Kabbala sind sie der Anfang und das Ziel.

KAPITEL 6

Die Hermetischen Gesetze,
Grundpfeiler westlicher Spiritualität

Als Alexander der Große im 3. vorchristlichen Jahrhundert Ägypten eroberte, fand er dort, wo er dann die Stadt Alexandria gründete, das Grab des Hermes Trismegistos. In der Hand hielt Trismegistos eine smaragdene Tafel, auf der er göttliche Grundweisheiten und Gesetze festgehalten hatte, nach denen der Kosmos regiert wird. Nachzuweisen, wie es so schön heißt, ist das nicht. Und deshalb bezeichnen die Anhänger des exakt Nachweisbaren die Geschichte von Hermes Trismegistos und seiner smaragdenen Tafel als Legende. Sie übersehen dabei vielleicht, daß Legenden häufig einen Ursprung haben, der tiefer liegt und umfassender ist als eine schlichte, nackte Tatsache.

Sicher ist die Gestalt des Weisen, Philosophen, Gelehrten, ja Gottes Hermes Trismegistos in ein mythologisches-diffuses Licht getaucht, in dem ihre Umrisse verschwimmen und kaum erkennbar wird, daß diese Gestalt aus mehreren Gestalten besteht. In ihr vereinen sich Züge des ägyptischen Gottes Thoth, des Gottes der Magie, des Philosophen Hermes Trismegistos, des dreimal großen Hermes, der in der ägyptischen Stadt Hermopolis gelehrt haben soll, und des griechischen Gottes Hermes, eines im Geiste Thoth verwandten, doch leichtfertigeren Olympiers, den die Römer als Merkur verehrten.

»Unter ›Hermetismus‹ versteht man die Gesamtheit der Glaubensvorstellungen, Ideen und Praktiken, die in der hermetischen Literatur überliefert sind. Es handelt sich um eine Sammlung von Texten unterschiedlichen Werts, die zwischen dem 3. Jahrhundert vor und dem 3. Jahrhundert nach Christus verfaßt wurden.« So lesen wir es bei dem Religionswissenschaftler Mircea Eliade im zweiten Band seiner *Geschichte der religiösen Ideen*. An der Echtheit vieler, manche sagen aller dieser Schriften und ihrer Quellen läßt sich rütteln. Doch auch die stärksten Rüttler können nicht leugnen, daß die Essenz dieser Überlieferungen, die sogenannten Hermetischen Gesetze, die Grundpfeiler sind, auf denen das Gebäude der westlichen Spiritualität sicher ruht.

Nun haben diese Hermetischen Gesetze den »Nachteil«, daß sie sich schwer auf verständliche Weise darstellen lassen. Das liegt wohl nicht zuletzt daran, daß hinter einem einzigen Hermetischen Gesetz oft ein ganzer kosmogonischer Riesenkomplex steht. Ich habe jedenfalls nur ein verhältnismäßig schmales Buch gefunden, das im Akasha-Verlag wiederaufgelegte *Kybalion*, in dem ich die Hermetischen Gesetze in beinahe idealer Art zusammengestellt fand. Allerdings ist auch dieses alles andere als leicht zu verstehen.

Den mündlichen Überlieferungen nach soll Hermes Trismegistos in den Anfängen der ägyptischen Reiche gelebt haben. Moses wurde erst lange nach ihm geboren. Einige jüdische Quellen wollen wissen, daß Abraham von Hermes Trismegistos in mystische Geheimnisse eingeweiht wurde.

Die Hermetischen Lehren und Gesetze haben in fast alle bedeutenden Religionen der Welt Eingang gefunden. Das nimmt kaum Wunder, denn jahrtausendelang war Ägypten die geistige, philosophische, religiöse, okkulte Schatzkammer der Welt. Aber niemals hat sich die Hermetik mit einer bestimmten Religion, einer bestimmten Sekte, einem festen Staatswesen identifiziert. So konnte sie auch nicht von Priestern, Theologen oder Herrschern für ihre Zwecke eingespannt oder verbogen werden. Das heißt natürlich nicht,

1. Wie oben, so unten.
2. Der Weltgeist ist in allem; alles ist im Weltgeist.
3. Das Hermetische Gesetz der Polarität sagt: Alles hat seine zwei Seiten, alles besitzt zwei Pole.
4. Alles im All hat seine Schwingung.
5. Alles fließt hin und her, alles vor und zurück, alles ist Rhythmus. Der Pendelschlag nach rechts mißt sich am Pendelschlag nach links, und der Anschlag des Pendels nach links entspricht dem nach rechts.
6. Jede Wirkung hat eine Ursache; jede Ursache hat eine Wirkung.

Die sechs wichtigsten Hermetischen Gesetze

daß sie nicht Verfolgungen und Verfälschungen ausgesetzt war. Aber da sie sich nicht in einem starren theologischen System niederschlug, sondern hauptsächlich durch mündliche Überlieferung weiterlebte, war sie auch nicht systematisch zu bekämpfen. So bewahrte sie sich die durch keinen egoistischen und kleinlichen Menschengeist eingeengten Dimensionen, in denen der Atem und die Weisheit des Weltgeistes und seines göttlichen Universums wehen.

Ohne an festen Wortlauten zu kleben, die in verschiedenen Überlieferungen ohnehin verbal verschieden klingen, vermitteln wir im folgenden der kabbalistischen Freundin und dem kabbalistischen Freund die wichtigsten Hermetischen Gesetze und versehen sie mit einigen uns vorteilhaft erscheinenden Erläuterungen.

1. Wie oben, so unten

Dies ist das am häufigsten zitierte Hermetische Gesetz. Es wird auch von denjenigen Esoterikern bemüht, die glauben, sie hätten sonst mit Hermes Trismegistos nichts zu tun. Es besagt, daß es zwischen den Gesetzen und Erscheinungsformen der verschiedenen Ebenen exakte Entsprechungen gibt. Selbstverständlich geht es dabei nicht um das örtliche, sondern um das spirituelle, geistige Oben und Unten.

Dieses von uns als erstes bezeichnete Hermetische Gesetz leuchtet keinem so leicht ein wie der Kabbalistin und dem Kabbalisten, die mit dem Baum des Lebens leben. Was ist ihre Kabbala anderes, und was sind im Grunde die einzelnen Sephiroth anderes als Ebenen mit bestimmten Aspekten, das heißt Gesetzen und Erscheinungsformen, die sich in den oberen und unteren Sephiroth entsprechen? Übrigens ist eine Erscheinungsform immer komplett, wenn sie durch die Sephiroth wandert. Nur ist in der jeweiligen Sephira ein Aspekt verstärkt, der Hauptaspekt dieser Sephira dominiert. Das heißt, daß die Erscheinungsformen, Energie und Arten des Geistes durch die einzelnen Sephiroth ziehen und sich dabei jeweils im Licht und im Verdichtungszustand der Sephira ausdrücken, die sie gerade passieren. Nur ganz oben, in der Sephira Kether, in der ja noch die Einheit herrscht, sind alle Aspekte gleichmäßig vorhanden.

Ich habe in der einschlägigen Literatur nach konkreten Beispielen gesucht, wie diese Erscheinungsformen des »Wie oben, so unten« aussehen und sich wandeln, wenn sie die einzelnen Sephiroth erreichen, durch sie ziehen und sich auf den verschiedenen Ebenen entsprechen. Natürlich habe ich nur symbolische Bilder dazu gefunden, ein »Das ist, wie wenn …«, und das leuchtet auch ein. Irdischem Zorn etwa oder einem Anflug von Liebe entspricht eine Abwandlung dieses Gefühls in der oberen Sphäre. Doch diese Abwandlung kann man nicht direkt benennen, weil wir die Sprache dieser Sphären nicht sprechen. So können wir uns ihnen nur durch Bilder, Symbole nähern. Und auch etwa eine Rose oder eine Sonatine sind in irgendeiner Form schon in den oberen Welten und damit in den oberen Sephiroth enthalten. Nur heißen sie dort nicht Rose und nicht Sonatine und sind in ihren Strukturen für uns nicht zu schildern. Auch entsprechen bestimmten Verhaltensformen eines Menschen in den oberen Sphären ein ganz bestimmter Engel oder ein ganz bestimmter Dämon oder beides, wobei man den Dämon im Gegenspiegel dieser oberen Welten ansiedeln muß.

Als wichtigste Erkenntnis gewinnen wir aus dem Hermetischen Gesetz »Wie oben, so unten« die für die magische Kabbala alles bedeutende Gewißheit, daß Makrokosmos und Mikrokosmos sich entsprechen. Der ungeheure Makrokosmos des geistigen Alls findet als genaues Abbild im Menschen Platz. Der Mikrokosmos des Menschen birgt das gesamte All in sich, ist seine detailgetreue Entsprechung. Es dauert eine Weile, bis man diese ungeheure Vorstellung annehmen kann. Aber im Lauf der kabbalistischen Zeit gewöhnt man sich daran.

2. Der Weltgeist ist in allem; alles ist im Weltgeist

Statt Weltgeist kann man ruhig auch Gott sagen. Das zweite Hermetische Gesetz umfaßt in knappen Worten die Gewißheit, daß im All nichts existiert, was nicht von Gott durchdrungen ist. Der Weltgeist, Gottes Geist, ist in allem, und gleichzeitig ist alles im Weltgeist, der es ja geschaffen hat und immer neu schöpft.

Weil alles von dem einen Weltgeist durchdrungen ist, besteht zwischen allem im All ein Zusammenhang. Nichts existiert, was beiseite stehen würde oder könnte, denn außerhalb des Zusammenhangs im All gibt es nichts. Das Spüren und Erahnen solcher Zusammenhänge auch dort, wo es sie scheinbar nicht gibt, wird der magischen Kabbalistin und dem magischen Kabbalisten beim Fortschreiten in ihren Arbeiten immer häufiger begegnen. Und plötzlich, im Aufleuchten einer regenbogenfarbigen Erkenntnis, fühlt sie oder er, was das Landen eines grüngoldenen Rosenkäfers auf einer Blüte mit dem gleichzeitigen Schlagen einer fernen Turmuhr zu tun haben könnte oder ein am Straßenrand im Wind wirbelnder Zettel mit der Aufschrift »Ich komme gleich« mit dem Lauf der Dinge.

Hierher gehört auch der Begriff der »Synchronizität«, der nur im üblichen Sinne akausalen Gleichzeitigkeit von Ereignissen, der einen bedenklichen Einriß in das Weltbild bedeutet, das die Menschen sich so stolz gemalt haben. Gegen Ende dieses Buches werden wir über dieses Phänomen, das so vieles in Frage stellt und so ungeheure Möglichkeiten mit sich bringt, noch nachzudenken haben.

»Der Weltgeist ist in allem; alles ist im Weltgeist.« Über nichts anderes als den höchsten Ausdruck dieses zweiten Hermetischen Gesetzes haben wir ja schon im 4. Kapitel geschrieben, als wir vom göttlichen Funken im Menschen sprachen. Vielleicht lohnt es sich, hier zurückzublättern und noch einmal das zu lesen, über das wir damals nachdachten.

Es leuchtet ein, daß in einem solchen geistigen Universum, wie es das zweite Hermetische Gesetz umfaßt, das einzig mögliche Transportmittel der Geist ist. Schon allein aus Gründen der Geschwindigkeit kommt ein anderes »Fahrzeug« da nicht in Frage. Denn welch ein »Schneckentempo« hätte selbst eine mit Lichtgeschwindigkeit durchs geistige All geschossene Rakete im Vergleich zu einem Fahrzeug, das mit dem Tempo des Geistes reist. Ferne geistige Welten, zu denen die Rakete mit ihrer Lichtgeschwindigkeit Millionen von Lichtjahren bräuchte, erreicht der Geist – sei er Intuition, Symbol oder Gedanke – in weniger als einer Sekunde, im Augenblick. Womit wir wieder einmal feststellen können, daß Energie nicht alles ist, wohl aber Geist.

3. Das Hermetische Gesetz der Polarität sagt:
Alles hat seine zwei Seiten, alles besitzt zwei Pole

Und diese beiden Pole oder gegensätzlichen Aspekte sind in Wirklichkeit nur dieselben Punkte ein und derselben Erscheinung. Laut und leise sind zwei Pole der Erscheinung Geräusch. Gut und böse sind zwei Pole der Erscheinung

Charakter. Heiß und kalt sind zwei Pole der Erscheinung Temperatur.

Aber diese beiden Punkte der Polarität sind nicht festgelegt, sie besitzen unzählige Abstufungen, Nuancen. Wo beginnt überhaupt laut, und wie weit geht es? Wo endet es? Und wo beginnt leise, wo endet es? Ein Mensch, der böse ist – wie weit kann seine Bösartigkeit gehen, und wie wenig böse kann ein Mensch sein, um noch als böse zu gelten? Und wo fängt seine Güte an, und wo hört sie auf? Was ist heiß, und was ist kalt, bei welcher der unzähligen Abstufungen von Temperatur beginnt die Hitze, und wann wird es kalt?

Die Tatsache der Polarität, lesen wir in dem eingangs zitierten Buch *Kybalion*, »befähigt die Hermetiker, einen geistigen Zustand in einen anderen zu verwandeln, auf der Linie der Polarisation. Dinge, die verschiedenen Klassen angehören, können nicht ineinander verwandelt werden, sondern nur Dinge derselben Klasse, das heißt, ihre Polarisation kann geändert werden. So wird Liebe niemals Ost oder West oder Rot oder Violett, aber sie kann sich oft in Haß verwandeln. Mut in Furcht und umgekehrt, Hartes in Weiches, Stumpfes in Scharfes, Heißes in Kaltes und so weiter. Immer findet die Verwandlung zwischen Dingen derselben Art, aber verschiedenen Grades statt.«

Polarität beherrscht die großen Zyklen der Natur: Tag und Nacht, Sommer und Winter, Regen und Sonne. Polarität teilt nicht nur die Lebewesen in die Geschlechter männlich und weiblich ein, sondern herrscht auch in den geistigen Phänomenen, im geistigen Geschlecht. So gibt es am Baum des Lebens Sephiroth, die männlich sind wie die zweite Sephira Chockmah, und weibliche wie die dritte Sephira Binah. Doch wäre es zu einfach und würde dem widersprechen, was wir über die verschiedenen Grade der Polarität gesagt haben, wenn wir nun annähmen, daß auf der weiblichen Säule im Baum des Lebens nur rein weibliche Sephiroth lägen und auf der männlichen nur rein männliche. Die kämpferische fünfte Sephira Geburah zum Beispiel oder die achte, manchmal gedankenkühle Sephira Hod, beide auf der linken weiblichen Säule, weisen äußerst starke männliche Merkmale auf. Während die siebte Sephira Netzach, die Venus-Sephira, Sitz von Musen, Schönheit und Liebe, trotz ihrer Plazierung auf der männlichen Säule oft mehr weiblich als männlich wirkt. Doch darüber werden wir, wenn wir die einzelnen Sephiroth gründlich betrachten, noch mehr Aufschlüsse gewinnen.

Natürlich, und hier wird sie für die Kabbalistin und den Kabbalisten erst richtig interessant, herrscht Polarität vor allem in der geistigen Welt. Und eigentlich sind ja schon Materie und Geist nur zwei Pole desselben Ganzen. Wie wir früher schon erklärt haben, arbeiten wir magischen Kabbalisten anders als der Psychologe: nicht so, daß wir negative Eigenschaften, Erscheinungen oder Schatten in uns auflösen, sondern indem wir uns mit ihrem positiven Gegensatz, das heißt Gegenpol, verbinden, diesen positiven Gegensatz, den Punkt am anderen Ende der Polarität, in uns stark machen. Wer ein Leben ohne Musen führt, grübelt nicht darüber nach, was das zu bedeuten hat, woran das liegt. Sie oder er verbindet sich in der Meditation, in praktischen Übungen gleich mit den wunderbaren künstlerischen Kräften der Sephira Netzach, die er oder sie bei früheren Arbeiten in sich integriert hat. Wer zuviel Angst hat im Leben, geht zur Sephira Geburah und läßt das Eisen ihres Mars-Charakters klirren.

Das gehört natürlich schon in die oberen Klassen der magischen Kabbala und hat die nicht allseits beliebte Eigenschaft der Unbestechlichkeit, weil Erfolg oder Mißerfolg sich sehr leicht und schnell kontrollieren lassen. Doch herrscht auch hier das Hermetische Gesetz der Polarität. Die Kabbalistin und der Kabbalist müssen den Erfolg ihrer Bemühungen vielleicht nur um ein paar Grade verbessern, um aus dem Mißerfolg einen Erfolg zu machen. So ist die Arbeit mit dem Baum des Lebens auch schon eine Art Psychologie, eine Autosuggestion. Das, was man damit letzten Endes erreichen will, liegt aber weit hinter jeder psychologischen Bemühung: Es sind die göttlichen Hintergründe.

4. Alles im All hat seine Schwingung

Dieses Hermetische Gesetz besagt, daß sich nichts in Ruhe befindet, daß vom reinen Weltgeist bis zur kompaktesten Materie sich alles in Schwingung befindet. Die unterschiedlichen Erscheinungen von Materie, purer Energie, Gedanken und Geist sind weitgehend Produkte ihrer Schwingungen. Das heißt, sie hängen davon ab, wie hoch oder wie tief sie schwingen. Um wieder unser Hermetisches Gesetz der Polarität ins kabbalistische Spiel zu bringen: Es gibt unzählige Grade von Schwingungen, doch diese Schwingungen befinden sich alle zwischen zwei Polen.

Für den magischen Kabbalisten ist das Gesetz der Schwingung vor allem dort interessant, wo es um die geistigen Zustände geht. Denn jede Nuance eines Gedankens, einer Emotion, einer intellektuellen Erkenntnis, einer Eingebung, eines Wunsches, eines Wortes, eines Willensaktes hat ihre ganz spezielle Schwingungshöhe – das ist eine Frage ihrer Qualität. Wer übrigens irgendwo von Vibration statt von Schwingung gehört oder gelesen hat, muß jetzt nicht in Zweifel geraten. Das sind nur zwei Wörter für dasselbe Phänomen.

Wie kann nun die magische Kabbalistin und der Kabbalist

Nutzen ziehen aus diesem vierten Hermetischen Gesetz? »Geist (sowie Metalle und Elemente)«, heißt es im *Kybalion*, »kann verwandelt werden, von Zustand zu Zustand, von Grad zu Grad, von Lage zu Lage, von Pol zu Pol, von Schwingung zu Schwingung.« Das heißt, man kann sich hinaufentwickeln, indem man die Schwingungsfrequenz seiner geistigen Handlungen und Zustände erhöht. Und wer schon weit gekommen ist, wird eines Tages auch in der Lage sein, diese hochschwingenden geistigen Zustände nach Belieben hervorzurufen, so wie man auf einem Instrument die Töne erklingen läßt, die man zu hören wünscht.

Doch das ist schon wieder Hohe Schule, in die trotzdem jede und jeder mit der Hilfe vom Baum des Lebens einmal gehen kann. Bis man dort eingelassen wird, hat es wenig Sinn, zu sagen: »Jetzt schwinge ich einfach höher!« Denn höchstwahrscheinlich folgt diesen stolzen Worten gar nichts, weil umgekehrt ein Schuh daraus wird. Erst müssen wir unsere geistige Qualität, die Qualität unseres Seins verbessern. Dann werden wir ganz von selbst in höhere Schwingungsebenen entschweben. Selbst wenn wir in diesen unter dem Ansturm des Lebens nicht immer bleiben, können wir sie jetzt doch immer wieder erreichen. Nun haben wir eine Raumstation für wiederum noch höhere Flüge ins geistige All.

*5. Alles fließt hin und her,
alles vor und zurück, alles ist Rhythmus …*

Dieses fünfte Hermetische Gesetz (den vollen Wortlaut entnehmen Sie bitte dem Kasten auf Seite 109) wäre wiederum unverständlich ohne das Gesetz der Polarität. Denn diese Bewegung des Pendels ist ja nichts anderes als ein Hinundherschwingen zwischen den beiden Polen. Wobei es nur in seltenen Fällen zutrifft, daß das Pendel zuerst den einen äußersten Pol erreicht und dann zum anderen extremen Pol zurückschwingt. Normalerweise sind die Anschläge des Pendels kleiner, bescheidener. Aber das ändert nichts an ihrem Prinzip.

Nach diesem Prinzip gibt es keine Aktion ohne Reaktion; das sechste Hermetische Gesetz von Ursache und Wirkung spielt da kräftig mit herein. Das Universum und die Menschen, Tier, Pflanze, Mineral und auch die Energien und der Geist sind diesem fünften Hermetischen Gesetz unterworfen. »Das Prinzip tut sich kund in der Schöpfung und Zerstörung von Welten, in Aufstieg und Niedergang von Nationen, in der Lebensgeschichte aller Dinge und schließlich in den geistigen Zuständen des Menschen ... Und so ist es mit allen Welten, sie werden geboren, wachsen und sterben – nur um wiedergeboren zu werden ... So ist es mit allem Lebenden, es wird geboren, wächst und stirbt und wird wiedergeboren. So ist es mit allen großen Bewegungen, Philosophien, Glaubensbekenntnissen, Moden, Regierungen, Nationen und allem anderen – Geburt, Wachstum, Reife, Niedergang, Tod und Wiedergeburt! Das Schwingen des Pendels ist überall zu sehen.«

Menschen mit großer Selbstbeherrschung, auch wenn sie von den Hermetischen Gesetzen keine Ahnung haben, bringen es durch Willenskraft fertig, diesen ständigen Zerreißproben von »himmelhoch jauchzend, zu Tode betrübt« teilweise zu entgehen. Aber der magische Kabbalist, zu dessen unersetzbarem Rüstzeug die Hermetischen Gesetze gehören, weiß, wie das funktioniert – wenn auch zunächst mehr in der Theorie. Er hebt sein Bewußtsein hinauf in eine höhere geistige Ebene und läßt das Pendel auf der niederen Ebene unter sich hin und her schwingen, ohne daß es ihn berührt. So ist er nur den Wirkungen von Aktion und Reaktion auf den oberen geistigen Ebenen unterworfen und entgeht vielem.

Am Prinzip des Pendelschlages selbst allerdings ändert er dadurch nichts. Doch womöglich kann er nun ein wenig häufiger jenen kostbaren und lautlosen Augenblick spüren, in dem das Pendel einen Moment lang im balancierten Zustand der Harmonie verharrt, auf der Spitze jenes Punktes der Umkehr, wo es nicht mehr vor- und noch nicht zurückschwingt.

6. Jede Wirkung hat eine Ursache; jede Ursache hat eine Wirkung

Um an die Wirksamkeit dieses sechsten Hermetischen Gesetzes zu glauben, muß man kein Hermetiker und keine Kabbalistin sein. In seltener Einmütigkeit glauben Esoteriker und Exoteriker daran, daß es keine Wirkung ohne Ursache geben kann. Sie tun recht daran. Denn ohne die Gültigkeit des Gesetzes von Ursache und Wirkung fehlte den materiellen und geistigen Universen das Bindemittel. Sie fielen auseinander in ihre Einzelteile, ins Chaos.

Doch sobald man weiterfragt, was denn eine Ursache ist, scheiden sich die Geister. Schon wenn man dem sogenannten Normalmenschen zu erklären versucht, daß auch jeder Gedanke und jedes Gefühl eine Ursache mit womöglich recht starken Wirkungen ist, werfen sie sich hinter unserem Rücken bedeutsame Blicke zu und tippen sich an die Stirn. Aber die christlichen Kirchen haben schon recht, wenn sie von den Sünden sprechen, die man begeht »in Gedanken, Worten und Werken«. Man vermag den Mitmenschen, den geistigen Strömen, der Welt und sich selbst sehr wohl erheblich zu schaden, indem man Negatives denkt, indem man Negatives wünscht. »Gedanken«, heißt es, »sind frei.« Diese Freiheit kann gefährlich sein.

Alles geschieht gesetzmäßig. Selbst dann, wenn man die Gesetzmäßigkeit nicht erkennen kann. Denn immer wieder begegnen wir Dingen und Ereignissen, deren Auslöser uns als Ursachen im herkömmlichen Sinn unerfindlich bleiben. Überraschende Phänomene treten auf, verblüffende Ereignisse treffen zusammen, und nirgendwo kann eine Ursache im landläufigen Sinn als Erklärung dienen. Hier betreten wir die Gefilde des Geheimnisvollen, in denen sogar magische Kabbalistinnen und Kabbalisten sich häufiger durch Ahnen oder Glauben zurechtfinden müssen als durch Wissen. Dank welcher Logik begegnet man einer Person, über die man sich am Vormittag »zufällig« mit einem Freund unterhalten hat, am Nachmittag desselben Tages in einer hundert Kilometer entfernten Großstadt? Für derartige Situationen haben die Menschen aus Gründen der Bequemlichkeit das Wort »Zufall« erfunden.

Aber es gibt keinen Zufall. Und weil es ihn nicht gibt, hat das sechste Hermetische Gesetz von Ursache und Wirkung stets seine volle Gültigkeit. Nur ist die Ursache oft nicht eine einzige, sondern es gibt gleich eine ganze Kette von Ursachen. Oder eine Verwandtschaft, eine Affinität, eine Vorliebe eines Phänomens, eines Ereignisses für ein anderes nimmt den Platz der Ursache ein und läßt sich deshalb vom Menschenverstand nicht mehr ausmachen. Hier spielen die Gesetze der sogenannten Synchronizität eine Rolle, einer zwangsläufigen Gleichzeitigkeit von Dingen und Vorkommnissen, von der wir schon gesprochen haben und deren Wirkungsarten der Menschheit bisher noch weitgehend verborgen sind.

Eines wissen wir von ihnen sicher: Sie heben das sechste

Hermetische Gesetz von Ursache und Wirkung nicht auf. Sie erweitern es nur.

Ohne oder gegen diese sechs wichtigsten Hermetischen Gesetze, auf deren von uns gewählter Reihenfolge wir nicht beharren, kann kein Kabbalist spirituell arbeiten. Doch selbst wenn er sie nicht buchstäblich kennt, verwendet und beherzigt er sie. Denn sie sind die Stütze der gesamten magischen Kabbala wie überhaupt jeder Kosmogonie.
Andererseits nützt die pure Kenntnis der Hermetischen Gesetze in der spirituellen Praxis wenig. Denn in den Hermetischen Überlieferungen fehlen die praktischen Anwendungsmöglichkeiten fast völlig. Über sie verfügen die magische Kabbalistin und der magische Kabbalist mit ihrer unerschöpflichen Glyphe, mit ihrem magischen Bild, ihrem Mandala, dem Baum des Lebens.

KAPITEL 7

Bilder aufsteigen lassen

Nach dem Ausflug in die hohen Gefilde der Hermetik, deren Gesetze wir künftig auf allen Gebieten der Kabbala ausmachen werden, kehren wir zur Praxis zurück. Sie ist schließlich nicht nur ein Fundament des großen Morgenzeremoniells, in das gegen Ende dieses Buches viele unserer Übungen einmünden werden. Eine rein theoretische Kabbala wäre auch wie ein Trockenschwimmkurs. Man glaubt zwar zu wissen, wie es geht. Aber das unbeschreibliche Gefühl, die Erfahrung, die Sicherheit des Aus-eigener-Kraft-Gleitens durch das tragende Wasser kennt man nicht.

Gar nicht so wenige praktische magisch-kabbalistische Arbeiten haben wir ja schon ausgeführt und – hoffentlich – seitdem geübt: das Entspannen, die Vier-zu-zwei-Atmung, das Gedankenausschalten auch mit der Uhr, Farbensehen oder -ahnen, die Übungen mit den farbigen Scheiben, den Symbolaufbau und sogenannte Gedankenbilder zu konstruieren. Zu diesem bewußten Aufbau, dem Visualisieren oder zumindest deutlichen Ahnen von Gedankenbildern wollen wir nun das Gegenstück kennenlernen. Das heißt, wir konstruieren nun keine Bilder durch unser Bewußtsein, unseren Willen. Wir lassen Bilder aus dem Unterbewußtsein, dem Unbewußten in uns hochsteigen und auf unserer inneren Bühne auftreten.

Wie bei all diesen Vorstellungen, sofern sie nicht vom Betrachten konkreter Erscheinungen herrühren, arbeiten wir dabei mit geschlossenen Augen. Um erfolgreich Bilder in uns aufsteigen lassen zu können, brauchen wir die weitgehende Fähigkeit des Gedankenausschaltens. Ich sage absichtlich »weitgehend«, damit niemand vorschnell die Flinte ins Korn wirft, wenn er diese Kunst noch nicht vollkommen beherrscht, die übrigens auch bei unseren exotischen Freundinnen und Freunden eine Hauptrolle spielt. Um ein Meister im Gedankenausschalten zu werden, heißt es üben. Wobei sich selbstredend die Leute besonders schwer tun, deren Gedanken auch im Alltagsleben chaotisch durcheinanderschießen. Wer hingegen gewohnt ist, seine Gedanken diszipliniert und fahrplanmäßig auf den richtigen Schienen verkehren zu lassen, dem wird es leichter fallen, den durch Weichenstellung geregelten Gedankenverkehr vorübergehend stillzulegen.

Weil sie so ungeheuer wichtig ist, möchte ich mich hier erneut zu einer Erscheinung äußern, über die ich in diesem Buch unlängst schon einmal beruhigend gesprochen habe: zum Einströmen, zu den plötzlichen Auftritten bösartiger, überhaupt negativer Vorstellungs- und Gedankenfetzen während der spirituellen Arbeiten. Wenn man die Haltung einnimmt, man habe das nicht absichtlich gedacht, man sei das eigentlich nicht selbst, der die gedachten »Scheußlichkeiten« da serviert, sondern es seien nur Einflüsterungen von negativen Geistern, auch von Zottelgeistern, für die man nicht verantwortlich ist, dann fühlt man sich leicht. Nun verlieren die negativen Einsprengsel ihre Bedeutung. Sie wiegen eigentlich nichts mehr, werden dadurch schwächer, verschwinden sogar. Denn es macht den negativen Geistern – auch den bösen Kräften in unserem Unterbewußtsein – natürlich kein Vergnügen mehr, wenn sie uns nicht schaden und kein schlechtes Gewissen erzeugen können. Dieses schlechte Gewissen, das im Schatten der großen exoterischen christlichen Kirchen auch unter Esoterikern immer mehr überhandnimmt, können die magische Kabbalistin und der Kabbalist nicht brauchen. Sie verhindern – wohlgemerkt: unberechtigte – Schuldgefühle, indem sie keine haben.

Zum Aufsteigenlassen von Bildern aus dem Unbewußten schalten wir also unsere Gedanken weitgehend aus. Das heißt, wir setzen uns aufrecht, aber bequem hin, praktizieren die Vier-zu-zwei-Atmung, versuchen, in Gedanken still zu werden, vielleicht sogar zunächst mit Hilfe des Sekundenzeigers der Uhr, wie wir das geübt haben. Für diese wie für andere spirituelle Arbeiten benötigen wir wieder die kabbalistische Grundtugend der Geduld. Denn während wir nun so dasitzen und die Gedanken weitgehend ausgeschaltet haben, können wir nichts anderes tun als warten. Das heißt, wir müssen warten und erwarten: Die sichere Erwartung, daß das Beabsichtigte eintritt, ist eine Grundvoraussetzung jeder magischen Haltung. Und da sitzen wir also und warten und erwarten, daß wir mit unserem inneren Auge etwas wahrnehmen.

Wieviel Zeit verstreicht, bis Bilder aus dem Unterbewußtsein, dem Unbewußten in uns, aufsteigen, ist ganz unterschiedlich. Manchmal dauert es nur Sekunden oder eine halbe Minute, manchmal Minuten. Bei besonders einbildungsschwachen westlichen Menschen kann es passieren, daß gar nichts sich zeigt. Dann ist es vielleicht gut, die Übung nach fünf Minuten zu unterbrechen und von vorn zu beginnen. Anderenfalls erstarrt man in seiner Erwartungshaltung, und dann kommt bestimmt nichts mehr.

Über die Art der aufsteigenden Bilder will ich mich nicht zu gründlich auslassen. Alle, die diese Übung machen, werden sie früher oder später, meist früher oder sofort, ja selber erleben. Es können Tiere oder Menschen oder Pflanzen sein, Häuser und Räume, große Szenarien der Natur, Möbelstücke oder Werkzeug oder andere Utensilien, Phantasiestücke, Szenen, in denen wir selbst mit Bekannten und Unbekannten oder nur wir selbst oder nur die Bekannten oder Unbekannten fast immer lautlos posieren oder agieren. Daneben gibt es geometrische Figuren und Stücke von abstrakten Bildern. Es gibt Schwarzweißgeheimnisse und farbige Lichteinfälle oder ein Funkeln wie von optisch geahnten Universen. Vieles trägt Symbolcharakter, auch wenn wir ihn nicht auf Anhieb durchschauen. Manchmal schmuggelt sich sogar ein Erlebnis aus einem unserer früheren Leben ein.

Nicht selten neigt der Bilderschöpfer in unserem Unbewußten dazu, sich zu wiederholen. Dann kann es zum Beispiel passieren, daß statt des erhofften Zaubertheaters immer wieder nur der wie ein Mond leuchtende Kopf eines traurigen und obendrein vorwurfsvoll blickenden Mongolen auf unserem inneren Bildschirm erscheint. Oder wir betreten stets von neuem eine ärmliche Hütte, in deren Türrahmen wir uns bücken müssen: Déjà-vu des Unbewußten. Die Wiederholung kann auch ein weiteres Feld umgrenzen. Ich selbst sah wochenlang Bäume. Einmal waren es mächtige Laubbäume, die einzeln auf grünen Wiesenhügeln standen. Ein andermal fuhr ich mit dem Zug durch einen Wald und sah durch den Ausschnitt des Abteilfensters zwischen den Bäumen im Hintergrund gemütliche bürgerliche Villen aus der Zeit ums Jahr 1900 auftauchen und verschwinden. Dann wiederum fuhr ich mit nacktem dunklen Oberkörper gemeinsam mit etwa sechs anderen Männern, deren Gesichter nicht erschienen, in einem Kanu paddelnd, auf einem breiten, ruhigen Fluß zwischen den hohen Bäumen eines Urwalds dahin, durch deren Zweige das Licht aufs Wasser fiel und funkelte. Das waren Momente, in denen mich ein Glücksgefühl durchströmte. Baumvariationen dieser Art tauchten immer wieder in meinen hochsteigenden Bildern auf. Anfangs hatten sie mich beunruhigt, ich hielt sie für einen Mangel an kreativer Vorstellungskraft. Doch dann nahm ich sie als das, was sie waren, als Bilder des Friedens, und zog aus ihnen Harmonie, bis sie eines Tages durch ganz andere Szenen abgelöst wurden.

Natürlich dürfen diese Bilder in uns nur aufsteigen, wenn wir das ausdrücklich wünschen. Alle Bilder, alle Szenen, alle Geräusche und Vorstellungen, die sich uns gewaltsam aufdrängen, sind gefährlich. Wo Kräfte von außen oder das Unbewußte unser Wachbewußtsein gegen unseren Willen beherrschen, verfällt die Registratur unseres klaren Verstandes. Spiritualität und Schizophrenie haben nichts miteinander zu tun.

Wozu dann überhaupt dieses Aufsteigenlassen von Bildern? Wozu den Löwen wecken? Ganz einfach: Kabbalistinnen und Kabbalisten müssen ihre Phantasie trainieren. Nur Exoteriker finden es verdächtig, daß der Okkultist ausgerechnet die Phantasie, die Vorstellungskraft, als einen Schlüssel zum Erreichen höherer Ebenen bezeichnet. Tagträumende Kinder, die phantasievoll sind, werden gleich zurechtgewiesen, Erwachsene mit »Halluzinationen« kommen in die Klapsmühle. Trotzdem ist alles, was der Mensch Bemerkenswertes hervorgebracht hat, seiner Phantasie entsprungen. Ohne Phantasie gäbe es keine Kunst, und ohne Kunst, um es einmal bildlich auszudrücken, hüpften sogar die magische Kabbalistin und der Kabbalist nur auf einem Bein.

Passive geistige Übungen, und dazu gehört das Aufsteigenlassen von Bildern aus dem Unbewußten, sind einfacher, wenn Sie dazu Kassetten mit sogenannter Meditationsmusik hören. Die haben sicher ihre Vorteile, ihre Reize ohnehin. Das Gedankenausschalten fällt leichter zugunsten in uns aufquellender Emotionen. Themen und Art der Musik, auch die Instrumentation, bringen es jedoch mit sich, daß sie das Aufsteigen ganz bestimmter, ihnen gemäßer Bilder provozieren. Das heißt, in gewissem Sinne ist unser Unbewußtes dann nicht mehr frei.

Ich habe anfangs auch solche Musikkassetten benutzt, es später seingelassen. Und ohne mich aufzudrängen, möchte ich der kabbalistischen Freundin und dem kabbalistischen Freund empfehlen, es auch so zu halten.

Kabbalistisches Kreuz und Pentagrammritual: Der mikro- und makrokosmische Mensch im Baum des Lebens

Es ist gut, jedes Zeremoniell, jede rituelle Handlung mit dem Höchsten zu beginnen. Und so stellen wir uns mit dem Gesicht nach Osten, dem geographischen oder dem magischen Osten (siehe Abb. 10), schließen die Augen, entspannen und sammeln uns und werden ruhig. Dann heben wir die Arme über den Kopf, so daß die Handflächen nach oben weisen, blicken mit geschlossenen Augen hoch und vibrieren, das heißt sagen mit feierlicher, aber nicht pathetischer Stimme: »Ehejeh!« Das ist einer der Gottesnamen, einer der vielen Bezeichnungen, die man Gott in einer bestimmten Eigenschaft gegeben hat. Wie alle in der magischen westlichen Kabbala verwendeten Gottesnamen ist Ehejeh hebräischen Ursprungs. Es heißt übersetzt »Ich bin«.

»Ehejeh – Ich bin« ist der Gottesname der obersten Sephira am Baum des Lebens, der Sephira Kether. Sie ist zwar nicht Gott selbst, aber noch reine, ungeteilte Kraft Gottes, die durch die über Kether liegenden drei Schleier der negativen Existenz aus dem Absoluten, dem Numinosen kommt. Wer seine Zeremonien mit dem Wort »Ehejeh« beginnt, dem obersten Gottesnamen in der obersten Ebene der obersten

Sephira, fängt mit dem Höchsten an, das uns Menschen noch zugänglich ist. Und unter dem Schirm dieses Höchsten ist jede Zeremonie und jede rituelle Handlung, die im rechten Geiste durchgeführt wird, sicher und wohlgetan.

Das Kabbalistische Kreuz

Nun lassen wir die Hände sinken. Langsam heben wir dann wieder den rechten Arm ausgestreckt über unseren Kopf. Dies ist der Beginn des Rituals, welches man das »Kabbalistische Kreuz« nennt (Abb. 12). Während wir nun langsam die rechte Hand zu unserer Schädeldecke herabsinken lassen, imaginieren wir einen weißen, leuchtenden Strahl, den wir von ganz oben zu unserem Scheitel herunterziehen. Dazu vibrieren wir das Wort »Ateh«.

Als zweite Bewegung führen wir die rechte Hand von der Schädeldecke zum Solarplexus, dem Sonnengeflecht in der Magengegend, weiter. Wieder stellen wir uns dabei vor, einen leuchtenden Strahl mit der Hand zu ziehen. Wir berühren den Solarplexus und sagen dabei: »Malkuth.« Wir wissen, Malkuth ist die unterste Sephira am Baum des Lebens, die an der mittleren Säule an dem von Kether am weitesten entfernten Ende liegt. Indem wir »Malkuth« sagen, verlängern wir magisch die Linie vom Solarplexus, dem Sitz der Sephira Tiphareth, hinunter zu unseren Füßen.

Jetzt berühren wir mit der rechten Hand unsere rechte Schulter. Dazu vibrieren wir: »Veh Geburah.« Auch das wissen wir: Geburah ist die fünfte Sephira, die Sephira der Kraft, des Mutes, der mit Härte, mit dem Schwert dreinschlagenden ausgleichenden Gerechtigkeit. Sie liegt am Baum des Lebens in der Mitte der weiblichen Säule.

Von der rechten Schulter führen wir nun unsere Hand

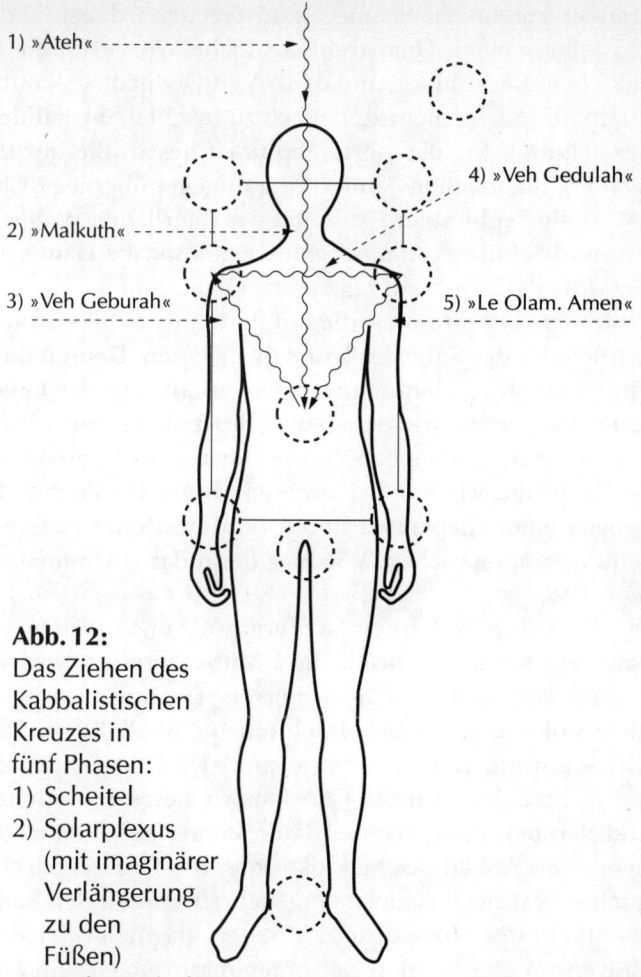

1) »Ateh«

4) »Veh Gedulah«

2) »Malkuth«

3) »Veh Geburah«

5) »Le Olam. Amen«

Abb. 12:
Das Ziehen des
Kabbalistischen
Kreuzes in
fünf Phasen:
1) Scheitel
2) Solarplexus
   (mit imaginärer
   Verlängerung
   zu den
   Füßen)
3) Rechte Schulter
4) Linke Schulter
5) Solarplexus

hinüber zur linken Schulter und erzeugen dabei in der Vorstellung einen Querstrahl aus Licht. Wir berühren die linke Schulter und sagen dabei: »Veh Gedulah.« Gedulah ist, um die Sache nicht zu einfach zu machen, eine andere Bezeichnung für die vierte Sephira Chesed, die auf der rechten, männlichen Säule Geburah gegenüberliegt. Chesed ist die Sephira der Großmut, des väterlichen Wohlwollens und Schutzes. Zum Abschluß legen wir die Hände auf die Mitte der Brust und sagen: »Le Olam. Amen.«

Spätestens hier könnten die aufmerksame Schülerin und der Schüler der Kabbalistik unruhig werden. Denn um die fünfte Sephira Geburah anzusprechen, die auf der linken Säule sitzt, wenn wir den Baum des Lebens betrachten, haben wir die rechte Schulter berührt. Und Chesed oder Gedulah, die wir auf der rechten Säule des Baums des Lebens sehen, haben wir durch Berühren unserer linken Schulter angesprochen. Wie mag denn das zusammenpassen?

Die Antwort darauf ist einfach und wird uns trotzdem anfangs ein wenig Konfusion und Mühe bereiten, weil wir unsere Sichtweise erweitern müssen. Doch wenn wir das nicht wollten, wären wir ohnehin keine Kabbalisten. Also: Die Sephiroth Binah, Geburah und Hod liegen auf der linken und die Sephiroth Chockmah, Chesed (= Gedulah) und Netzach auf der rechten Säule, wenn wir den Baum des Lebens als Abbild des Makrokosmos, des Universums, betrachten. Sie liegen jedoch umgekehrt, wenn wir den Baum als Abbild des Mikrokosmos ansehen, das heißt der dem Universum gleichenden Entsprechung in uns. Dann können wir uns vorstellen, wir stünden mit dem Rücken zum Baum des Lebens, und dann liegt Geburah am Ort unserer rechten, Chesed oder Gedulah unserer linken Schulter. Bei dem soeben geschilderten Eingangsritual, dem Kabbalistischen Kreuz, erklärt man uns, benutzen wir den mikrokosmischen Baum.

In der Praxis, habe ich gefunden, laufen die Dinge etwas anders, und deshalb gefällt mir auf die Dauer das Bild, mit dem Rücken zum makrokosmischen Baum des Lebens zu stehen, nicht besonders – nicht nur, weil ich den Kräften des Universums ungern den Rücken zuwende. Fast jedes bedeutende kabbalistische Unternehmen besteht doch darin, daß wir durch eine Invokation bestimmte Kräfte des geistigen Kosmos in die ihnen entsprechenden Zentren unseres eigenen Mikrokosmos herabziehen, oder daß wir durch Evokation Energien aussenden, die ihre Entsprechung und damit ihren Ursprung im Kosmos haben, und dessen müssen wir uns auch bei einer Evokation immer bewußt sein. So habe ich eben die Vorstellung lieber, mit meinem bescheidenen mikrokosmischen Baum dem ungeheuren makrokosmischen Baum des Lebens gegenüberzustehen, der mich ansieht wie ich ihn (Abb. 13). Daß dadurch meine und seine Sephiroth seitenverkehrt liegen, daran habe ich mich nach ein paar anfänglichen geistigen Verknotungen in erstaunlich schneller Zeit gewöhnt.

Das Kabbalistische Kreuz ist ein gutes Eingangsritual für eine größere Zeremonie, zum Einstimmen. Indem wir einen Lichtstrahl aus der Höhe über uns nicht nur bis zum stellvertretenden Solarplexus, sondern durch das Wort »Malkuth« symbolisiert bis zu unseren Füßen ziehen und einen querlaufenden Strahl von Schulter zu Schulter, wenn auch nur in der Vorstellung, schreiben wir die Form eines Naturkreuzes in den Raum und in unsere Aura. So haben wir uns rituell und geistig, das heißt wirklich, auf den Mittelpunkt gebracht.

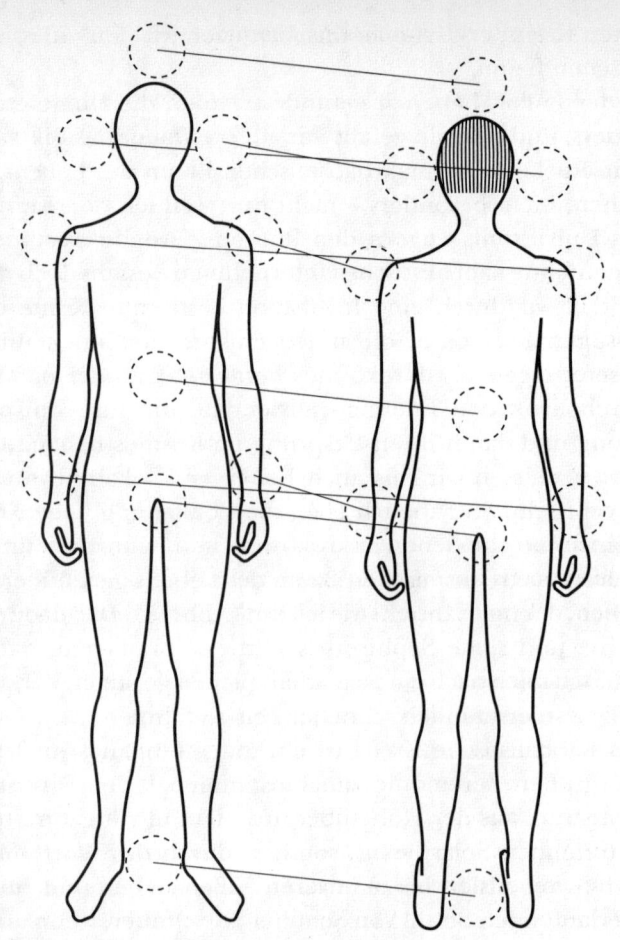

Der makrokosmische Baum

Der mikrokosmische Baum

Abb. 13: Makro- und mikrokosmischer Baum

Nach dem Bilden des Kabbalistischen Kreuzes fahren wir in unserer Zeremonie fort mit dem, was man »Bannungsritual« nennt oder, ein wenig prosaisch, »Säuberung des Arbeitsplatzes«. Dies ist tatsächlich ein starkes Ritual, um das engere Wirkungsfeld des Kabbalisten von negativen Einflüssen und unguten Geistern oder Energien zu säubern. Doch geht seine Möglichkeit, wie ich immer wieder gespürt habe, weit über diese Säuberungsaktion hinaus – wofür schon die Tatsache spricht, daß wir bei diesem Ritual vier mächtige Erzengel bemühen!

Wir beginnen wieder, indem wir uns mit dem Gesicht nach Osten stellen und die Augen schließen. Dann legen wir die Finger der rechten Hand an die linke Hüfte (Abb. 14). Von dort führen wir die Hand mit den ausgestreckten Fingern zu einer Stelle knapp über unserem Kopf. Wie beim Kabbalistischen Kreuz stellen wir uns auch beim Bannungsritual vor, das ich lieber »Pentagrammritual« nennen möchte, daß wir durch unsere Bewegungen der rechten Hand kräftige Lichtlinien produzieren. Von ihrem Platz knapp über dem Kopf führen wir die rechte Hand hinunter zur rechten Hüfte, an die Stelle, die dem Ausgangspunkt an der linken Hüfte gegenüberliegt. Wieder visualisieren wir dabei, wie schon gesagt, einen Strahl aus Licht. Von der rechten Hüfte führen wir die rechte Hand bis knapp über unsere linke Schulter, anschließend knapp über unsere rechte Schulter. Von dort geht die Hand zum Ausgangspunkt auf der linken Hüfte zurück.

Wir haben also jetzt mit der Hand und in der Vorstellung einen Fünfstern geschaffen, ein Pentagramm, dessen mittlere Zacke natürlich als Zeichen der Weißen Magie nach oben weist. Dieses Pentagramm lassen wir ein Stück von uns

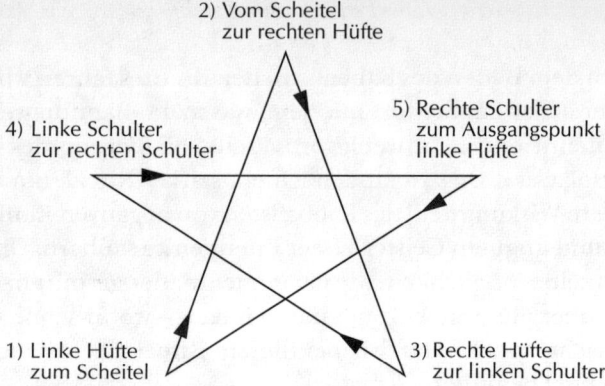

2) Vom Scheitel
zur rechten Hüfte

5) Rechte Schulter
zum Ausgangspunkt
linke Hüfte

4) Linke Schulter
zur rechten Schulter

1) Linke Hüfte
zum Scheitel

3) Rechte Hüfte
zur linken Schulter

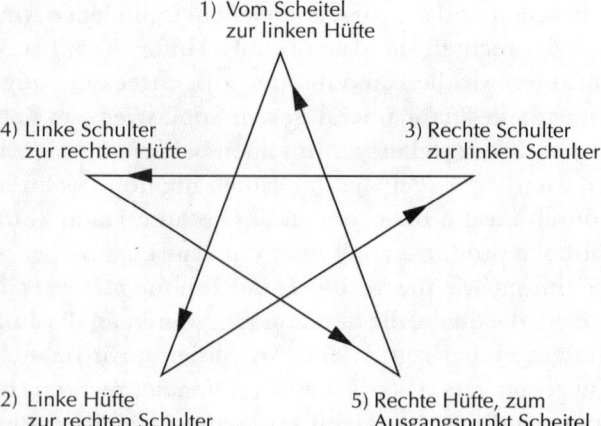

1) Vom Scheitel
zur linken Hüfte

4) Linke Schulter
zur rechten Hüfte

3) Rechte Schulter
zur linken Schulter

2) Linke Hüfte
zur rechten Schulter

5) Rechte Hüfte, zum
Ausgangspunkt Scheitel

Abb. 14: Das Ziehen des fünfzackigen Sterns
beim Pentagrammritual

Oben: Wir schwingen unseren Geist hoch
in den Makrokosmos

Unten: Wir holen die Kräfte des Kosmos
in unseren Mikrokosmos herab

weg nach vorne schweben. Dann durchstoßen wir seine Mitte mit einer kraftvollen Handbewegung, wobei wir den Zeigefinger vorgestreckt halten. Dabei vibrieren wir die Worte »Yod Heh Vau Heh«. Das ist der Gottesname der zweiten Sephira Chockmah. Er bedeutet auf deutsch etwa »Ich bin der, als der ich mich erweise« oder »Ich bin der, der sich als die vier Elemente erweist«. Magisch kaum wirksam hat man ihn zu dem Namen »Jehova« verkürzt.

Wir machen eine Vierteldrehung nach rechts, haben Gesicht und Körper also nun nach Süden gewendet. Wieder schaffen wir mit den Fingern der rechten Hand, wie beim erstenmal, das Pentagramm aus Lichtlinien. Und wiederum durchstoßen wir diesen nach vorne geschwebten Fünfstern mit dem Zeigefinger der rechten Hand. Nun vibrieren wir das Wort »Adonai«. Adonai heißt »Herr« im Sinne von »mächtiger Herr«.

Eine erneute Viertelwendung, nun nach Westen. Wieder zeichnen wir an unserem Körper das Pentagramm, durchstoßen es mit dem Zeigefinger und intonieren dabei »Ehejeh«. Wir wissen bereits, dies ist der Gottesname der Sephira Kether.

Zum vorläufigen Abschluß drehen wir uns um neunzig Grad nach Norden. Nachdem wir das Lichtpentagramm gezeichnet haben wie gehabt, durchstoßen wir es mit dem Zeigefinger und sagen: »Agla.« Das heißt etwa »Herr, mächtig immerdar«. Jetzt drehen wir uns zu unserem Ausgangspunkt nach Osten zurück.

Hier möchte ich eine Erfahrung anschließen. Ich empfinde das Pentagrammritual besonders in seiner Eigenschaft als Bannungsritual als wirksamer, wenn man die Hand mit dem ausgestreckten Zeigefinger nicht sinken läßt, nachdem man das vierte Pentagramm durchstoßen hat, sondern sie halb erhoben läßt, bis man noch eine Viertelwendung gemacht hat. So zieht man einen wirklichen Kreis um sich, der sich nach der letzten Viertelwendung, die uns nach Osten zurückführt, schließt.

Dies ist der erste Teil des Pentagrammrituals, dessen Wirkung über das Vertreiben und Bannen unwillkommener Energien und Geister weit hinausgeht. Je öfter wir es ausführen – und seine wahre Wirksamkeit entfaltet sich erst durch seine häufige, sich über viele Tage hinstreckende Anwendung –, um so stärker spüren wir, wie es in uns Kräfte weckt. Ganz simpel kann man die Wirksamkeit solcher Rituale und Übungen überhaupt an einem Prickeln in unterschiedlichen Körperteilen wahrnehmen. Doch ist das natürlich nur die äußerlichste, physische Reaktion. Die eigentliche, bedeutsame Wirkung besteht in einer Kräftigung unserer seelischen und geistigen Struktur, unserer spirituellen Haltung. Das merkt man häufig erst eine Weile nach Beendigung des Rituals. Und je nachdem, wie gut wir schon gefestigt und geschützt sind und auch wie uns die Umwelt gleich nach dem Zeremoniell überfällt oder in Ruhe läßt, hält dieser Kraftzufluß länger oder kürzer an. Ich habe da nicht nur Sternstunden erlebt, sondern ganze Sternentage, durch die mich die beim Morgenzeremoniell gerufenen guten Energien und Lichtwesen bis zum abendlichen Einschlafen begleiteten.

Das Wort »Bannungsritual« stark erweiternd, kann man sagen, daß durch das Pentagrammritual, das mit der Handbewegung von unserer linken Hüfte zum Scheitel beginnt, wir unsere Absicht symbolisieren, unseren Geist nach oben in den Äther des Universums, in den Makrokosmos, aufschwingen zu lassen. Wir können aber auch umgekehrt verfahren und die Kräfte des Universums zu uns herabholen (siehe den unteren Teil von Abb. 14). Dann beginnen wir, indem wir die rechte Hand über unseren Kopf heben, sie zur linken Hüfte führen, dann hinauf zur rechten Schulter, zur linken, nun hinunter zur rechten Hüfte und abschließend zurück zum Scheitel. Diese zweite Variante empfiehlt sich besonders auch zum Beginn magischer Operationen. Doch ist sie, zumindest für mich, wenig wirksam, wenn man sie in Zeiten versucht, in denen der abnehmende Mond nur noch als Hälfte oder weniger sichtbar ist.

Im zweiten Teil des Pentagrammrituals rufen wir die Erzengel der vier Himmelsrichtungen und damit der vier Elemente an. Dabei laden wir die Namen und Bedeutungen dieser vier Erzengel mit ihren Attributen und Eigenschaften auf, mit dem, was sie symbolisieren. Praktisch heißt dies, daß wir beim Nennen des Erzengelnamens an das denken, was wir von ihm wissen und was er für uns bedeutet (siehe zum Beispiel den Kasten auf Seite 49). Natürlich werden Wissen und Bedeutung im Lauf unserer kabbalistischen Bemühungen und Erfahrungen zunehmen. Dann wird der Tag kommen, an dem die Einzelheiten, aus denen sich der Erzengel zusammensetzt, zu einem Gesamtgefühl verschmelzen, das wir ihm gegenüber haben, zu einer gehobenen Emotion, zu einem einheitlichen Bewußtsein. Das wird uns nicht daran hindern, neue Erkenntnisse, die wir von dem Erzengel gewinnen, in das Bewußtsein, diese Synthese, zu integrieren.

Nach Beendigung des ersten Teils des Pentagrammrituals stehen wir also wieder mit dem Gesicht nach Osten. Nun vibrieren wir mit geschlossenen Augen den Namen des Erzengels, der über den Osten herrscht: »Vor mir Raffael!« Raffael ist auch der Herr des Windes, der Luft. Und weil er unter anderem der Erzengel der achten Sephira Hod ist, in der er und seine Ebene Briah uns orangefarben erscheinen, stellen wir uns eine hohe Gestalt vor, deren langes orangefarbenes Gewand im Wind weht, der ein Ausdruck der Winde des Geistes ist. Wir versuchen, die Kräfte dessen in uns zu wecken oder – zweite Version des Rituals – in uns aufzunehmen, was Raffael für uns bedeutet.

Als nächsten rufen wir den Erzengel des Westens: »Hinter mir Gabriel!« Gabriel herrscht über das Element Wasser und dessen geistige und kosmische Hintergründe. Er ist auch der Erzengel der Sephira Yesod, der Mondsephira. Deshalb imaginieren wir Gabriel als Gestalt in zerfließendem lila Gewand, die aus einem im Mondlicht silbern funkelnden Strom oder Meer aufsteigt. Beim Aussprechen verbinden wir mit dem Namen »Gabriel« das, was wir von diesem Erzengel wissen.

Nun nennen wir den Namen des Erzengels des Südens: »Zu meiner Rechten Michael!« Michael ist der Erzengel des feurigen Lichts, der Sonne, der Schönheit und damit der Sephira Tiphareth. Wir visualisieren ihn deshalb als Gestalt in einem leuchtendgelben Gewand, von der eine harmonische Wirkung ausstrahlt.

Zum Abschluß des Rituals ist der Erzengel des Nordens anzurufen: »Zu meiner Linken Sandalphon!« Dabei stellen wir uns einen Erzengel vor, der aus einer schönen Erdenlandschaft hochragt, und zwar in einem Gewand, das die Farben der Erdsephira Malkuth hat, in Gelb, Olivgrün, Rostrot und Schwarz.

Bei dem Ritual, das vom »Hermetischen Orden der Goldenen Dämmerung« aus England stammt, wird statt Sandalphon der Name des Erzengels Uriel verwendet. Ich habe das auch lange gemacht, doch während beim Vibrieren der Namen »Raffael«, »Gabriel« und »Michael« starke Wirkungen einsetzten, blieb das Intonieren des Namens »Uriel« für mich wirkungslos. Vielleicht, kam mir eine Ahnung in einer Meditation, liegt das daran, daß Uriel eigentlich auch ein Feuer-Erzengel ist. So ersetzte ich für den Norden, »Zu meiner Linken«, Uriel durch Sandalphon. Seitdem strömen bei diesem Zeremoniell die Kräfte der vier Erzengel und ihrer Elemente gleichmäßig auf mich ein.

Die klassische Ansicht von den beiden Versionen des Pentagrammrituals lautet: Wenn man es von unten nach oben ausführt, also mit der rechten Hand an der linken Hüfte beginnt und die Handbewegung dann nach oben führt, sehen die vier Erzengel bannend, das heißt schützend, von uns weg nach außen. Beginnt man oben mit der Handbewegung über dem Kopf, um die Kräfte des Makrokosmos zu sich herabzuziehen, sehen die Erzengel nach innen, zu uns her. Ich habe allerdings den Eindruck, daß sie so oder so nach beiden Seiten sehen, zu mir her nach innen und von mir weg nach außen. Manche behaupten übrigens, man könne Erzengel gar nicht rufen, nur ihr Prinzip. Es fragt sich allerdings, was da den Unterschied ausmacht.

Hier endet das Pentagrammritual mit der Anrufung der vier Erzengel. Im 3. Kapitel habe ich als eine der ersten Übungen gezeigt, wie man sich in den Mittelpunkt der vier Elemente stellen, wie man ihr Kreuzungspunkt werden kann (Abb. 10). Diese Übung ersetzen wir, zumindest bei der Morgenzeremonie, durch die Anrufung der vier Elemente-Erzengel. Was nicht heißen soll, daß man sich nicht mit guter Wirkung tagsüber einmal in den Mittelpunkt der vier Elemente imaginieren soll, wenn von der Situation oder Stimmung her Ausgleich und Kraft nötig sind.

Bei vielen kabbalistischen oder auch nur rein magischen Praktiken wird immer wieder vom Vibrieren von Worten gesprochen – auch wir haben das soeben getan. Es werden magische Formeln vibriert, die Namen von Mächten, Gottesnamen. Und fast alle Autoren drücken sich da recht geheimnisvoll oder unscharf aus. Sie sagen nur immer: »Vibrieren«, und niemand weiß dann genau, was das ist.

Vibrieren ist einfach ein feierliches, möglichst schwingungs-volles Aussprechen, wobei man erfahrungsgemäß die Namen oder Worte der Macht etwas tiefer artikuliert, als man es normalerweise der eigenen Stimmlage entsprechend tun würde.

Tatsächlich ermöglicht richtiges Vibrieren dieser aufgeladenen Worte oder Sätze, mit den Kräften, denen man sich nähern will, in Verbindung zu treten. Das kann selbstverständlich eine Weile auf sich warten lassen, und die ersten Versuche scheinen meist überhaupt ohne Wirkungen zu bleiben. Doch gilt bei der praktischen Zeremonie die Regel: Wenn es nicht zu funktionieren scheint, so tun, als ob. Ganz abgesehen davon kann man viele Phänomene einfach nicht beweisen. Aber nach einiger Zeit weiß man, daß es so ist. Und vielleicht springen wir auch einmal gemeinsam über meinen eigenen Schatten, vergessen, was ich gegen Atem-kunststücke gesagt habe, und versuchen für den Anfang folgenden Trick: Ein schneller tiefer Atemzug nach dem Vibrieren eines wichtigen Wortes kann helfen und einen spürbaren Energiefluß bringen, der als Initialzündung auch ins Geistige überzuspringen vermag.

Konzentration, Meditation und Kontemplation, einmal einfach erklärt

Kernstück einer normalen kabbalistischen Zeremonie ist häufig, wie bei anderen esoterischen Bemühungen auch, die Meditation. Für alle, die spirituell tätig sind, ist das ein erhebendes Zauberwort. Meditation, das ist das versuchte Abheben von der Erdenschwere, das Überschreiten der Schwelle ins Unbewußte oder Überbewußte. Den meisten steht das Wort »Meditation« für vieles. Wenn jemand hingebungsvoll einer Melodie lauscht, wenn jemand rücklings auf einer Sonnenwiese liegt und den Zug der rosa Wolken verfolgt, wenn jemand in den Anblick eines juwelenartigen Schmetterlingsflügels versinkt, wenn jemand nichts fühlt als Liebe, wenn jemand die Zeile eines Gedichts oder das Wort eines Propheten minutenlang als Angelpunkt der Welt erlebt, dann glaubt er zu meditieren. Und vielleicht tut er das ja auch.

So wird im allgemeinen Bewußtsein Meditation gleichgesetzt mit einer Ergriffenheit, meist in Stille, mit einem gehobenen Bewußtsein. Doch wenn man nach genaueren Definitionen fragt, gehen die Vorstellungen auseinander. Letztlich ist das fast einzig Gemeinsame aller Ansichten das, was wir »über die Schwelle gehen« nannten. Das ist schon viel.

Ohne gescheiter sein zu wollen als andere, möchten wir hier möglichst schlicht ein, zwei Zusammensetzungen und Spielarten der Meditation aufführen, die wir für Quintessenzen dieser Königin der spirituellen Anwendungen halten. An sie werden wir auch denken, wenn wir später die große, tägliche Morgenzeremonie in ihrer Gesamtheit beschreiben.

Vielleicht wird das, was meist unter dem Gesamtbegriff »Meditation« zusammengefaßt wird, leichter zugänglich, wenn wir es in seine drei Hauptarten unterteilen. Das ist alles andere als unsere eigene Erfindung oder Erkenntnis. Diese Dreiteilung gibt es schon im indischen Raja-Yoga, das vor allem bei uns im Westen als der beste und vornehmste Grad des Yoga gilt. Diese drei Phasen, die keineswegs immer alle ineinander übergehen müssen, sind:

1. Konzentration,
2. Meditation,
3. Kontemplation.

Ohne Konzentration wird eine Meditation kaum möglich sein und auch keine andere magisch-kabbalistische Arbeit. Das Wort »Konzentration« sagt auch, was es bedeutet und erfordert. Man konzentriert sich mit meist geschlossenen Augen auf ein bestimmtes kabbalistische Symbol, auf einen Begriff, auf eine Sephira, auf einen Namen, auf ein vorgestelltes Bild oder eine Engelsgestalt, auf einen Gedanken. Nichts als dieses vorgestellte Symbol oder Phänomen soll in die Konzentration Eingang finden. So merkwürdig es zunächst klingen mag, ist die Konzentration, dieses laserstrahlartige Erfassen eines einzigen Bildes oder Begriffs, eine Verwandte des Gedankenausschaltens. Hier wie dort sollen fremde Begriffe und sollen vor allem wahllos einströmende Gedanken und Emotionen fernbleiben. So werden die kabbalistische Freundin und der kabbalistische Freund, die mit Konzentration und Meditation noch wenig Erfahrung haben, wahrscheinlich besonders schnell und intensiv erfolgreich sein, wenn sie und er das vorher gewählte Thema der Konzentration direkt aus der von uns schon geübten Gedankenstille aufsteigen lassen.

Diese Idee oder dieses Bild werden auch bei der Meditation weder verlassen noch durch fremde Gedanken oder Emotionen verwässert. Aber der Rahmen dieser Idee oder dieses Bildes beginnt, sich zu erweitern, wobei er trotzdem immer ein Rahmen bleibt. Vorstellungen, Assoziationen, Erkenntnisse, Intuition aus den Tiefen oder Höhen des Unter- oder Überbewußtseins fangen an, die Idee oder das Bild zu umkreisen, um die Idee oder das Bild ihre erleuchtenden Bahnen zu ziehen. Plötzlich erhält ein zum Thema der Meditation gewähltes Symbol zusätzliche und tiefe Bedeutungen, ein Bild gibt den Einblick in sein eigentliches Inneres frei. Vielleicht verrät uns sogar die wie nebensächliche Stimme ohne Ton des höheren Selbst oder gar der göttliche

Funke, was wir noch nicht wußten und uns als Schatz auf unseren weiteren spirituellen Weg mitnehmen können. Und weil der Baum des Lebens ein Abbild der in der göttlichen Schöpfung wirkenden Mächte ist, wird uns eine Meditation über ihn, seine Sephiroth, seine Erzengel, Engel, Farben, Symbole und anderen Kräfte ein kleines Stück des Weges weiterbringen, der uns zu dem Ziel führen soll, selbst ein strahlender Teil dieser Schöpfung zu sein.

Kontemplation schließlich, zu deutsch »Betrachtung«, geht in gewissem Sinne über die Meditation hinaus. Doch bringt sie andererseits, im Gegensatz zur Meditation, keine neuen Offenbarungen. Denn die Gegenstände einer vollkommenen Kontemplation haben keine Offenbarungen mehr zu machen. Sie *sind* offenbar.

Die Kontemplation kann sich auf eine Idee richten, auf ein inneres Bild, einen Gedanken, ganz wie die Meditation. Andererseits kann sie auch einen realen Teil der Außenwelt zum Gegenstand haben, ein lebendes Wesen zum Beispiel oder eine Blume, ein Menschengesicht, einen Stein, irgendein Objekt. Dabei betrachten wir das Ziel unserer Kontemplation mit Liebe, Glauben und innerer Ruhe. Während die Meditation analytisch ist, möglicherweise in einem höheren Sinne, und einen Gedanken, ein Bild oder ein anderes Phänomen geistig durchforscht, ist die Kontemplation bereits Synthese. Die Kontemplation erforscht nicht, sondern sie hat erkannt, und darum ist sie im höchsten Grade spirituell.

Einfacher Aufbau einer Meditation
in vier Stufen

Was wir hier zu geben versucht haben, sind Ratschläge, wie man das Wesen einer Meditation erfassen kann. Es sind Hilfestellungen für eigene Bemühungen, Annäherungen an das Eigentliche. Auf alle Fälle bieten sie die Möglichkeit, selbst zu beginnen. Das weitere wird man dann schon durch eigene Erkenntnisse gewinnen.

Doch soll man dabei die Erkenntnisse der Menschen, von denen man weiß, daß sie weiser und klüger sind oder waren als man selbst, nicht verachten. In diesem Sinne führe ich eine Meditation an, die der weise, 1981 verstorbene Paul Brunton in seinem Buch *Der Weg nach innen* vorschlägt, um auf der Suche nach dem wahren und höchsten Ich fündig zu werden:

»Der einzige Vorgang dieser Meditation ist der Versuch, diesen einen höheren Grad der Selbstbefragung aus der Vielheit der Ideen herauszuheben und die Gedanken unablässig hierauf und auf nichts anderes zu richten. Sind Haltung und Fähigkeit der Konzentration stark genug entwickelt, dann gibt man auch diese Art des Nachdenkens auf und richtet seine Aufmerksamkeit nach innen auf die Frage, wer es ist, der da denkt. Man soll sich nicht bemühen, die Antwort durch Nachdenken *über* den Denkenden zu finden, sondern soll alle Gedanken ausschalten und mit aller Aufmerksamkeit versuchen, sich *des Wesens bewußt zu werden*, das bisher von dem Schleier endloser Gedankenketten verhüllt gewesen war.

Während der Pause, die dieser stillen Bitte folgt, sollen die Gedanken durch schweigendes ›Hineinhorchen‹ so weit wie möglich ausgeschaltet werden. Nach zwei bis drei

Minuten wird die Bitte wiederholt und nach erneutem Warten von drei bis vier Minuten zum dritten und letzten Male. Dann wartet man geduldig und erwartungsvoll fünf Minuten lang, hält seinen Körper unbewegt und atmet langsam und ruhig, während das Bewußtsein in tiefsten Frieden versinkt. Das ist das Ende der Meditation.«

Vielleicht ist es gut, unsere differenzierten Überlegungen und Vorschläge noch einmal ins Einfache zurückzunehmen und zum Schluß des Kapitels in schlichter Form zu sagen, wie eine erfolgreiche Meditation in vier sich aufeinander aufbauenden Stufen ablaufen kann:

1. Wir beginnen damit, daß wir an das Thema unserer Meditation konzentriert denken. Was das bedeutet, wissen wir ja.
2. Als zweites steigern wir unser Interesse an dem Thema, über das wir uns immer stärker freuen und das wir schließlich lieben.
3. Nun treten wir als drittes selbst in das Thema unserer Meditation hinein. Das bedeutet, wenn dieses Thema zum Beispiel »heiteres Licht« lautet: Ich bin jetzt heiteres Licht und sehe alles mit den Augen des heiteren Lichtes.
4. Ist uns das gelungen, gehen wir als viertes über das Thema hinaus. Wir schweben als eine Art Beobachter über dem Wesen, das über unser Thema meditiert. Wie von selbst werden wir dann wieder früher oder später in unserem Inneren still. Von dieser Stille zehren wir am Tag, wenn es längst laut geworden ist, noch lange.

KAPITEL 8

Das mit dem Karma ist anders

Wer an den absoluten Determinismus glaubt, also daran, daß sein Leben im voraus unabänderlich bis in die kleinste Einzelheit festgelegt ist, muß sich gar nicht mehr weiter spirituell bemühen oder um sein Karma kümmern. Denn er bewegt sich dann ja auf einer Schiene ohne Weichen. Ihm helfen auch keine geistigen Bauchaufschwünge und Seitenrollen und kluge Auswegsversuche. Wenn das Leben so ablaufen muß und nicht anders, ist es überflüssig, sich anzustrengen, weil es ja doch vergeblich wäre.

Der Begriff »Karma« spielt vor allem in den fernöstlichen Religionssystemen eine dominierende Rolle. Zum Teil hat er dort unseren alten Begriff von Himmel und Hölle, von Strafe und Buße ersetzt. Die Gläubigen ächzen darunter.

In den klassischen westlichen Religionen tritt das Karma, mit dem ja der Glaube an die Wiedergeburt verbunden ist, zumindest vordergründig kaum in Erscheinung. Sie arbeiten ohnehin mit der Seligkeit und der ewigen Verdammnis. Aber in die Reihen der westlichen Esoteriker ist das Karma zurückgekehrt und verursacht immer mehr das, womit die großen christlichen Kirchen durch die Jahrhunderte so erfolgreich operiert haben: Angst, schlechtes Gewissen, Unfreiheit. Die blinde Angst, durch falsche Gedanken, Worte oder Taten ein paar graue Kleckser auf die möglichst weiße Weste der aufwärts zu entwickelnden Individualität zu patzen, bremst die menschliche Spontaneität. Was entsteht, ist eine esoterische Bigotterie.

Karma heißt wörtlich »Tat«, eine geistige und körperliche

»Handlung«, und dies bedeutet, daß sich der Mensch sein Karma selbst einge *handelt* hat. Nichts, was er tut, denkt oder wünscht, ist mit diesem Tun, Denken oder Wünschen erledigt. Alles fällt zu irgendeiner Zeit auf irgendeine Art und an irgendeinem Ort auf ihn zurück.

So ist Karma also nicht nur das eigene Handeln, sondern schließt auch die Folgen dieses Handelns ein. Diese Doppelbedeutung trägt manches dazu bei, in den Gemütern der ansonsten Karmagläubigen Verwirrung zu stiften. Aber kompliziert ist es eigentlich nicht. Wir handeln einerseits, und andererseits schafft der Weltgeist für unsere Handlung einen Ausgleich, damit alles ausgewogen bleibt oder wird. Dabei muß niemand die »Karmamaschinerie« in Bewegung setzen oder halten. Der Weltgeist sorgt dafür, daß sie automatisch arbeitet und reagiert.

Immer wieder werden wir von klugen Leuten in Büchern und Vorträgen eindringlich belehrt, wir dürften Karma auf keinen Fall mit den altmodischen Begriffen von Belohnung oder Strafe verwechseln. Das Karma, hören oder lesen wir, belohnt oder züchtigt nicht, sondern gleicht nur unparteiisch und wohl im Zusammenhang mit dem Gesetz der Polarität aus. Das ist sicher richtig. Nur macht es für mich hier auf der Erde wenig Unterschied, ob das, was ich für eine garstige Vergangenheit jetzt übergezogen kriege, eine Strafe ist oder nur ein Ausgleich.

Wie frei ist der Mensch?

Alle Fragen, die wir rund um das Karma aufwerfen mögen, bleiben an Wichtigkeit hinter der einen zurück: Wie frei ist der Mensch, trotz Karma nach seinem Willen zu handeln? Ganz unfrei, willenlos ist er bestimmt nicht. Denn wie wir am Anfang dieses Kapitels erklärt haben, würde die totale Unfähigkeit zum eigenen Handeln den Menschen jeder Verantwortung für sein Leben entheben. Könnten wir uns einbilden, mit der magischen Kabbala, mit unseren Arbeiten am Baum des Lebens etwas zu bewirken, wenn alles vorbestimmt wäre? Und bedeutet nicht Magie soviel wie Einwirkung, Wirken auf etwas oder jemanden oder sich selbst? Und wo bliebe dieses Einwirken, wenn es nichts gäbe als das Wirken des Karmas?

Natürlich sind auch wir magischen Kabbalisten dem Karma unterworfen. Und natürlich sind auch wir in Grenzen frei. Wir können wählen, ob wir so handeln wollen oder so. Aber zwischen den Folgen aus unseren Handlungen können wir nicht wählen.

Selbst sogenannte Willensmenschen, die ja meist Willen mit Ego gleichsetzen und die Karma, wenn sie schon etwas davon gehört haben, für Unfug halten, können nicht verhindern, daß sie über die wichtigsten Stationen ihres Menschenlebens nicht mit dem Willen entscheiden können: über Geburt und Tod. Sie mögen zwar sagen, daß jeder Mensch Selbstmord begehen kann. Aber wenn er so weit ist, daß er selbst Hand an sich legt, bedeutet das einfach, daß er den vom Karma vorgezeichneten Weg bis zum bitteren Ende gegangen ist. Wem das nicht gefällt, der kann das Wort »Karma« durch das Wort »Schicksal« ersetzen. Dann muß er zustimmen, und wir sind alle zufrieden.

In einem Grade sind wir also, wie wir feststellten, Herr unsrer Handlungen. Zu diesem Thema habe ich von Schopenhauer etwas Unangenehmes gelesen, was ungefähr so lautet: Wir können zwar tun, was wir wollen. Aber wir können nicht wollen, was wir wollen. Also scheinen die Anhänger des Determinismus, der totalen Vorherbestimmung, doch recht zu haben? Denn das »Wollen, was wir wollen« ist abhängig von momentanen Einflüssen, den Emotionen, den Vorlieben, den Erbanlagen, dem Sex und anderen Leidenschaften, der ungeheuren und ununterbrochen arbeitenden Suggestionsmaschine Umwelt. Das ist schon richtig. Aber der spirituelle Mensch zum Beispiel, der mit dem Baum des Lebens lebt, ändert seine seelische Struktur, und damit ändert sich das »Wollen, was wir wollen«. Das heißt, man will nur noch das Gute, was ja das Richtige ist, und umgekehrt.

»In den alten Hindutexten wird behauptet«, schreibt der bereits im vorigen Kapitel zitierte Paul Brunton,

> »daß man nicht mehr auf die Astrologie zählen könne, sobald ein Mensch dem weltlichen Leben den Rücken kehrt und ein spirituelles beginnt. Kein astrologisches Horoskop und kein spiritistisches Hellsehen darf es wagen, auch nur ein einziges Wort mit Sicherheit über seine Zukunft zu sagen. Von dem Augenblick an, wo das Überselbst völlig Besitz ergreift von einem Menschen und dessen Gedanken, Gefühlen und Handlungen und sie infolgedessen nicht mehr wie früher die seinen sind, von dem Augenblick an ist das Überselbst (der göttliche Funke) für die Aufarbeitung des vergangenen Karmas dieses Menschen zuständig. Von diesem Augenblick an ist der Verlauf seines äußeren Lebens und seines Geschickes unvorhersagbar.«

Auch wenn wir dem weltlichen Leben nicht den Rücken kehren können, weil wir keine Hindus sind und weil wir im gegenwärtigen Erdenleben auf allen Ebenen noch einiges zu erledigen haben, tun wir gut daran, uns vor allem in schweren Stunden nach innen zu wenden und unser höheres Selbst und gar den göttlichen Funken um Unterstützung zu bitten. Wahrscheinlich wird der göttliche Funke nicht selbst eingreifen. Aber mit seiner kaum wahrnehmbaren Stimme, die eigentlich der Flug einer Bewußtsein gewordenen Intuition ist, wird er uns die Möglichkeit andeuten, richtig zu handeln. Denn handeln müssen wir, um nun den Kreis um das Thema Willensfreiheit zu schließen, solange wir nicht wissen, daß das, was uns da auferlegt wird, das Unvermeidliche ist. Erst wenn wir dessen sicher sind – und dieses Sichersein gehört zu den ganz großen geistigen Kunststücken –, müssen wir die Hände sinken lassen. Aber nur die Hände, denn unseren Geist erwartet eine seiner schwersten Aufgaben: einfach anzunehmen, was das Karma uns schickt. Um das zu schaffen, braucht man eine Menge freien Willen.

Oft läßt das Karma nicht lange auf sich warten

Es gehört zu den gehätschelten Irrtümern über Karma und Reinkarnation, daß das Schicksal, welches uns im gegenwärtigen Leben auferlegt wurde, karmisch aus lange zurückliegenden Leben kommt und sich ebenfalls karmisch in viel späteren Leben auswirken wird. Das kann so schon vorkommen. Auch ist es viel angenehmer zu glauben, daß die Verstöße gegen die Harmonie, für die wir zur Verantwortung gezogen werden, so weit zurückliegen, daß sie schon etwas zu verblassen scheinen und daß wir die Rechnungen für diese Verstöße erst in weit vor uns liegenden Leben präsentiert bekommen werden. Bei diesen typisch menschlichen Verschiebungen ist jedoch der Wunsch der Vater des Gedankens. Der Großteil dessen, was wir uns in einem Leben karmisch aufladen, wird noch in demselben Leben vom Ķarma nicht nur in Rechnung gestellt, sondern auch kassiert. Dann zahlt der, der die physischen oder psychischen Exzesse ausgelebt hat, am Ende mit einer scheußlichen Krankheit körperlicher oder geistiger Art. Besonders spektakulär, weil im Scheinwerferlicht der Geschichte, ist das auffallend häufig schaurige Ende von Menschen, die sich – vielleicht sogar aus durchaus positiven, ja edlen Anfängen – zu immer maßloseren Tyrannen entwickelt haben. Sie rechnen besser gleich nicht damit, daß ihnen das Karma etwas bis zur übernächsten Reinkarnation stundet.

Wer an das Karma glaubt, stößt ziemlich bald auf die Frage, welche Rolle seine Eltern denn in seinem Leben spielen. »Wir erben unseren Geist von uns selbst, aus früheren Inkarnationen, und unseren Körper durch die Gene von unseren Eltern«, heißt eine gängige Meinung. Aber erben nicht viele Kinder auch etwas vom Geist ihrer Eltern? Sind nicht die Eltern oft verantwortlich für diese Abneigung, diese Vorliebe, diesen angenehmen oder unangenehmen Charakterzug ihres Sohnes oder ihrer Tochter? Und kommt es nicht vor, daß grundhäßliche Menschen eine wunderschöne Tochter haben und ein kleines Männchen von Vater einen Herkules als Sohn? Sind nicht, wie viele Söhne und Töchter glauben, letzten Endes vor allem die Eltern und natürlich auch deren Vorfahren an dem schuld, was ihre Kinder sind und werden?

In einem seiner vielen tausend Vorträge, die der in Bulgarien geborene Maître Mikhaël Aïvanhov, der meist in Frankreich lehrte, vor den Anhängern seiner Universellen Weißen Bruderschaft hielt, erklärte er die Rolle der Eltern in ein paar einfachen Sätzen:

»Die Eltern sind nur da, um ihren Kindern genau das zu geben, was sie verdienen. Wer verdient hat, ein Musiker

151

zu sein oder ein genialer Maler, der inkarniert sich in einer Familie, die ihm die Möglichkeiten gibt, um es zu werden. Wenn er verdient, schwach zu sein, behindert oder krank, läßt ihn die göttliche Gerechtigkeit sich in einer Familie reinkarnieren, die ihm Schwächen, Mängel vererbt. Man muß nichts den Eltern vorwerfen, sie sind nur dem Schein nach verantwortlich; ohne es zu wissen, sind die Eltern nur Ausführende, das ist alles. Alle Mängel, die der Mensch bekommen hat, hat er selbst durch seine schlechten Gedanken und durch seine schlechten Gefühle schon seit langer Zeit im Lauf seiner früheren Inkarnationen geformt.«

Das betrifft übrigens nicht nur das Elternhaus, sondern die ganze nähere und weitere Umgebung, in die wir hineingeboren worden sind. Ein Bettler wird schon seine Gründe haben, warum er arm ist. Eine Reiche ist vielleicht reich, weil sie in einem früheren Leben arm war und sich dabei bewährt hat oder weil sie reich war und sich nicht bewährt hat. Jetzt muß sie ihre Klasse repetieren. Und auch der Tenor mit der strahlenden Stimme, dem, wie man so schön sagt, die Frauenherzen zufliegen, hat diesem angenehmen Schicksal im früheren Leben zugearbeitet. Genauso wie die Heisere, die nur krächzen kann. Trotzdem arbeitet das Karma wohl nicht zwangsläufig nach dem Motto Auge um Auge und Zahn um Zahn. Der jeweilige Verstoß gegen die Gesetze der Schöpfung und der vom Karma auferlegte Ausgleich müssen nicht deckungsgleich sein. Das Karma wirkt variabel durch das über diesem Verstoß stehende, zusammenfassende geistige Prinzip.
Normalerweise erinnern wir uns nicht an unsere früheren Leben. Das muß so sein. Unsere geistige Entwicklung soll durch innere Einsicht geschehen, nicht durch ein genau

erinnertes, warnendes Beispiel wie etwa: »Achtung, jetzt kommt die Situation, in der du im letzten Leben gnadenlos gewesen bist und deshalb alles vermurkst hast!«

Genau hier setzen auch die Leute ein, die das Vorhandensein von Karma leugnen. Selbst wenn es eine Wiedergeburt gäbe, argumentieren sie, wie könnte etwas Geistiges von einem Leben auf das nächste überspringen, wo doch mit dem Tod alles Geistige erlischt, die Apparatur des Gehirns stillsteht und mit ihm das Bewußtsein? Der Irrtum dieser Fragestellung besteht darin, daß die Zweifler das Bewußtsein etwas zu tief ansetzen, ausschließlich im physischen Körper. Doch gehen schon zur Zeit unseres einen Lebens unsere Erfahrungen, unser Gewissen und unsere Weisheit ins Unbewußte unseres Höheren Selbst über, in unsere Individualität. Von dort spannt sich der Bogen zum nächsten Leben.

Ohne Zweifel gibt es jedoch besonders dazu begabte Personen, die es fertigbringen, sich ihnen anvertrauenden Leuten frühere Inkarnationen sichtbar zu machen. Doch sollte man da etwas vorsichtig sein. Häufig sind es verdrängte Wunschträume, Ängste oder auch Archetypen, die man da gegen Honorar aus unserem Unbewußten hochangelt.

Daneben stolpern wir unaufhörlich über Leute, die sich selbst erinnern, was sie früher einmal gewesen sind. So etwas gibt es natürlich. Aber diesen vielen, an die ich denke, ist gemeinsam, daß sie in früheren Leben alle geniale oder hochgestellte Damen und Herren waren, Künstler, Schöne, Mächtige. Wir hatten allein in unserem Bekanntenkreis zum Beispiel zwei Wolfgang Amadeus Mozart, was ja einerseits die innere Zerrissenheit dieses wunderbaren Komponisten erklären würde. Trotzdem habe ich da so meine Zweifel.

Ansonsten begegnet man häufig Männern, die Alexander der Große waren, Plato, Einstein, der Dichter Novalis, Paganini, Gandhi oder – etwas unscharf – »ein« napoleonischer General, »ein« Schloßbesitzer in der italienischen Renaissance. Bei den Frauen trifft man Kleopatra und Maria Stuart, die heilige Theresia von Ávila, erstaunlich viele Clara Schumanns (wir kannten im Lauf der Zeit drei), Prinzessinnen aller Arten, die Königin von Saba und wohl auch mal eine Pompadour. Also Glanz und große Namen allenthalben. Wenn man derart von ehemaligen Berühmtheiten umzingelt lebt, muß man bei allem Respekt doch einmal fragen: »Meine Damen und Herren, wo bleibt das Personal?«

Bei vielen dieser Reinkarnationen, die früher Marie Antoinette waren, Hannibal oder »vom Sirius kommen«, schwingt der Glaube und die unausgesprochene Behauptung mit, eigentlich etwas Besseres gewesen zu sein. Auch die, welche nach ihrem gegenwärtigen Leben lieber auf einen sogenannten höherentwickelten Stern auswandern möchten, werden ihre Enttäuschung erleben. »Wir kommen auf diese unsre Erde zurück«, schreibt Paul Brunton, »und nicht auf irgendeine andere Erde, denn nirgendwo als hier säen wir die Samen unseres Denkens, Fühlens und Handelns, und nirgendwo als hier müssen wir daher ihre Früchte ernten.«

Warum Heitersein gut für das Karma ist

Wenn das Wort »Karma« fällt, bekommen die Menschen ernste Gesichter. Ein fast spürbares Unbehagen geht von ihnen aus. Das ist einerseits erklärlich. Fast jeder hat eine verratene Frau oder zu viele Wutanfälle im Keller, fast jede ein Paket Eitelkeit oder gar eine Gedankenleiche im Kleiderschrank. Andererseits ist das er*handel*te Karma ja nicht nur die Frucht unserer bösen, sondern auch unserer guten Gedanken, Gefühle und Taten. Wir bemühen uns, nicht

154

schurkisch zu leben, sondern im Rahmen des Möglichen gut und in Übereinstimmung mit den großen und vor allem kleinen kosmischen Gesetzen. Auch diese gelungenen Versuche, gut zu sein, werden uns vom Karma honoriert: im realen, kompakten Erdenleben und in unserer überlebenden Individualität. Wo uns das Stück Schicksal, das uns vom Karma serviert wird, zweifelhaft erscheint, wo wir nicht wissen, ob wir es positiv oder negativ ansehen sollen, probieren wir es am besten mit der Heiterkeit.

Hier sehe ich jetzt bereits im Geist, wie die Freunde der verschiedensten esoterischen Fakultäten beginnen, die Stirnen zu runzeln. Karma und Heiterkeit – wo paßt das zusammen? Nun, es stimmt nicht, daß die Vorsehung keine Heiterkeit kennt, daß das Karma Heiterkeit nicht positiv registriert. Ganz im Gegenteil. Heiterkeit ist eine Quelle der großen Harmonie, nach der wir alle streben. Wir werden sie nie erringen, wenn wir nicht auch im kleinen heiter sind.

»Das ist Ansichtssache«, sagen die Leute auch, wenn sie versuchen, einer Situation die bessere Seite abzugewinnen. Sie sprechen damit eine tiefe Weisheit aus. Man kann vor einem halb leeren oder halb vollen Glas Wein sitzen, in der Hitze liegen oder in der Sonne, einen Reinfall erleben oder eine wertvolle Erfahrung machen. Alles ist Ansichtssache. Natürlich gilt das nicht für Situationen, in denen wir gut oder böse handeln, sondern nur für unsere Reaktionen und Zustände des Bewußtseins. Aus ihnen bestehen, allem Anschein unserer aktiven Zeit zum Trotz, vier Fünftel des Menschenlebens.

Beim größten Teil unseres wachen Lebens können wir also selbst bestimmen, ob wir ihn als negative Erfahrungen ins Buch des Karmas einschreiben lassen oder als heitere, das heißt positive, das heißt gute. So läßt sich mit Billigung des Karmas das Karma durch »Heiter-Sehen« doch verändern.

ZWEI

KAPITEL 9

Kabbalisten,
die Esoteriker mit Hundepfeifchen

Eine der Prüfungen des Glaubens besteht darin, daß man etwas glauben muß, was man mit dem konkreten Auge nicht sieht. Erst nachdem man eine ganze Weile geglaubt, dem Glauben also Vorschuß gegeben hat, erhält man Ahnungen, die im Lauf der Zeit weit über das Nichtsehen hinausgehen. Zu diesen Ahnungen gesellen sich in wechselnder und zunehmender Dichte Beweise, die man allerdings als solche erkennen muß.

Im Park oder auf Wanderungen können wir manchmal folgendes erleben: Eine Frau geht mit einem Hund spazieren, der weit entfernt herumtollt und auf Rufe nicht mehr reagiert. Da hebt sie einen kleinen länglichen Gegenstand an den Mund. Und obwohl in unseren Ohren nichts geklungen hat, stutzt der Hund und kommt dann angelaufen. Mit seinem feiner entwickelten Gehör hat er die Töne des Hundepfeifchens wahrgenommen, dessen hohe Schwingungen das menschliche Ohr nicht mehr registriert.

Um mit dieser Methode Erfolg zu haben, muß die Hundebesitzerin allerdings ein paar Vorbedingungen erfüllen: Sie muß wissen, daß der Hund höhere, für Menschen nicht wahrnehmbare Schwingungen hört; sie muß ein Hundepfeifchen besitzen; sie muß ihren Hund an dieses Hundepfeifchen gewöhnt haben; und sie muß an die Wirksamkeit des Hundepfeifchens glauben und hineinblasen. Wir magischen Kabbalisten und Kabbalistinnen sind unter den Esoterikern die mit den Hundepfeifchen.

Wir nähern uns nun dem Herzstück der magischen Kabbala und bemühen uns um eine verständliche Erklärung der zehn Sephiroth und ihrer vier Welten. Das ist, wie man oft mit dem eigenen Auge lesen oder dem eigenen Ohr hören muß, nicht so einfach. Schuld daran trägt weniger eine kabbalistische Kompliziertheit als der ganz allgemein in den unteren Hierarchien des »Esoterikbeamtentums« herrschende Satzbau und Wortschatz.

Es stimmt schon, ohne Fremdwörter kommt man nicht aus. Eine Sephira ist eben eine Sephira, ein Symbol ein Symbol, eine Manifestation eine Manifestation. Doch kann man sich trotzdem durchaus davor hüten, in eine Sprache für Fachidioten und Buchhalter abzugleiten. Nichts liegt uns ferner als ein Hochmut Buchhaltern gegenüber oder gegenüber anderen »Fachkräften«. Sie müssen sich wohl so ausdrükken, wie sie es tun, wenn sie sich beruflich untereinander verständlich machen wollen. Auch der Kabbalist braucht seine fachlichen Ausdrücke und Begriffe. Aber in einer Welt der verbalen Phantasielosigkeit lebt er deshalb nicht. Wir magischen Kabbalisten wollen uns vor der schrecklichen stereotypen Platitüdensprache mancher Esoteriker hüten. Die wollen die Wesen und Kräfte der unsichtbaren Welten nicht hören, nicht einmal auf den untersten Sprossen der Himmelsleiter. Da weinen auch die Musen, und nichts geht mehr. Aber keine Angst: Die wahren magischen Kabbalistinnen und Kabbalisten, die einmal den Fuß in die weitläufigen inneren Welten und den Kosmos gesetzt haben, werden ohnehin eines Tages gewahr werden, daß ihre Sprache im Laufe der magischen Zeit Farbe bekommen und Flügel angesetzt hat.

Das Aufladen der Sephiroth

Über dem Baum des Lebens, nimmt der Kabbalist an, befinden sich drei Ebenen, die er »Ain Soph Aur« nennt. (Abb. 15). Ain, die oberste Ebene, bedeutet »nichts«. Ain Soph, die mittlere Ebene, ist »grenzenlos«. Ain Soph Aur, auch Bezeichnung für die dritte Ebene, heißt »grenzenloses Licht«. Man nennt die drei Ebenen die drei Schleier der negativen Existenz. Aus ihnen und durch sie strömt unerkennbare Schöpferkraft in die oberste Sephira Kether. Die Maschinerie, die alle Vorgänge in den beiden Kosmen speist, kann arbeiten.

Weil immer neue Schöpferkraft in Kether einfließt, strömt ein Teil dieser Kraft weiter in der Form des zündenden Blitzes durch die anderen Sephiroth und erreicht schließlich Malkuth, unsere materielle Welt (siehe auch Abb. 2). Darüber haben wir schon im ersten Teil dieses Buches gesprochen. Auch haben wir dort die zehn Sephiroth im einzelnen vorgestellt, mit ihren vier Welten. Es lohnt sich, das in den beiden ersten Kapiteln nochmals nachzulesen, was man erfahrungsgemäß nicht gern tut. Ich jedenfalls habe des öfteren solche Ratschläge von Autoren nicht beachtet, mit dem Erfolg, daß ich das Neue nicht verstand und deshalb das Alte und das Neue noch einmal lesen mußte.

Da es sinnlos wäre, mit dem Studium des zweiten Teils dieses Buches anzufangen, ohne sich zu erinnern, was man damit machen soll, wollen wir komprimiert nochmals erklären, was wir nun beginnen: das Aufladen der Sephiroth mit den gehobenen Emotionen, den Intuitionen. Zunächst werden die Sephiroth – wenn man an sie denkt und sie verwendet – im Geiste mit den verschiedenen Attributen versehen, mit Gottesnamen, Namen der Sephiroth, Erzengeln, Engeln, den Planeten, dem magischen Bild, der Farbe und den

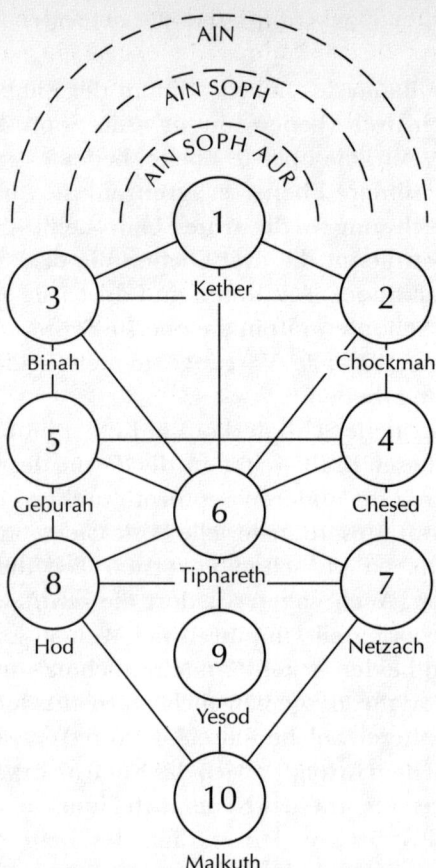

Abb. 15: Die drei Schleier der negativen Existenz
über dem Baum des Lebens

verschiedenen Symbolen (darunter am besten einem Leit-symbol). Das alles wird immer wieder gedacht, jedes Symbol, Wort, Bild usw. mit einem gewissen intuitiven Gefühlswert versehen. Allmählich verschwimmen die Begriffe, und nur die zusammengesetzte Emotion bleibt dominierend beste-hen, die jedesmal fast sofort präsent ist, wenn man die Sephira benutzt, an sie denkt, ihren Namen ausspricht, sie »zitiert«. Außerdem kann man natürlich nach wie vor – und das wird meistens geschehen – die vier Welten einer Sephira und ihre Details einzeln erreichen, indem man die in der gewünschten der vier Welten herrschenden Kräfte, Symbo-le, Engel usw. direkt anspricht oder »andenkt«.

Das Wort »Emotion« ist dann natürlich allmählich nicht mehr so, wie wir es hier in Malkuth verstehen oder dort in Yesod. Genau wie es hinter unserem physischen Körper noch andere, feinere, geistige, spirituelle Körper gibt, so gibt es hinter der offensichtlichen Emotion auch andere Emotionen. Die sind es, die dann schließlich mit dem ent-sprechenden Begriff der Sephira verschmelzen.

Und obwohl man immer so weitermachen könnte mit Er-klärungen von sicher großem Wert, treten wir jetzt direkt ein in die vier Welten der heiligen zehn Sephiroth und ihrer magisch-kabbalistischen Repräsentanten und Mächte.

Kapitel 10

Die fünf Aspekte der Sephiroth

Wenngleich der kabbalistische Baum des Lebens sowie jede einzelne Sephira aus vier Welten besteht, haben die Sephiroth fünf Aspekte. Die Lösung dieses nur scheinbaren Rätsels ist einfach. Denn wie wir wissen, läßt sich jede Sephira nicht nur in einer ihrer vier Welten ansprechen und erreichen, in Atziluth, Briah, Jetzirah und Assiah, sondern auch in ihrer gewaltigen, alle vier Welten umfassenden Gesamtheit (Abb. 16). Für die magische Arbeit mit einer der Sephiroth ist es jedoch in jedem Fall empfehlenswert, zuerst ihren Gottesnamen zu vibrieren und dann in die gewünschte der vier Welten hinabzusteigen. Und auch bei halbwegs größeren magischen oder meditativen Operationen sollte man, um dieses wichtige Prinzip zu wiederholen, mit dem Gottesnamen der obersten Sephira Kether beginnen, mit »Ehejeh«, und dann von Kether den Weg des zündenden Blitzes durch die Sephiroth bis zu der Sephira verfolgen, die das Ziel ist. Umgekehrt kann man natürlich von Malkuth den entgegengesetzten Weg des zündenden Blitzes zu der gewünschten Sephira aufsteigen, wenn man sich zu mikrokosmischen Meditationen und Erkenntnissen erheben will. Dem Fortgeschrittenen sind auch senkrechte Auf- und Abstiege oder »Direktflüge« möglich. Auch dann ist »Ehejeh« das erste Wort.

Neben den hebräischen Namen der Sephiroth hat sich eine Art Übersetzungen in die jeweilige moderne Sprache eingebürgert. Natürlich werden wir auch diese deutschen Bezeichnungen der Sephiroth anführen. Doch haben sie be-

Die Sephira in ihrer Gesamtheit:
a) durch den Namen der Sephira;
b) durch das magische Bild

Verschiedene Teilaspekte der Sephira: durch die Symbole und anderen Zuordnungen

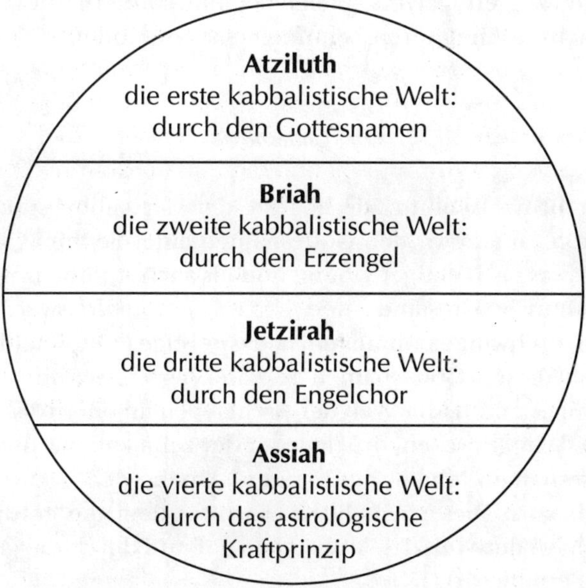

Atziluth
die erste kabbalistische Welt:
durch den Gottesnamen

Briah
die zweite kabbalistische Welt:
durch den Erzengel

Jetzirah
die dritte kabbalistische Welt:
durch den Engelchor

Assiah
die vierte kabbalistische Welt:
durch das astrologische Kraftprinzip

Abb. 16: So treten wir mit den Kräften und Mächten einer Sephira in Verbindung: entweder in der gesamten Sephira oder in einer ihrer vier kabbalistischen Welten

stenfalls zu Anfang etwas Zweck und werden dann schnell hinderlich, zum Teil sogar irreführend. Diese deutschen Namen sprechen meist einen zu engen Sektor der Sephira an, und den oft nur unscharf, wenn nicht unkorrekt. Ich empfehle deshalb der kabbalistischen Freundin und dem kabbalistischen Freund, gleich mit den hebräischen Bezeichnungen der Sephiroth zu arbeiten und sie im Lauf der Zeit mit all dem aufzuladen und aus ihnen all das zu beziehen, was sie enthalten können. Hier ist es wie beim Erlernen des Klavierspielens. Man fährt besser, wenn man nicht mit beiden Zeigefingern zu spielen beginnt, sondern sofort den zunächst mühsameren Zehnfingersatz anwendet.

Der Gottesname

Er steht für Atziluth, die höchste der vier kabbalistischen Welten. Indem wir den Gottesnamen einer Sephira vibrieren – was nach einiger Übung notfalls auch stumm möglich ist, wenn es Umstände und Umwelt empfehlenswert machen –, schwingen wir uns ein in das geistige Energiefeld der durch diesen Gottesnamen repräsentierten Sephira, und zwar in Atziluth, der Welt der Archetypen im überirdischen Sinn. Wie wir wissen, drückt jeder der zehn kabbalistischen Gottesnamen einen bestimmten Aspekt der göttlichen Macht aus. Dieser Aspekt ist es, unter dem die göttliche Macht in der Welt der Archetypen auf und durch die jeweilige Sephira wirkt.

Briah, die zweite kabbalistische Welt, die der Schöpfung, wird in jeder Sephira von einem anderen Erzengel organisiert und angeführt (siehe auch den Kasten auf Seite 49). Indem man ihn anruft, nicht nur verbal, sondern auch durch eine der anderen Annäherungsmöglichkeiten, tritt man in die Schwingungsebene von Briah ein, und zwar in die von dem angerufenen Erzengel vertretene Sephira. Jeder Erzengel hat sein bestimmtes Aussehen, seine Farbe oder Farbkombination, seine Symbole. Weil in der Welt von Briah die Kraft einer Sephira meist noch weitgehend kompakt ist und eine gezielte Richtung hat, eignen sich die Erzengel besonders für kabbalistische geistige Arbeiten. Nicht umsonst ist Briah auch eine Erkenntnisebene. Und nicht ohne Grund trägt der Baum des Lebens, wenn er farbig dargestellt wird, in seinen zehn Sephiroth die Farben der Welt von Briah.

Nicht allen mag der spirituelle Umgang mit Erzengeln liegen oder auch nur möglich sein. Diese können ohne Bedenken die Erzengel durch andere, den Erzengeln entsprechende Mächte aus ihrem Pantheon ersetzen. Noch einfacher ist es, statt sich die Erzengel figürlich vorzustellen, sie als mächtige Kraftsäulen, durch die Geist und Energie des Alls einströmen, zu visualisieren.

Wenn auch die Visualisationsathleten zur Verzweiflung der meisten ihrer Schülerinnen und Schüler immer wieder behaupten, daß imaginierte Erzengel gestochen scharf und naturalistisch sein müssen, sollte dies keinen entmutigen, der dies nicht nachvollziehen kann. Erzengel sind nämlich in der Vorstellung eigentlich eine Mischung aus konkreter Gestalt und beweglichen, eher gestaltlosen und in den Umrissen ständig wechselnden Erscheinungen. Manche haben etwas unerhört Wehendes, nichts Festes. Meist sind sie unfigürlicher in den drei oberen Sephiroth. Wie bei allen geistigen, ich meine spirituellen, Kräften ist es nicht selten besser, sie wahrzunehmen, statt sie zu sehen.

Die Engel

Im Gegensatz zu den Erzengeln sind sie, wie wir wissen, in Scharen oder Chören tätig. Unter der Führung ihres Erzengels arbeiten sie in Jetzirah, der Welt der Formen (siehe auch den Kasten auf Seite 55). Ihr Wirkungsfeld liegt unseren irdischen Sphären näher als die Welt der Erzengel oder gar die der Gottesnamen. Auch die Engel der zehn Scharen der Sephiroth haben jeweils ihr bestimmtes Aussehen, ihre bestimmten Aufgaben, ihre bestimmten Farben. Die Farben sind wieder genau festgelegt und uns meist aus der Vorstellungswelt des englischen Ordens »Golden Dawn« überkommen. Erfahrungsgemäß muß ich sagen, daß diese Farben zum Teil für mich nicht stimmen. Mir scheinen die Engel viel leuchtender zu sein, als die Palette der Engelsfarben beim »Golden Dawn« zeigt, aber vielleicht bin ich in dieser Hinsicht ein glücklicheres Naturell. Im übrigen ist der Kabbalist ja der Wahrheit verpflichtet, so muß er auch zugeben, daß es kaum einem möglich ist, die in den vier Welten unterschiedlichen Farben der zehn Sephiroth locker zu imaginieren: Das wären immerhin vierzig Farben, die zu unterscheiden manchem schon schwerfiele, wenn er sie konkret vor sich sähe. Wir begnügen uns deshalb mit den Farben der Erzengel und unseren eigenen Vorstellungen von den Farben der Engelchöre und wissen, daß wir gut damit bedient sind. Etwas Mögliches zu können ist besser, als Unmögliches zu wünschen.

Das Sehen und Hören der Engel erfolgt normalerweise nicht mit dem äußeren Auge und Ohr – dann wäre es eine Vision, und die nicht immer harmlosen Ursprungs –, sondern mit der inneren Vorstellungskraft, der schöpferischen Imagination. Mehr als andere Lichtwesen bemühen sich die Engel, uns Botschaften zu übermitteln. Dabei sprechen sie zu uns nicht in der Menschensprache, sondern in hohen, das heißt tiefen Bildern und Symbolen, die unser Unbewußtes auffängt und, wenn auch nicht ganz originalgetreu, als Worte und Erkenntnisse in uns hochkommen läßt.

Außer den Engelchören der zehn Sephiroth gibt es noch viele andere Engelscharen, ich nenne nur die erhabenen Wesen, die in der Natur wirken und die Elementargeister anleiten. Sie werden auch bei uns häufig wie im Fernen Osten »Devas« genannt, aber ihrer Art nach sind sie für uns Engel. Auch die Musen, in der griechischen Antike auf Einzelwesen komprimiert, sind Engelscharen. Wer in der richtigen Einstimmung eine Kunst ausübt, wer musiziert, malt, singt, tanzt, dichtet oder Kunst auf sich wirken läßt, und sei er noch so bescheiden, wird die Anwesenheit dieser Engel durch einen Zuwachs an Glücklichsein erkennen. Ganz allgemein trifft zu, daß Engel nur zu der oder dem kommen, die oder der oft an sie denkt.

Das astrologische Kraftprinzip

Dieses herrscht in Assiah, der vierten kabbalistischen, der materiellen Welt der Aktion. Normalerweise muß man statt »astrologisches Kraftprinzip« den Ausdruck »mundales Chakra« hören oder lesen, womit niemand etwas Rechtes anfangen kann und alle ziemlich unglücklich sind. Dankbar übernehmen wir deshalb das »astrologische Kraftprinzip«

von dem Schweizer Tarot-Esoteriker und Autor Hans-Dieter Leuenberger, der den Ausdruck treffend geprägt hat.

Jede (oder, je nachdem: fast jede) Sephira wird auf der Ebene von Assiah durch einen Planeten und dessen ganz bestimmte Eigenschaften symbolisiert. Doch sollte man sich nicht täuschen: Die Planeten der einzelnen Sephiroth stimmen mit den Planeten am Himmel nicht genau überein, denn der Planet Venus etwa, den wir am Nachthimmel sehen, ist eben ein konkreter Himmelskörper. Die Venus der Sephira Netzach dagegen ist ein spirituelles, ein kabbalistisches Prinzip.

Das magische Bild

Wir können jede Sephira in ihrer Gesamtheit, das heißt in all ihren vier Welten, erreichen, wenn wir ihr magisches Bild in uns hervorrufen. Dieses entspricht also in seiner Wirkung dem Vibrieren des Sephira-Namens, und für manche sind die Mächte dieser Sephira durch das magische Bild leichter als durch den abstrakten Namen zu erreichen. Man würde sich jedoch einer schönen Täuschung hingeben, wenn man glaubte, in die Sphäre einer beliebigen Sephira auffahren zu können, wenn man sich dieses magische Bild einfach vorstellt. Auch dieses Bild muß – wie der Name der Sephira, wie ein Erzengel, wie die Engelscharen, wie das astrologische Kraftprinzip – erst aufgeladen werden, und zwar in eigener geistiger Arbeit. Das ist wie in der Malerei: Der flüchtige Betrachter weiß, wenn er nicht gerade an Abstraktes gerät, was ein Bild darstellt. Der eingeweihte Kunstkenner weiß, was es bedeutet.

Jede der zehn Sephiroth hat mehrere, ja zahlreiche Symbole. Durch ein solches Symbol kann man mit der von ihm symbolisierten Sephira in Verbindung treten. Und das oft schneller und leichter als auf anderen Wegen. Aber man muß unbedingt beachten, daß das Symbol nicht für die gesamte Sephira steht, sondern nur für einen ganz besonderen sephirothischen Teilausschnitt, einen Aspekt, eine Facette.

Kether: Reines Sein

Aus dem Nichtmanifestierten, durch die drei Schleier der negativen Existenz, die über allem liegen, auch über dem Baum des Lebens, durch das grenzenlose Licht von Ain Soph Aur, dringt die göttliche Kraft und bildet oben auf der mittleren Säule im Baum des Lebens die Sephira Kether. Man hat ihr die deutsche Bezeichnung »Krone« gegeben. Das ist ein recht gutes Bild, das aufzeigt, daß Kether nicht das Haupt ist, sondern über dem Haupt, und nur den Scheitel berührt. Wer mit Chakren arbeitet – und das tut der magische Kabbalist ohnehin, weil die zehn Sephiroth im menschlichen Mikrokosmos sich nicht zufällig dort befinden, wo andere Systeme ihre Chakren ansiedeln –, wer also mit Chakren arbeitet, wird gleich bemerken, daß dieses Über-dem-Haupt-Sein dem Kronen-Chakra entspricht.

Kether ist oberster Sitz der Spiritualität. Das All gehört zu Kether. Hier in Kether ist die Silbe »Ur-« zu Hause. Hier verbergen sich die *Ur*sprünge, die *Ur*kräfte der vier Elemente, so wie sie der Okkultist versteht: das *Ur*feuer, die *Ur*luft, das *Ur*wasser, die *Ur*erde. In Kether ist Gott oder der Welt-

Deutsche Bezeichnung: Krone.

Lage im Baum: Gipfel der mittleren Säule, oberste Sephira im überirdischen Dreieck und im Baum des Lebens.

Position im menschlichen Mikrokosmos: über dem Scheitel.

Gottesname der ersten kabbalistischen Welt von Atziluth: »Ehejeh – Ich bin«.

Erzengel der zweiten kabbalistischen Welt von Briah: Metatron, »Der Fürst des Umfassenden«.

Engelchöre der dritten kabbalistischen Welt von Jetzirah: Chajoth ha Qodesch, die »Vier lebenden Geschöpfe«.

Erzengelfarbe: heller Glanz.

Engelfarbe: hell diffus.

Astrologisches Kraftprinzip der vierten kabbalistischen Welt von Assiah: Primum mobile, »erste Bewegung« (bzw. Neptun).

Magisches Bild: ein sehr alter, weißbärtiger gekrönter König, der nur im Profil zu sehen ist.

Symbole: der Punkt, die Krone, die sich drehende Swastika, der Funke.

Edelstein: der Diamant.

Duft: Ambra.

Kether: Reines Sein

geist noch ganz nahe, gibt es noch keine herkömmliche Polarität. Wo immer wir einem Zustand puren Seins begegnen, das inaktiv, ungeteilt und ohne Form ist, haben wir Kether berührt. Weil jede Sephira alle Energien und Zustände der ihr folgenden Sephiroth enthält, birgt Kether den gesamten Baum des Lebens.

Bei Kether müssen wir uns wieder mit einer der wichtigsten Fragen aus der Praxis beschäftigen, nämlich der, ob man seine kabbalistischen Werke unten oder oben beginnen soll, das heißt in Malkuth oder in Kether. Daß es auf jeden Fall ratsam ist, eine Zeremonie, und sei sie auch nur klein, mit dem Vibrieren des Gottesnamens von Kether zu beginnen, haben wir ja schon erfahren. In dieser Beziehung werden wir wenig Widerspruch ernten.

Aber schon unsere nächste Behauptung, daß von der Art der kabbalistischen Operation abhängt, ob man oben oder unten beginnt, wird von einschlägigen Autorinnen und Autoren nicht immer geteilt. Von ihnen erfahren wir vielleicht, daß es für Nichteingeweihte – und das sind in ihren Augen fast alle anderen – schon eine geistige hochalpine Leistung sei, sich von Malkuth, der zehnten Sephira, zur neunten Sephira Yesod hochzuziehen und von dort aus nach langer Zeit ächzend zur nächsten Sephira und wieder ächzend zur übernächsten usw. Nur wer die unteren Gipfel bezwungen habe, könne hoffen, eines Tages auf dem nächsthöheren zu stehen. Die drei obersten Sephiroth, die des überirdischen Dreiecks, der Welt von Atziluth, also Binah, Chockmah und gar Kether, seien ohnehin kaum zu erreichen.

Nicht nur, weil ich der kabbalistischen Freundin und dem kabbalistischen Freund kein Buch servieren will, in dem vor allem steht, was sie mit der magischen Kabbala *nicht* tun können, möchte ich hierzu eine andere und ermutigende

Ansicht äußern. Obwohl wir uns bei unseren Studien die Sephiroth immer wieder einzeln vornehmen und dann in einer Art vertiefter Emotion mit dem Erfahrenen aufladen, auch mit dem, was wir aus einer Meditation oder anderen kabbalistischen Operation herübergebracht haben, sind wir uns bei allen magisch-kabbalistischen Werken immer der Gesamtheit vom Baum des Lebens bewußt. Es ist besser, sich nicht ein Jahr lang mit derselben Sephira zu beschäftigen und dann im nächsten Jahr nur mit einer anderen. Aus welcher Sephira wir Kräfte beziehen oder in welche wir hineingehen wollen, hängt ja ohnehin von den oft rasch wechselnden Konstellationen der spirituellen und auch physischen Umwelt ab.

Wir arbeiten also mit den Sephiroth im Baum des Lebens, wenn wir es etwas mit dem Zeitraffer betrachten, nicht sukzessive, sondern vielmehr parallel. Damit erreichen wir, daß wir sehr bald nicht nur in einigen wenigen Sephiroth geistig-kabbalistisch zu Hause sind, sondern im ganzen Baum des Lebens.

Wir lassen auch die Sephiroth des überirdischen Dreiecks, der Welt der Archetypen, nicht beiseite, weil wir zu ihnen angeblich nicht vordringen können. Das können wir sehr wohl. Vielleicht zunächst oder auch sehr lange Zeit nicht zu ihren sublimsten und erhabensten Aspekten – von Erscheinungen kann man ja hier in Kether kaum sprechen. Aber durch unsere Methode, Wissen, Erfahrungen und Wahrnehmungen aus dem Verstand zurückzunehmen und sie zu einer gehobenen Emotion zu verdichten und zu verschleiern, die das Wesen einer Sephira erfaßt, werden wir auch das Wesen von Kether erahnen. Von dieser gehobenen Emotion führt früher oder später der Weg auf Wunsch auch wieder zurück in die Details.

Der Gottesname von Kether ist, wie wir schon wissen, »Ehejeh – Ich bin«. Ein »Ich bin« göttlichen Ursprungs bedeutet
auf dieser hohen Stufe, daß es alles enthält. Aus diesem Alles
des »Ich bin« bezieht der Baum des Lebens die unendliche
Vielfalt seiner zehn Sephiroth und ihrer vier Welten.

Der Erzengel

Der Erzengel von Kether, Metatron, »Der Fürst des Umfassenden«, ist dem christlichen Laien weniger bekannt als
andere Erzengel wie Michael, Raffael oder Gabriel. Das wird
auch damit zusammenhängen, daß er im Baum des Lebens
ganz oben und damit zwangsläufig am entferntesten in der
Hierarchie angesiedelt ist.
Der Name »Metatron« kommt, wenn man die mir glaubwür-
dige Ableitung nimmt, aus dem Griechischen und bedeutet
»nahe dem Thron«, womit natürlich der Thron Gottes
gemeint ist. Das leuchtet ein. Metatron herrscht im höchsten Auftrag über Briah, die zweite kabbalistische Welt, die
der Schöpfung, von Kether. In der Überlieferung wird Metatron mit Henoch, auch Enoch, gleichgesetzt, Noahs Ur-
großvater, der 365 Jahre alt wurde. »Nachdem er ein göttlich
Leben geführt, nahm ihn Gott hinweg, und er ward nicht
mehr gesehen.« Das würde bedeuten, daß Henoch alias
Metatron sich in Atziluth der Sephira Kether Gott so weit
genähert hat, daß dieser ihn nach seinen eigenen Gesetzen
bei sich behielt.
In ihrem schon zitierten Buch *Die mystische Kabbala* erklärt
Dion Fortune, was den Menschen, die visionär in Atziluth
von Kether eintreten, geschieht:

»Wenn wir den Bewußtseinszustand dessen, was formlos und inaktiv ist, in uns erzeugen, müssen wir uns logischerweise auch selbst von Form und Aktivität frei machen. Gelingt uns das, zerfällt alles, was durch den Seinszustand Form zusammengehalten wird, in seine Einzelteile und kehrt zu dem Element zurück, dem es entstammt. Wenn es auf diese Weise in seine Bestandteile zerfallen ist, kann der Prozeß durch das zurückkehrende Bewußtsein nicht wieder ungeschehen gemacht werden. Wenn wir also die Vision Kethers in Atziluth anstreben, müssen wir darauf vorbereitet sein, in das Licht einzutreten und nicht wieder zurückzukehren.«

Das soll keine Warnung sein. Wer auf seinem kabbalistischen Weg bis zur Vision Kethers in Atziluth gelangt, für den wird ein Zurückkehren die geringste Sorge sein.

Sich Metatron, den Erzengel der Sephira Kether, in Gestalt vorzustellen dürfte schwer möglich sein. Trotzdem wollen wir uns nicht von den Theorien derer in unserer magisch-kabbalistischen Arbeit einengen lassen, die uns durch die Behauptung entmutigen, nur Meister und ähnlich Begnadete könnten spirituell zu Metatron vordringen. Wir wissen es besser und beginnen beharrlich damit, den Erzengel Metatron respektvoll als mächtige, alle Kraft des Alls bergende Säule in höchster farbloser Brillanz wahrzunehmen, oder – für viele besser noch – als große brillierende Sphäre.

Die Engel

Die Engel der dritten Ebene von Kether, Jetzirah, sind die Chajoth ha Quodesch, die »Vier lebenden Geschöpfe«. Also keine riesigen Chöre oder Scharen wie bei den anderen neun Sephiroth – die Vielzahl würde dem Wesen der Sephira Kether widersprechen. Die »Vier lebenden Geschöpfe« sind die Ursprünge der vier in Kether auf der Engelsebene von Jetzirah vorhandenen Elemente.

So nehmen sie in unserer Vorstellung zum Teil die Gestalten der Geschöpfe an, die diese vier Elemente symbolisieren. Doch da sie Engel sind, sind sie auch geflügelt: Der geflügelte Löwe von Kether symbolisiert das Urelement Feuer, der Adlerengel das Urelement Wasser, der Engel das Urelement Luft und der Engelsstier das Urelement Erde.

Natürlich sind die »Vier lebenden Geschöpfe« von Kether nicht direkt ein Löwe, ein Adler, ein Engel oder ein Stier im herkömmlichen Sinne. Sie sind engelhafte Lichtwesen, eben Engel einer unsagbar hohen Kategorie mit symbolischen Eigenschaften der vier Geschöpfe, die sie mehr darstellen als verkörpern. Diese Eigenschaften schimmern durch sie hindurch, ohne daß man sie in dieser angenommenen Gestalt wirklich sieht. Man ahnt sie nur, und vielleicht nimmt man sie, ohne sie direkt zu sehen, doch ein wenig wahr. Das klingt sicher nicht gerade präzise, aber anders lassen sich diese vier hohen Vertreter der Engelshierarchie kaum schildern, dafür sind wir in Kether.

Wer sich die Chajoth ha Quodesch trotzdem genauer vorstellen möchte, visualisiert sie wie die mittelalterlichen Kabbalisten der Provence als vier Feuer, als ein weißes, ein rotes, ein gelbes und ein schwarzes.

Das astrologische Kraftprinzip

Das astrologische Kraftprinzip der vierten kabbalistischen Ebene von Kether, Assiah, ist Primum mobile, zu deutsch »erste Bewegung«. Man denkt dabei an langsam zu kreisen beginnende hochpotente Nebel am nächtlichen Himmel, Sternenstaub, aus dem sich neue Himmelskörper formen werden. Seit Mitte des 19. Jahrhunderts, als der Planet Neptun entdeckt wurde (1846), verwendet ein Teil der Kabbalisten diesen Stern als astrologisches Kraftprinzip von Kether. Das kann man durchaus tun. Ich ziehe allerdings, schon wegen seines Symbolwerts, Primum mobile als astrologisches Kraftprinzip für Kether vor.

Das magische Bild

Das magische Bild von Kether ist ein sehr alter, weißbärtiger König, der eine Krone trägt. Er ist, wie es heißt, der »Älteste der Tage« oder der »Älteste der Alten«. Der König ist nur im Profil zu sehen, seine andere Gesichtshälfte bleibt uns abgewandt, uns unsichtbar: Es ist der Teil, der vielleicht schon etwas oberhalb des Baums des Lebens, und damit jenseits unserer Erreichbarkeit, den Schleiern der negativen Existenz von Ain Soph Aur, dem Numinosen, Gott zugewandt ist.

Die Symbole

Die Symbole von Kether sind der Punkt, die Krone, die sich schnell drehende brillierende Swastika, der Funke, der Diamant und der Duft von Ambra.

Chockmah:
Der Motor des Universums

Dem Weg des zündenden Blitzes folgend, oder der Spirale, läßt die aus Kether ausströmende Kraft die zweite Sephira entstehen, Chockmah, die oberste Sephira auf der rechten männlichen Säule im Baum des Lebens. Chockmah ist die männliche Kraft des Universums, das heißt der Motor des Universums, reine Energie. Wann immer wir auf reine, gerichtete Kraft stoßen, auf das Wirken purer Energie, wird Chockmah der antreibende Motor sein. Nicht nur etwas, das da weit oben jenseits unseres Vorstellungsvermögens liegt: Wem es gelingt, die Kräfte Chockmahs anzuzapfen, dem muß um nichts, was er plant – sofern es mit dem Plan der Schöpfung harmoniert –, bange sein.

Alles, was stimuliert, gehört zu Chockmah und natürlich auch zu anderen Sephiroth. An diese Verzweigungen müssen wir uns gewöhnen. Der deutsche Name für Chockmah ist »Weisheit«. Damit verbindet sich nicht nur die Vorstellung von göttlicher Weisheit, sondern auch von angesammeltem Wissen, von einer endlosen Reihe von Bildern im Gedächtnis und im tieferen Reservoir. Im menschlichen Mikrokosmos befindet sich Chockmah an der linken Schläfe.

In einem seiner französischen Vorträge hat der Maître Mikhaël Aïvanhov das Machtreservoir der Sephira Chockmah erhellt:

»Dort befinden sich die Zahlen und die Buchstaben des heiligen Alphabets, mit dem man Worte bilden kann, Sätze, Gedichte, göttliche Magie betreiben, die Theurgie … In Chockmah ist der Mensch allmächtig, weil er jede Zahl kennt, jeden Buchstaben, jeden Ton, genauso

Deutsche Bezeichnung: Weisheit.

Lage im Baum: Gipfel der rechten männlichen Säule, zweite Sephira im überirdischen Dreieck und im Baum des Lebens.

Position im menschlichen Mikrokosmos: linke Schläfe.

Gottesname der ersten kabbalistischen Welt von Atziluth: »Yod Heh Vau Heh – Der, der ist«.

Erzengel der zweiten kabbalistischen Welt von Briah: Raziel, »Einer, der von Gott ausgesandt ist«.

Engelchöre der dritten kabbalistischen Welt von Jetzirah: Ophanim, »die Räder«.

Erzengelfarbe: Hellgrau.

Engelfarbe: Hellgrau irisierend.

Astrologisches Kraftprinzip der vierten kabbalistischen Welt von Assiah: das Tierkreiszeichen (bzw. Uranus).

Magisches Bild: ein reifer, bärtiger Mann.

Symbole: der Phallus, der hochragende Stein, der Turm, der aufgerichtete magische Stab.

Edelstein: Sternrubin, Türkis.

Duft: Moschus.

Pflanze: die Blume Amarant.

Chockmah: Der Motor des Universums

wie ihre Beziehungen, die Affinitäten, die Entsprechungen, die sie untereinander haben. Die Sephira, die den Menschen allwissend und allmächtig macht, ist Chockmah, denn durch sie begreift er, daß jeder Buchstabe, jede Zahl eine kosmische Kraft ist, mit der er handeln kann.«

Eine der Bezeichnungen für Chockmah heißt »Der höchste Vater«. Sicher nicht nur, weil Chockmah den höchsten Platz auf der männlichen Säule im Baum des Lebens einnimmt. Chockmah ist eine Art Urvater, dessen Dynamik und Energie alles antreibt, was durch andere Väter und auch Mütter Geist, Idee und eventuell Form gewinnt. Ein zweiter, sehr schöner Name von Chockmah lautet »Das innere Gewand der Verklärung«. Gemeint ist damit wohl das innere Licht, das in allen Menschen brennt. Höchstwahrscheinlich ist es zumindest ein Widerschein des göttlichen Funkens. Sich ihm anzunähern ist Sehnsucht und Aufgabe der magischen Kabbalistin und des Kabbalisten.

Der Gottesname

Der Gottesname von Chockmah lautet »Yod Heh Vau Heh«. In deutscher Entsprechung bedeutet das »Der, der ist«. Während also das »Ehejeh« von Kether, das »Ich bin«, der allumfassende Name ist, den sich Gott gibt, ist das »Yod Heh Vau Heh – Der, der ist« von Chockmah eine Bezeichnung, die das menschliche Geschöpf seinem Schöpfer verleiht. Hier tun sich, vor allem auch beim magischen Gebrauch der Gottesnamen, Unterschiede auf, über die zu meditieren sich lohnt.

Der Erzengel

Der Erzengel von Chockmah ist Raziel, »Einer, der von Gott ausgesandt ist«, »Das Geheimnis Gottes« oder »Das Wappen Gottes«. Das Bild des Herolds, eines von Gott Ausgesandten, paßt gut zum Obersten der Hierarchien, die mit der vom Schöpfer gesandten gerichteten Energie der Sephira Chockmah befaßt sind. Und auch »Das Geheimnis Gottes« stimmt mit dem überein, was Mikhaël Aïvanhov über Chockmah sagt. Raziel ist der Engelsfürst der verborgenen Regionen und der höchsten Mysterien. Bis er sich uns enthüllt, müssen wir vielleicht viele Leben leben. Doch sollte man nicht glauben, es bliebe ohne Wirkung, in unseren Zeremonien den Erzengel Raziel anzurufen und dabei zu hoffen, vom Strahl seiner Geheimnisse berührt zu werden.

Wir stellen uns Raziel als eher hellgraue, mächtige Gestalt vor, die mit einem langen Keil oder Stab nach Binah oder auch auf uns weist. Doch können wir Raziel genauso wie Metatron auch unfigürlich als gewaltige, aus dem Himmel ragende Säule imaginieren – Raziel als graue Säule, durch die wir ungeheure Energien und Geist herabströmen fühlen.

Die Engel

Die Engel von Chockmah sind die Ophanim, »Die Räder«. Auch hier drückt sich schon im Namen die in eine Richtung zielende Kraft von Chockmah aus, die in der dritten kabbalistischen Welt wirkt, in Jetzirah, der Welt der Formen.

Obwohl wir uns in diesem Buch immer wieder bemühen, die vier kabbalistischen Welten möglichst auseinanderzuhalten, Unterschiede und Grenzlinien aufzuzeigen, kann das natürlich nicht wie in einem mathematischen Lehrbuch gelingen, denn im Gegensatz zur exakten Mathematik gibt es in der Kabbala Niemands- und Allesländer, Übergänge. So kann ich nur stets von neuem tröstend sagen, daß viel Erkenntnis durch praktische magisch-kabbalistische Bemühungen, Übungen, Zeremonielle, Meditationen uns zuwächst. Und ich freue mich schon auf den Tag, an dem die kabbalistische Freundin und der kabbalistische Freund mir recht geben.

Man kann sich die Ophanim als perlgrau irisierende, blitzschnell in gerade Linie hinschießende Himmelsräder vorstellen, die eine Aura von Flügeln und Engelgesichtern umgibt. Vielleicht glauben wir dabei die an- und abschwellenden Zischgeräusche wie von den Rädern eines vorübersausenden Expreßzuges zu hören.

Das astrologische Kraftprinzip

Das astrologische Kraftprinzip, das die Kräfte der Sephira Chockmah auf der vierten kabbalistischen Ebene von Assiah wirksam macht, ist der Zodiak, der Tierkreis. Hier wiederholt sich das Bild von den Rädern, das wir schon bei den Engelchören der Ophanim hatten. Auch der Tierkreis ist ein Rad, das sich einmal täglich um unsere Erde dreht, zumindest aus unserer Sicht. Zugleich ist er ein Schicksalsrad, dessen Positionen die Geschicke der Menschen nach der Überzeugung der Astrologie mitbestimmen. Als »Rad des Schicksals« ist er beim Tarot die Karte X der großen Arkana.

Überhaupt sind, um das einmal zu streifen, die Bezüge zwischen der Kabbala bzw. dem Baum des Lebens und dem Tarot eng und fast ohne Zahl. Doch ist es nicht unsere

Absicht, den vielen Autoren von Tarotbüchern Konkurrenz zu machen. Außerdem sollte man nicht den Weg von der magischen Kabbala zum Tarot gehen, sondern den Tarot als Vorstufe oder Ergänzung der magischen Kabbala verwenden. Das mag für viele zumindest anfangs die Freude an der spirituellen Arbeit stärken, denn allein durch seinen Aufwand mit den Bilderkarten und Legesystemen ist der Tarot rein äußerlich spektakulärer. Das ändert sich allerdings, sobald der Baum des Lebens zu leben beginnt. Wir wollen den Tarot auch nicht abwerten, wenn wir sagen, daß er eine ziemlich astrale Angelegenheit ist. Wer allerdings einmal etwas tiefer in die geistigen Bereiche der Kabbala vorgestoßen ist, wird sich über die unterschiedlichen Spannweiten der beiden Systeme nicht mehr täuschen können.

Wie bei Kether haben auch bei Chockmah viele Kabbalisten das uralte astrologische Kraftprinzip durch ein neueres ersetzt. Sie verwenden statt des Zodiak den 1781 von F. W. Herschel entdeckten Planeten Uranus. Auch hier ziehe ich das alte astrologische Kraftprinzip vor, weil ich mir vorstelle, daß es in Jahrtausenden erheblich stärker aufgeladen wurde als der erst zweihundert Jahre bekannte – oder zumindest nach langer Zeit wiederentdeckte – Uranus.

Das magische Bild

Das magische Bild, mit dem man die Sephira Chockmah erreichen könnte, ist ein reifer, bärtiger Mann, das Urbild des Vaters. Er ist »Der höchste Vater«, von dem wir bereits gesprochen haben.

Die Symbole von Chockmah sind fast alle, zumindest äußerlich betrachtet, phallischer Natur. Aber das ist nicht zu wörtlich zu nehmen und bedeutet im Grunde nur die ungeheure Schöpferkraft dieser Sephira. So haben wir als Symbole von Chockmah den Lingam oder Phallus, den hochragenden Stein, den Turm, den aufgerichteten magischen Stab. Der Geruch von Moschus gehört zu Chockmah, die Blume Amarant (bei uns am bekanntesten als »Fuchsschwanz«) als Symbol der Unsterblichkeit, der Türkis und der kostbare Sternrubin.

Binah: Die Urmutter der Formen

Die aus Chockmah hervorbrechende ungeheure Kraft trifft auf der gegenüberliegenden Seite im Baum des Lebens auf die dritte Sephira Binah. Wie Chockmah die oberste Sephira der männlichen, belebenden Säule ist, so liegt Binah oben an der formgebenden, weiblichen Säule. Wie Chockmah »Der höchste Vater«, ist Binah »Die höchste Mutter«. Wie Chockmah erste gerichtete Urenergie ist, ist Binah die Form der Formen.

Aber diese Urmutter der Form hat ein doppeltes Gesicht. Als »Ama«, die große, dunkle Mutter, nimmt sie die bewegte Kraft Chockmahs in sich auf und bringt sie durch ihre starre Form zum Stillstand, zum Tod. Als »Aima«, die helle Mutter, empfängt sie die Energie Chockmahs in ihrem Schoß und bildet daraus geformtes Leben. Trotzdem ist Binah auch unter dem zweiten Aspekt eine Sephira des Todes. Denn es gäbe keinen Tod ohne die Geburt. Alle Formen müssen früher oder später sterben. Nur ihr Geist oder ihre Energie oder beides bleiben. So sind die Bezeichnungen »helle Mutter« und »dunkle Mutter« nur zwei Namen für zwei Hälften desselben Gesichts von Binah.

Die deutsche Bezeichnung für Binah heißt »Intelligenz« im Sinne von Verstehen. Das bedeutet, in Binah erfahren wir den Ursinn der Geschehnisse und Dinge, wir erfassen ihre Zusammenhänge, Ideen, Bedeutungen, Beziehungen und damit ihr tiefstes Wesen. Hier wird uns die Geistesform der Phänomene klar.

Wer sich zu Binah erheben kann, der erfaßt die geistige Substanz der Dinge, versteht sie, ist sich klar über den Verlauf ihrer Schöpfung und ihrer Übergänge in die materielle Form – je nachdem, welche der vier Welten von Binah er betritt. Wer die Kräfte von Binah für sich zu wecken versteht, ist Herrin oder Herr der Form auf allen Ebenen.

Binah wird »Das äußere Gewand der Verheimlichung« genannt. Dieses »äußere Gewand der Verheimlichung« ist die Materie, hinter und unter der sich »Das innere Gewand der Verklärung«, die lebenspendende Energie von Chockmah, verbirgt. Im Körper des Menschen ist der Geist verborgen, der ihn beseelt. Der mikrokosmische Ort Binahs im Menschen ist die rechte Schläfe.

In Binah sitzen die vierundzwanzig weisen Greise, die »Herren des Karmas« genannt werden. Sie wägen die Menschen und ihre Gedanken, Worte und Taten mit unverfälschlichen Maßen. Vor ihre Richterstühle tritt der Geist des Verstorbenen durch die enge Pforte, die so schmal ist, daß er nichts mitnehmen kann, nicht einmal seine astralen Kleider. So fällen die vierundzwanzig Ältesten ihr Urteil nicht über das, was er hat, sondern nur über das, was er ist.

Nicht nur weil Binah auch eine Sephira des Todes ist, der eine wahre Kabbalistin und einen wahren Kabbalisten nicht

Deutsche Bezeichnung: Intelligenz.

Lage im Baum: Gipfel der linken, weiblichen Säule, dritte Sephira im überirdischen Dreieck und im Baum des Lebens.

Position im menschlichen Mikrokosmos: rechte Schläfe.

Gottesname der ersten kabbalistischen Welt von Atziluth: »Yod Heh Vau Heh Elohim – Gott als weiblich-männliche Gottheit«.

Erzengel der zweiten kabbalistischen Welt von Briah: Zaphkiel, »Das Auge Gottes«.

Engelchöre der dritten kabbalistischen Welt von Jetzirah: Aralim, »Die Throne.«

Erzengelfarbe: Schwarz.

Engelfarbe: Braungold.

Astrologisches Kraftprinzip der vierten kabbalistischen Welt von Assiah: Saturn.

Magisches Bild: eine reife Frau.

Symbole: der Kelch, die Höhle, der Schoß, die Schale, der Sitz, das Grab, das Salzmeer.

Metall: Blei.

Edelstein: der »Edelstein des Meeres«, die Perle.

Duft: Lilienduft.

Pflanze: Lilie, Schlafmohn.

Binah: Die Urmutter der Formen

schrecken sollte – was sich natürlich leicht sagt, wenn man lebendig ist und gesund –, nicht nur wegen dieses Todesaspektes also, sondern auch wegen der vierundzwanzig unerbittlichen Herren des Karmas hat die Sephira Binah einen eher düsteren Ruf. Jede Sephira besitzt Aspekte, die wir von unserer Sicht aus als gnadenlos bezeichnen. Wir tun gut daran, uns die Sephiroth in jenen Aspekten gewogen zu machen, die wir als wohlwollend empfinden. So kann man Kraft und Zuversicht aus der höheren Geborgenheit schöpfen, wenn man sich zur dritten Sephira Binah erhebt und sich dort im Inneren des Kreises der Mütter wahrnimmt, der von der Urmutter Binah über Maria, die Mutter Jesu, die Kräfte der mütterlichen Seiten der Natur bis zu unserer eigenen Mutter reicht.

Der Gottesname

Der Gottesname von Binah lautet »Yod Heh Vau Heh Elohim«. Den ersten Teil des Namens, Yod Heh Vau Heh, das sogenannte Tetragrammaton, weil es aus vier hebräischen Buchstabenbezeichnungen besteht, haben wir schon als Gottesnamen der Sephira Chockmah erkannt. Elohim ist, wie wir in den Büchern Sprachkundiger lesen, eine Zusammenziehung aus dem Wort »Eloah« (= »Göttin«) und der männlichen Pluralendung -»im«. Daß die Urmutter Binah eine weibliche Form in ihrem Gottesnamen birgt, ist verständlich, und die männliche Mehrzahlendung wurde in alten Zeiten angewandt, um die Majestät Gottes auszudrücken. In der Verbindung von beiden deuten sich androgyne Eigenschaften an. Eine gute Übersetzung des Gottesnamens Yod Heh Vau Heh Elohim lautet deshalb »Gott als weiblich-männliche Gottheit«.

Der Erzengel von Binah ist Zaphkiel. Als echtes Mitglied der höchsten Hierarchie ist er nicht nur der eigentliche Herr des Karmas, dem die vierundzwanzig Ältesten unterstehen, sondern auch der Hüter der gesamten kosmischen Akasha-Chronik: Was im Universum geschehen ist oder geschehen wird, weil es geschehen mußte oder geschehen muß, hält Zaphkiel in seinen Archiven und Vorschauen für das Auge Gottes für alle Zeiten bereit. Er ist »Das Auge Gottes« und zugleich »Der Betrachter Gottes«. Wenn wir Zaphkiels Intelligenz erreichen, können wir mit ihr unser Schicksal mit den Augen der Wahrheit sehen und so auf unser Karma Einfluß nehmen.

Die Farbe von Zaphkiel ist Schwarz, das ist nun einmal die wirkliche Farbe eines »Gewandes der Verheimlichung«, und so stellen wir uns Zaphkiel als Ahnung einer riesigen Gestalt in einem langen schwarzen Flügelgewand vor. Auch hier kann man den Erzengel in der Vorstellung wieder durch eine Riesensäule oder Sphäre wahrnehmen, natürlich in Schwarz, welche die Archetypen aller Formen birgt. Um die manchen unheimliche Farbe Schwarz zu vermeiden, wird öfter vorgeschlagen, sie durch ein ganz dunkles Blau zu ersetzen. Wahrscheinlich hat es wenig Zweck, etwas zu ignorieren, weil man es nicht mag.

Die Engel

Die Engel sind die Aralim, »Die Throne« oder auch »Die Mächtigen«. Sie ermöglichen es uns, die Bilder festzuhalten, die von den Engeln der Sephira Chockmah, den Ophanim, unentwegt auf die dritte Ebene von Binah gebracht werden.

Sie sind mächtig, weil es ihre Aufgabe ist, die archetypischen Bilder und alle vergangenen, gegenwärtigen und zukünftigen Abläufe in der subtilen Substanz des Uräthers für fast alle Zeiten zu bewahren.

Als Throne sind sie Einrichtungen der höchsten Kategorie. Sie nehmen weiblich-bergend auf, was über Kether durch Chockmah an göttlich-männlicher Kraft zu ihnen kommt und sich in ihnen niederläßt. Die Farbe der Aralim wird, wenn überhaupt, meist mit Dunkelbraun angegeben. Für mich sind sie Engelsgestalten von einem warmen mittleren Braungold, die neben oder hinter mit hohen Rückenlehnen versehenen Ebenholzthronen stehen können, in denen sich ihr Goldglanz spiegelt. Meist aber umgeben sie uns.

Das astrologische Kraftprinzip

Das astrologische Kraftprinzip von Binah ist Saturn, der Samstag-Planet. Er steht vielfach für das Prinzip der mangelnden Beweglichkeit, des Erstarrens, also des Todes. Zu starker Saturn-Einfluß, glauben vor allem die Astrologen, ist der große Bleifuß auf den Tanzbällen des Lebens. Es ist der Schatten Binahs in ihrem Aspekt als Ama, die dunkle Mutter, der hier auf die Menschen fällt. Sie vergessen häufig in ihrer einseitigen Sichtweise, daß eine formgebende, im guten Sinne bremsende Kraft notwendig ist, damit die von Chockmah hereinbrechenden, oft chaotischen Energien in die Bahnen und eben in die Formen kommen, in die sie gehören.

Das magische Bild von Binah ist die reife Frau. Es handelt sich um die nicht mehr junge Mutter – sie stellt den Gegenpol dar zum reifen Vater Chockmahs. Es ist die magisches Bild gewordene »Mutter des Kosmos«, die »höchste Mutter«.

Die Symbole

Die Symbole Binahs sind weiblicher, das heißt aufnehmender und bergender Natur: der Kelch, die Höhle, der Schoß, die Schale, das Grab und auch das Salzmeer. Zum Meer von Binah, zu Mara, gehört die große weibliche Gestalt, deren Name von Mara abgeleitet ist: Maria, die Mutter von Jesus. Über sie schreibt Gareth Knight:

> »Jene, die zur gleichen Zeit die ungeheuren und wunderbaren Erfahrungen der esoterischen Erkenntnis kannte und die einer gewöhnlichen Frau und die genügend innere Weisheit besaß, um all diese Dinge für sich zu behalten. Sie war eine junge jüdische Frau, die sich niemandem anvertraute, die sich mit ihrem eigenen Heim beschäftigte, manchmal ihre Verwandten und Freunde traf, die mit einer ungeheuren Kenntnis die Mission ihres Sohnes unterstützte, weil sie wußte, daß diese das Schicksal der Welt sein würde, und weil sie ohne Zweifel mindestens einen Teil des Schicksals der anderen Welten kannte.«

Zu Binah gehört das Blei, das Metall des Saturn; die Perle, der »Edelstein des Meeres«; die Lilie und ihr Duft, die Feige, der Granatapfel und der Schlafmohn, *Papaver somniferum*, aus dem man das Opium gewinnt.

Chesed: Das Lächeln des Weltgeistes

Die aus Binah emanierenden Kräfte erreichen mit der vierten Sephira Chesed eine neue Welt und ein anderes Dreieck im Baum des Lebens. Kether, Chockmah und Binah, das waren die drei Sephiroth von Atziluth, der Welt der Archetypen, des überirdischen oder auch mystischen Dreiecks. Dort herrschten die göttlichen Kräfte, welche die Möglichkeiten des Seins, des Lebens darstellten. In Chesed werden diese Möglichkeiten zum Beginn des später einmal Greifbaren. Hier fängt die Schöpfung an, konkret zu werden, deshalb heißt ja auch die Welt von Briah – die Welt der drei Sephiroth Chesed, Geburah und Tiphareth, das ethische Dreieck – »die Welt der Kreation«.

Zwischen Atziluth und Briah, zwischen dem archetypischen und dem ethischen Dreieck, liegt nach Überzeugung vieler Kabbalisten der sogenannte Abyssos, der »Abgrund«, der allerdings für einen Abgrund in schwindelnder Höhe angesiedelt ist. Der Abyssos symbolisiert einerseits den großen graduellen Abstand zwischen den beiden oberen kabbalistischen Welten. Andererseits dient er denen als Argument, die sich und anderen erklären, daß die Welt der Überirdischen von Atziluth und damit die drei höchsten Sephiroth selbst zumindest für die anderen kaum erreichbar seien.

Tatsächlich geht der angenommene Abyssos durch die ebenfalls von vielen angenommene elfte Sephira Daath. Wir haben in ihr schon früher eher eine hochgradige andere Sphäre vermutet, denn wenn Daath wirklich eine Sephira wäre, hätte man kaum seit jeher von den zehn Sephiroth im

Deutsche Bezeichnung: Großmut.

Lage im Baum: Mitte der rechten männlichen Säule, erste Sephira des ethischen Dreiecks und vierte Sephira im Baum des Lebens.

Position im menschlichen Mikrokosmos: linker Arm.

Gottesname der ersten kabbalistischen Welt von Atziluth: »El – Gott der Mächtige«.

Erzengel der zweiten kabbalistischen Welt von Briah: Zadkiel, »Der Gerechte Gottes«.

Engelchöre der dritten kabbalistischen Welt von Jetzirah: Chasmalin, »Die Funkelnden«.

Erzengelfarbe: Königsblau.

Engelfarbe: hellblaues Funkeln.

Astrologisches Kraftprinzip der vierten kabbalistischen Welt von Assiah: Jupiter.

Magisches Bild: ein mächtiger König auf einem Thron.

Symbole: Krone, Zepter, Füllhorn, das gleicharmige Kreuz, das herzhafte Gelächter.

Metall: Zinn.

Edelstein: Saphir und Amethyst.

Duft: Zedernduft.

Pflanze: Olivenbaum, Pinie, Klee.

Heiliges Tier: das Einhorn.

Chesed: Das Lächeln des Weltgeistes

Baum des Lebens geredet. Jedenfalls nehmen die aus Binah emanierenden Kräfte ihren Weg genau durch den Punkt, an dem die Mitte des Abyssos und von Daath angenommen wird, und kommen in Chesed in den Zustand einer neuen, hier großzügigen Welt.

Der landläufige deutsche Name für Chesed lautet »Mitleid«, aber »Großmut« oder »großmütige Liebe« wäre zutreffender. Denn Chesed ist die Sephira der geradezu königlichen Großzügigkeit, die andere an ihren Schätzen teilhaben läßt, und des väterlichen Schutzes, der sich auch der Kleineren und Schwächeren annimmt, ohne einen Gedanken darüber zu verlieren, ob das Vorteil oder Nachteil bringt. Dazu kommt die souveräne Heiterkeit, übrigens ein Schwachpunkt so mancher esoterischer wie exoterischer Gerüste, und die Großmut, die anderen in diese Heiterkeit einzuhüllen, die auch für einen Chesed Verbundenen nicht ohne Kraft zu haben ist.

So geht im Grunde von Chesed viel Liebe aus, die sich allerdings zuweilen unter dem zu Bombastischen, zu Großartigen, zu Majestätischen verbirgt oder sogar von ihr überlagert wird. Deshalb hat Chesed nicht den allerbesten Ruf bei hären denkenden Gemütern, die ihr den Hang zur Maßlosigkeit, zur Unmäßigkeit und Aufgeblasenheit vorwerfen. Sie müßten gerechterweise überlegen, daß die Zustände jeder Sephira ins Negative abgleiten, wenn man ihre an sich guten Eigenschaften und Kräfte übertreibt, das heißt aus der Harmonie trudeln läßt.

Außer dem Ort der Freude, zu geben, anderen anzubieten, sie zu verwöhnen, ist Chesed die Sphäre des Wachstums und des Überflusses. Wenn es einen Reichen drängt, immer mehr und immer größere Häuser zu bauen, wenn ein Komponist immer aufwendigere Opern schreibt oder wenn jemand immer üppigere Menüs ersinnt, ist er bestimmt in den

Gefilden von Chesed beheimatet. Wie wir vom Ritual des kabbalistischen Kreuzes her schon wissen, heißt Chesed auch mit einem häufig verwendeten Namen Gedulah. So weist sie sich schon vom Klang her als Gegenpol der ihr auf der weiblichen Säule gegenüberliegenden Sephira Geburah aus. Im menschlichen Mikrokosmos hat Chesed ihren Sitz im linken Arm.

Der Gottesname

Der Gottesname von Chesed heißt »El – Gott der Mächtige«. Auch ohne profunde philologische Kenntnisse sehen wir, daß dies die beiden Anfangsbuchstaben des Gottesnamens Elohim sind. El gilt als die älteste Bezeichnung für Gott. Mit Ausnahme der ersten Sephira Kether und der zehnten Sephira Malkuth werden alle Sephiroth im Baum des Lebens von Erzengeln geleitet, deren Namen auf die Silbe -»el« enden.

Der Erzengel

Der Erzengel von Chesed ist Zadkiel, »Der Gerechte Gottes«. Seine Gerechtigkeit ist nicht die eines Richters, sie hat mehr mit Richtigkeit zu tun, das heißt mit Harmonie. Menschen, die sich stark vom Erzengel Zadkiel leiten lassen, haben ein besonderes Harmoniebedürfnis. Sie müssen daran, wie unsere Welt nun einmal beschaffen ist, mehr als andere leiden, was zur Grundtendenz von Chesed wenig zu passen scheint. Aber so eindeutig sind die Sephiroth, besonders wenn man einmal das ethische Dreieck erreicht hat, längst nicht mehr. Außerdem überwiegt der Gewinn des

Strebens nach Harmonie die Nachteile bei weitem – nicht nur bei der Arbeit an sich selbst. Wer in der Harmonie des Erzengels Zadkiel lebt, den man auch »Harmonie Gottes« nennt, dem werden die Mitmenschen unwillkürlich mit Sympathie begegnen, auch wenn sie oder er und die anderen vielleicht nicht wissen, warum das so ist.

Die Farbe von Zadkiel ist ein leuchtendes Königsblau. Wir stellen uns diesen Erzengel deshalb als Gestalt in einem blauen Gewand vor, wahrscheinlich mit goldenen Flügeln und einem schönen, Großmut verratenden Gesicht. Es lag auf der Hand, daß die Erzengel der drei obersten Sephiroth in unseren Vorstellungsbildern nicht so ausgeprägt waren, wie sie es in den weiter unten liegenden, der konkreten Form entgegenstrebenden Sephiroth sind. Man nahm sie also eher nur in langen Umhängen oder bis zum Boden reichenden Capes ihrer spezifischen Farbe wahr, vielleicht unscharf sogar, auch nicht bewegt oder gar wehend. Jetzt bei Chesed mag die Erzengelform schon gestochenere Konturen annehmen. Man kann den Erzengel Zadkiel in der Vorstellung mit dem königlichen Attribut des Zepters ausstatten. Aber man muß sich dabei klar sein, daß er der Erzengel von Chesed ist, und man darf ihn nicht mit dem magischen Bild dieser Sephira verwechseln.

Wer Briah von Chesed nicht durch einen Erzengel verkörpern will, stellt sich eine königsblaue Säule vor, die oben golden schimmert.

Die Engel

Die Engel von Chesed sind die Chasmalin, »Die Funkelnden«. Ihre Farbe wird häufig mit dunklem Purpur angegeben, was zwar eine Grundtendenz von Chesed ausdrücken würde, aber dem Namen der Chasmalin widerspräche. Tatsächlich strahlen die Chasmalin ein sehr hellblaues Funkeln aus, ein bläuliches Blitzen wie von Millionen Brillanten. Wer sie wahrnimmt, gerät in freudige Verfassung. Zu ihren heiter stimmenden Eigenarten gehört, daß die Chasmalin selten als Ganze sichtbar werden, sich vielmehr im rasch wechselnden Aufblitzen ihrer einzelnen Partien, der Haare, Profile, Flügel, Füße oder Gewänderteile als Gesamterscheinung leicht erahnen lassen.

Mehr noch als andere Engelscharen wünschen die Chasmalin, daß man durch sie die Schöpfung liebt. Wem es gelingt, sich unter ihre Obhut zu stellen, die oder der genießt durch ihre Macht in allen Situationen des Lebens einen sehr starken Schutz.

Das astrologische Kraftprinzip

Das astrologische Kraftprinzip von Chesed ist der Planet Jupiter, dessen Tag der Donnerstag ist, auf hebräisch Zadek, »Der Gerechte«. Dieses Wort hatten wir bereits im Namen des Erzengels Zadkiel, und wir wissen, welche Art von Gerechtigkeit gemeint ist. Jupiter galt und gilt bei den Astrologen als ein Planet, unter dessen günstigem Einfluß alles wächst, floriert und gedeiht. Auch das Prinzip Jupiter, das in der Kabbala hinter diesem Planeten steht, hat mit Wachsen und Reichtum zu tun, und zwar weil in der vierten kabbalistischen Welt die Kräfte von Assiah wirksam werden, in oft recht konkreter Form. Zwar sollen wir nicht unsere magischen Kräfte mobilisieren, um mit Hilfe der Jupiterkräfte von Chesed reich zu werden, weil wir das nicht dürfen und weil wir dafür zahlen müßten, früher oder auch viel später. Doch wenn uns diese Jupitermächte von selbst durch das Schicksal gewogen sein wollen, sollen wir sie nicht zurückweisen, Chesed mag das nicht.

Das magische Bild

Das magische Bild von Chesed ist ein mächtiger König auf dem Thron. Er trägt eine Krone, das Zepter hält er in der Hand. Er symbolisiert nicht nur das königliche Wesen der Sephira Chesed, sondern zeigt auch die Kräfte, die er in sich vereint: die Kräfte Kethers in der Krone, die Kräfte Chockmahs im Zepter, das heißt im Stab, und die Kräfte Binahs im Thron. Deutlicher kann ein magisches Bild seine Sephira nicht ausdrücken.

Die Symbole

Die Symbole von Chesed hatten wir zum Teil bereits in ihrem magischen Bild: die Krone, das Zepter, die Kugel als Symbol des königlichen Reichsapfels, das Füllhorn und das gleicharmige Kreuz als Symbol für die vier im Gleichgewicht befindlichen Elemente. Chesed besitzt auch ein akustisches Symbol, das herzhafte, wohlwollende Gelächter voller Lebensfreude.
Zu Chesed gehört das Metall Zinn, der Saphir und der Amethyst, der Klee (vierblättriger Klee als Glücksbringer), der Olivenbaum, die Pinie und der Zedernduft. Ihr heiliges Tier ist das Einhorn.

Geburah:
Das verbrennende Feuer Gottes

Nicht ohne Grund wird die auf Chesed folgende fünfte Sephira Geburah mikrokosmisch im rechten Arm des Menschen angesiedelt. Geburah hat als deutsche Namen »Härte«, »Strenge« oder »Stärke«, und alle drei Eigenschaften treffen auf sie durchaus zu. Obwohl Geburah in der Mitte der formgebenden, also der weiblichen Säule im Baum des Lebens wirkt, verfügt sie über Eigenschaften, die normalerweise als typisch männlich bezeichnet werden. Abgesehen von Chockmah, die durch ihre Höhenlage sehr ferngerückt erscheint, ist Geburah die dynamischste der zehn Sephiroth, und im Gegensatz zu Chockmah zielt ihre Dynamik in viele Richtungen.

Geburah steht im Geruch der Grausamkeit. Selbst unerschrockene Kabbalistinnen und Kabbalisten kann ein Gefühl des Unbehagens beschleichen, wenn sie sich Geburah nähern. Dann ist es am besten, sie mobilisieren in sich einen Teilaspekt der Geburah-Kräfte, der ihnen auch sonst im Lebenskampf wie auf dem Weg durch die magische Kabbala unschätzbare Dienste erweisen wird. Dieser Teilaspekt ist die Geburah-Eigenschaft Mut. Wer voll in die Kraftzone der Sephira Geburah einzutreten vermag, wird furchtlos, das heißt in seiner Essenz unbesiegbar.

Geburahs Kräfte treten auf den Plan, wo jemand das rechte Maß zerstört, maßlos wird. Das geschieht häufig dort, wo die Kräfte der Geburah gegenüberliegenden Sephira Chesed zu ungebunden wuchern, aber nicht nur dort. Wenn ein Mensch zu hemmungslos ißt und trinkt – Geburah bringt ihn durch eine Krankheit auf den rechten Weg oder löscht ihn aus. Wenn ein Geschäftsmann seine Partner und Konkurrenten ohne Skrupel übervorteilt – Geburah bringt ihn

Deutsche Bezeichnung: Stärke, Strenge, Härte.

Lage im Baum: Mitte der linken weiblichen Säule, zweite Sephira des ethischen Dreiecks und fünfte Sephira im Baum des Lebens.

Position im menschlichen Mikrokosmos: rechter Arm.

Gottesname der ersten kabbalistischen Welt von Atziluth: »Elohim Gibbor – Der allmächtige Gott«.

Erzengel der zweiten kabbalistischen Welt von Briah: Kamael, »Das Schwert Gottes«.

Engelchöre der dritten kabbalistischen Welt von Jetzirah: Seraphim, »Die Feuerschlangen«.

Erzengelfarbe: Scharlachrot.

Engelfarbe: Hellrot leuchtend.

Astrologisches Kraftprinzip der vierten kabbalistischen Welt von Assiah: Mars.

Magisches Bild: ein Krieger in eiserner Rüstung auf einem Streitwagen.

Symbole: das Schwert, die Peitsche, das Skalpell, die Kette.

Metall: Eisen.

Edelstein: Rubin.

Duft: scharfe Räucherharze, Tabak.

Pflanze: die Eiche, die Brennessel.

Heiliges Tier: der Basilisk.

Geburah: Das verbrennende Feuer Gottes

zu Fall. Wenn ein Staat sein Nachbarland überfällt – Geburah sorgt früher oder später über den langen Weg dafür, daß er besiegt wird. Umgekehrt führt Geburah die Hand des Chirurgen, der eine gefährliche Geschwulst entfernt. Und sie stärkt den Arm des Starken, der Schwache beschützt. In diesem Fall können wir nicht nur einen Ausgleich zwischen Chesed und Geburah sehen, sondern sogar ein Zusammenspiel.

So ist Geburah auch eine Sephira der Gerechtigkeit, und es ist erstaunlich, daß bei ihren Haupteigenschaften die Gerechtigkeit nicht mit Namen hervorgerufen wird. Gerechtigkeit fanden wir schon in der dritten Sephira, im mystischem Dreieck, in Binah, die auf der weiblichen linken Säule direkt über Geburah liegt. Dort in Binah herrscht eine andere, eine kalte Gerechtigkeit. Dort wird nicht heiß und temperamentvoll ausgeglichen, sondern nur kühl und teilnahmslos gewogen. Ganz anders in Geburah, deren Erzengel und Engel darauf hinweisen, daß wir es hier mit einer Feuer-Sephira zu tun haben.

Dieses Feuer rächt und verbrennt und gleicht nicht nur auf der irdischen Ebene aus. Geburah ahndet auch Übergriffe in den höheren Ebenen, unzulässige Anwendung von Gedankenformen und magischen Kräften. Geburahs Feuer reinigt mit Härte, Strenge und Stärke. All das klingt unfreundlich und gefährlich, aber genau betrachtet eigentlich nur für den, der durch Maßlosigkeit im wörtlichen Sinn die Umwelt, die kosmischen Gesetze, die anderen Menschen und sogar sich selbst bedroht. Vom Standpunkt derer aus, die unter dem Schutz der Gerechtigkeit Geburahs stehen, ist diese Sephira ein unerschütterlicher Freund.

Eines muß man allerdings wissen: Für Verhandlungen ist Geburah völlig ungeeignet. Sie ist eine Sephira des zügigen Tempos, in dem gehandelt wird statt geredet. Unter den

Einflüssen von Geburah Stehende neigen deshalb außer zur Intoleranz zu einer Abart und Unart der Eile, der Ungeduld.

Der Gottesname

Der Gottesname von Geburah lautet »Elohim Gibbor – Der allmächtige Gott«. Das ist Gott in seiner Eigenschaft als Hüter seiner eigenen kosmischen Gesetze, denen sich niemand und nichts entziehen kann.

Der Erzengel

Der Erzengel von Geburah ist Kamael, »Das Schwert Gottes«, also auch der Schwertarm oder auch »Das verbrennende Feuer Gottes«. Wir nehmen ihn als scharlachrote Säule wahr oder als Gestalt in einem Umhang aus scharlachrot waberndem Feuer, mit einem Schwert in der erhobenen rechten Hand. Kamael greift strafend in das Bewußtsein der Menschen ein, die gegen die kosmischen Gesetze des »allmächtigen Gottes« Elohim Gibbor verstoßen haben. Vor allem bohrt er in ihrem Gewissen. So kommt es vor, daß Übeltäter schlecht schlafen und sich schließlich – je nach der Art ihrer Vergehen – der irdischen oder der göttlichen Gerechtigkeit stellen. Im positiven Sinn trägt Kamael in das Bewußtsein der Menschen, wie wir schon sahen, die unerschütterliche Entschlossenheit, sich ungerechte Übergriffe nicht gefallen zu lassen – eine Haltung, welche die magische Kabbalistin und den magischen Kabbalisten von den Demütigen um jeden Preis stark unterscheidet.

In manchen kabbalistischen Schriften wird als Herrscher über die Erzengelebene von Geburah und über einen gefährlichen Teil im Baum des Lebens der Erzengel Samael angeführt: »Er ist der Gegenspieler von Zadkiel und beherrscht die linke Seite des Universums, das heißt die unreine Seite, die kosmische Hölle und die Legionen der gefallenen Engel.« Nun haben, wie wir längst wissen, selbst die heiligen Sephiroth nicht nur ihre Schokoladenseiten. Im Schatten des Guten wächst nicht nur Gutes. Daß eine Medaille ihre Kehrseite haben muß, leugnen wir nicht. Doch kann keine göttliche Sephira einem Erzengel wie Samael unterstehen, der obendrein bisweilen zum großen Gegenspieler Gottes hochdämonisiert wird. Das ist Unsinn. Einen solchen Gegenspieler, mit dem Gott um die Herrschaft über das All ernsthaft kämpfen müßte, gibt es nicht. Er ist undenkbar, denn er ist in den göttlichen Plänen nicht vorgesehen. Das heißt nicht, daß es nicht das Böse in der Welt und vor allem im Menschen in beinahe überreichem Maße gäbe, und in Momenten des Kleinmuts fragen wir uns, ob das wirklich nötig ist. Natürlich wissen wir im Grunde, daß es in das Kapitel Karma und Prüfungen gehört.

Gott jedenfalls ist und bleibt der von seinen eigenen Schöpfungen unangefochtene Herr des Alls, der sich nichts zu beweisen hat, nur sich zu zeigen.

Die Engel

Die Engel von Geburah sind die Seraphim, »Die Feuerschlangen«. An sie wenden wir uns, wenn wir die Hilfe und die Stärke Geburahs in gerechter Sache – und auch der kabbalistische Weg ist eine gerechte Sache – in Anspruch nehmen und näher zu uns herunterbringen oder in uns wecken möchten. Sie sind ausführende Mächte von Elohim Gibbor und Kamael, auch Racheengel, die auf den Plan treten, wenn Menschen wie die Bewohner von Sodom und Gomorrha gegen die höchsten Gesetze verstoßen. Wir, die wir nicht in Sodom und Gomorrha leben, rufen die Seraphim in Stunden der Gefahr und wenn uns der Mut zu verlassen droht. Wenige Engel aus dem Baum des Lebens eilen dem magischen Kabbalisten und der Kabbalistin so schnell und spürbar zu Hilfe wie die Seraphim, wenn sie oder er sich wirksam an sie zu wenden weiß.

Wir können uns die Seraphim als jugendliche, geflügelte kräftige Gestalten vorstellen. Sie tragen kurze, in der Taille gegürtete Gewänder von leuchtend hellroter Farbe. Sie halten Schwerter in den Händen, und wer ein feines inneres Ohr besitzt, kann manchmal beim Wahrnehmen der Seraphim ein Klicken hören, wie wenn ein eisernes Schwert auf eine eiserne Rüstung schlägt. Dann sprühen Funken, die wie Blitze Feuerschlangen sind.

Manchmal, vor allem bei der Morgenzeremonie, nimmt uns eine Schar Seraphim in ihre Mitte. Die Engel beginnen zu laufen, und anfangs sind unsere Füße schwer und bremsen. Doch bald springen die Energiefunken der Seraphim auf uns über, und in einem fast heiteren Vorwärtsstürmen werden unsere Füße leicht, und während wir schwerelos und ohne Angst in der Mitte der Seraphim weiterlaufen, wachsen unserer Phantasie, vielleicht sogar unserem Geist, Flügel der Zuversicht. Diese Kraft hält oft über weite Teile des Tages an.

Das astrologische Kraftprinzip

Das astrologische Kraftprinzip von Geburah ist der rote Planet Mars, den die Astrologen gern einen Unheilbringer nennen. In seinem Zeichen steht der Wochentag Dienstag (italienisch *martedì*, französisch *mardi*). Nicht ohne Grund war bei den alten Römern Mars der Gott des Krieges. Für die magische Kabbalistin und den Kabbalisten, die mit Völkerschlachten nichts im Sinn haben, symbolisiert das Prinzip Mars den Kampf für das Gerechte, Gute und Heilige, sowie den Willen und den Mut, die für diesen Kampf die besten Waffen sind.

Das magische Bild

Das magische Bild Geburahs ist ein Krieger in eiserner Rüstung, der, das Schwert in der erhobenen Rechten, in einem von Pferden gezogenen antiken zweirädrigen Kampfwagen steht. Also gibt es auch hier in Geburah Übereinstimmungen zwischen dem Erzengel und dem magischen Bild, und wieder darf man beide nicht durcheinanderbringen.

Die Symbole

Die Symbole von Geburah sind wieder das Schwert, die Peitsche, der Speer, das Skalpell, auch die Kette. Verblüffenderweise ist ein Symbol von Geburah das Lachen. Aber es ist nicht das joviale, lebensfrohe Lachen von Chesed, sondern das Gelächter der Satire, gegen das die großen Tyrannen und die tausend kleinen Tyranneien des Alltags keine Waffen in den Arsenalen führen. »Man hat auch herausgefunden«, schreibt Gareth Knight, »daß die Personen, die einen entwickelten Sinn für das Lachhafte haben, sich nicht leicht durch eine Gehirnwäsche beeinflussen lassen«.
Das Metall von Geburah ist natürlich das Eisen, ihr Edelstein der Rubin. Als ihr heiliger Baum gilt die Eiche und als

Pflanze die Brennessel, die »brennt wie Feuer«. Ihr Parfum ist – auch wenn es uns Nichtrauchern nicht gefällt – der Tabak, der in der Feuerglut seinen Duft entfaltet, und alle scharfen Räucherharze, sofern sie nicht ausdrücklich einer anderen Sephira zugeordnet sind. Das Tier Geburahs ist der Basilisk, dessen Blick töten kann.

Tiphareth: Die Harmonie aller Dinge

Die sechste Sephira, Tiphareth, ist die zentrale Sephira, das Herzstück im Baum des Lebens. Sie ist die einzige Sephira, von der aus sich direkte Verbindungslinien zu allen anderen Sephiroth ziehen lassen. Mit einer Ausnahme: Nur nach Malkuth, der untersten Sephira, geht auch von Tiphareth der Weg über Yesod.

Im menschlichen Mikrokosmos ist Tiphareth im Sonnenge-flecht angesiedelt, im Solarplexus, einem Geflecht des sympathischen Nervensystems zwischen Unterleib und dem Brustkorb, in der Magengegend. Es heißt auch, Tiphareth läge im menschlichen Herzen; und vieles spräche für diese Ansicht, wenn nicht das Herz des Menschen im linken Teil seiner Brust schlüge. Früher einmal, als die Menschen Gott näher waren, sollen sie ihr Herz in der Brustmitte gehabt haben. Dort wird dann auch damals die mikrokosmische Tiphareth gewesen sein. Und dort wird sie, wie ich glaube, einmal liegen, wenn die Menschen wieder im Licht leben und ihre Herzen ins Zentrum ihres Mikrokosmos zurückgekehrt sind. Davon sind wir noch ein gutes Stück entfernt. Bis es soweit sein wird, liegt unsere mikrokosmische Tiphareth dort, wo sich beim Menschen der Solarplexus befindet.

Die deutschen Bezeichnungen für Tiphareth sind innere »Schönheit«, »Liebe« (die des reinen Herzens) oder »Har-

Deutsche Bezeichnung: Harmonie, Schönheit, Liebe.

Lage im Baum: zweite Sephira der mittleren Säule im Mittelpunkt vom Baum des Lebens, dritte Sephira des ethischen Dreiecks und sechste Sephira im Baum des Lebens.

Position im menschlichen Mikrokosmos: Solarplexus.

Gottesname der ersten kabbalistischen Welt von Atziluth: »Yod Heh Vau Heh Eloah Va Daath – Der alles wissende Gott«.

Erzengel der zweiten kabbalistischen Welt von Briah: Michael, »Der Fürst des Lichts«.

Engelchöre der dritten kabbalistischen Welt von Jetzirah: Malachim, »Die Könige«, »Die Tugenden«, »Die Regenten«.

Erzengelfarbe: Sonnengelb.

Engelfarbe: perlmuttenes Rosarot.

Astrologisches Kraftprinzip der vierten kabbalistischen Welt von Assiah: die Sonne.

Magisches Bild: ein erhabener König, ein geopferter Gott, ein Kind.

Symbole: das Leidenskreuz, das Rosenkreuz, der Kubus, der Punkt im Mittelpunkt des Kreises.

Metall: Gold.

Edelstein: Topas, gelber Diamant.

Duft: Weihrauch.

Pflanze: Akazie, Weinstock.

Heiliges Tier: der Löwe, das weiße Pferd.

Tiphareth: Die Harmonie aller Dinge

monie«. Tiphareth ist das große Harmonisierungszentrum im Baum des Lebens. Nicht umsonst liegt sie in der Mitte der mittleren Säule des Ausgleichs. Sie harmonisiert im All und im Menschen, der sich ihren Mächten unterstellen kann, die so konträren geistigen Potenzen und anderen Energien, die hin und her wogen zwischen den Sephiroth Chockmah und Binah, Chesed und Geburah, Netzach und Hod.

Tiphareth ist zugleich ein Schmelzpunkt für die über und unter ihr im Baum liegenden Sephiroth. Im Mikrokosmos, das heißt beim Menschen, sind die Sephiroth unterhalb von Tiphareth Sitz der verschiedenen Aspekte seiner Persönlichkeit.

Die vier über Tiphareth befindlichen Sephiroth Geburah, Chesed, Binah und Chockmah stellen sein höheres Selbst dar, seine durch die Inkarnationen wandernde Individualität, der die Persönlichkeit in Tiphareth begegnet. Die ferne Kether am Gipfel des Baums ist sein Überselbst, sein göttlicher Funke.

Für die Kabbalisten ist Tiphareth die Sphäre der Sonne. Ohne Sonne gäbe es bei uns kein Leben. Alle Erlösungsgötter haben ihren Sitz in Tiphareth, und natürlich auch alle Sonnengötter von Osiris über Apollo bis Christus, der also auch ein Sonnengott ist. Mikrokosmisch sitzt in Tiphareth das Christus-Bewußtsein, sagen christliche Kabbalisten. Sicher sind die wertvollsten Eigenschaften des unverfälschten Christentums, die Menschenliebe, die Güte, die innere Schönheit und die Harmonie, die beherrschenden Kräfte Tiphareths. Sich um sie zu bemühen ist eine der Hauptaufgaben der magischen Kabbalistin und des Kabbalisten. Wer sie durch die Arbeit mit dem Baum des Lebens in sich verwirklichen kann, für den wird auch im irdischen Leben die Sonne Tiphareths nicht untergehen. Harmonischer

Friede heißt seine Belohnung. Das ist ein anderer Ausdruck für Glück.

Der Gottesname

Der Gottesname von Tiphareth lautet Yod Heh Vau Heh Eloah Va Daath. Es ist der längste Gottesname aller zehn Sephiroth, dessen ersten Teil wir schon bei Chockmah und Binah fanden. Seiner Bedeutung nach heißt er »Der alles wissende Gott«. Gemeint ist damit weniger der Gott, der alles sieht und mit dem Eltern gern ihre Kinder dazu anhalten möchten, auch in ihrer Abwesenheit brav zu sein. Yod Heh Vau Heh Eloah Va Daath ist allwissend, weil er das Wissen der zehn Sephiroth in sich vereint, auch das von Kether, das durch die hohe Sphäre von Daath zu Tiphareth herabkommt.

Der Erzengel

Der Erzengel von Tiphareth ist Michael. Es gibt kabbalistische Schulen, die den Erzengel Raffael als Herrscher über die Briah-Ebene von Tiphareth bezeichnen und Michael nach der Sephira Hod versetzen. Aber ich glaube nicht, daß es ganz glücklich ist, Raffael, den Erzengel des Elements Luft und seiner geistigen Entsprechungen, zum Herrscher der Sonnensphäre, des Lichts zu machen.

Michael, »Der Fürst des Lichts«, gilt bei Christen, Juden und Mohammedanern als der vielleicht mächtigste aller Erzengel, auch wenn er nicht die oberste der Sephiroth regiert. Seine Bezeichnung »Der ist wie Gott« stammt von den Chaldäern, denen er als Gottgleicher galt. Als Erzengel der

Sonnensphäre hat Michael die Aufgabe, gegen die Kräfte der Finsternis zu kämpfen, die auf christlichen Gemälden als Drachen dargestellt werden, wofür sich übrigens die Chinesen schön bedanken. Im Kampf gegen das Böse befehligt Michael die himmlischen Heerscharen, und ich teile gern die Ansicht, daß er dies im Auftrag von Metatron tut, dem Herrscher der Briah-Ebene in der ersten, obersten Sephira Kether.

Wir können uns mit unserem geistigen Auge vorstellen, daß die Tiphareth-Kräfte der zweiten kabbalistischen Welt, der der Schöpfung, in einer ungeheuren gelben Säule vom Himmel kommen oder in uns aufsteigen. Wer den Erzengel Michael lieber in konkreter Form wahrnimmt, sieht ihn als große Flügelgestalt in einem sonnengelben Gewand, mit einem blauen Schwert bewaffnet. Als Vorlage für unsere Vorstellung können wir natürlich auch die Tarot-Karte XIV (»Mäßigkeit«) der großen Arkana des Rider-Tarot benutzen, die Michael darstellt. Um in uns ein Bild von Michael aufzubauen, dafür ließe sich auch eins der zahllosen Gemälde christlicher Maler verwenden, die den »Fürsten des Lichts« zeigen. Hierbei laufen wir allerdings Gefahr, in Unkenntnis ein auf dem Gemälde abgebildetes Symbol zu übernehmen, das zwar die exoterisch-christliche Kirche in diesem Zusammenhang für geeignet hält, nicht aber die vielleicht auch christliche, aber esoterische Kabbalistin und der Kabbalist.

Im großen Plan ist Michael der Repräsentant der Himmelsrichtung Süd und ihrer Entsprechungen und tieferen Bedeutungen. Ihn rufen die magische Kabbalistin und der Kabbalist zu Hilfe in Augenblicken der Gefahr. Dies gilt auch für die Gefahren, die uns aus unserem Inneren oder anderen geistigen Welten überfallen und aus dem Gleichgewicht, das heißt der Harmonie zu werfen drohen.

Die Engel von Tiphareth sind die Malachim, »Die Könige«, »Die Tugenden«, vielleicht auch »Die Regenten«, die unter Michaels Führung darüber wachen, daß die Schöpfung, der Kosmos, harmonisch funktioniert.

Oft stellen wir uns die Malachim als hoch aufragende, aber schlanke Engelsgestalten vor, deren Flügelspitzen sich weit über ihren Köpfen befinden und die uns in einem ganz weiten und dennoch lückenlosen Kreis umstehen, die Gesichter uns zugewandt. Ihre Farbe ist diese kaum glaubliche, sanft glänzende Mischung aus etwas lachsfarbenem, perlmutten Rosarot, das zart zu sein scheint, aber in einem Schimmer der späten Abenddämmerung stark aufleuchtet, wenn die Sonne noch einmal ein Zeichen gibt, obwohl ihr Ball längst verschwunden ist. Dies beschreibt nur annähernd die Farbe der Malachim, kaum ihre viel stärkere stille Energie.

Einer der Engel, die uns im weiten Kreis der Malachim umstehen, ist unser Schutzengel. Einmal wird er sich zu erkennen geben.

Das astrologische Kraftprinzip

Das astrologische Kraftprinzip von Tiphareth ist natürlich die Sonne. Mit ihr haben wir uns schon bei der allgemeinen Betrachtung Tiphareths beschäftigt, um die kabbalistische Freundin und den kabbalistischen Freund folgerichtig zu unserer Ansicht hinführen zu können, daß der Erzengel von Tiphareth nicht Raffael sein muß, sondern Michael.

Wie die Sonne das Zentrum unseres Planetensystems ist Tiphareth der Mittelpunkt im Baum des Lebens. Wie die

Sonne ist Tiphareth ein zentraler Zustand des Lichts. Und wie hinter und über der Sonne wirken über Tiphareth andere, gewaltigere, göttliche Mächte und Kräfte, die in der Sonne und in Tiphareth zum Ausdruck kommen. Die Menschen, die frühmorgens im Freien meditierend den Sonnenaufgang erwarten und erleben, wissen dies.

Das magische Bild

Das magische Bild von Tiphareth ist eine Mehrzahl, denn Tiphareth besitzt drei magische Bilder. Man kann sich dasjenige auswählen, von dem man spürt, daß durch dieses in uns die stärksten und besten Kräfte einfließen oder aufsteigen. Man darf natürlich auch je nach Gegebenheiten und Notwendigkeiten unter den drei magischen Bildern abwechseln. Diese drei Bilder sind: ein erhabener König, ein geopferter Gott, ein Kind.

Der erhabene König, der auf einem Thron sitzt, ist eine im Baum des Lebens in Tiphareth, das heißt tiefer placierte Version des Königs von Kether. Er ist deshalb von vorne zu sehen, während der König Kethers uns ja eine Hälfte seines Gesichts verbirgt, die Ain Soph Aur zugewandt ist, das uns unerschaubar bleibt. Das zweite magische Bild Tiphareths ist ein geopferter Gott – in ihm werden die christlichen Kabbalisten Christus sehen. Das dritte magische Bild Tiphareths, ein Kind, ist ein Symbol der Neuwerdung, Unschuld, der harmonischen Zuversicht. Nicht nur die Freimaurer möchten »Kinder des Lichts« sein. Die Sonnenkarte Nummer XIX der großen Arkana des Rider-Tarot kann helfen, ein Bild dieses Kindes des Lichts in sich aufzubauen. Noch besser ist es, sich dieses Bild selbst zu erschaffen.

Bei den Kabbalisten gilt Tiphareth auch als »Kind Kethers«.

»Tiphareth«, sagt Dion Fortune, »ist das Kind Kethers und der König Malkuths.«

Die Symbole

Die Symbole von Tiphareth sind das christliche Leidenskreuz, das Rosenkreuz, der Kubus wegen seiner sechs Seiten und die oben stumpfe, vierseitige Pyramide, die damit auch sechs Flächen besitzt, und der Punkt im Mittelpunkt des Kreises.

Das Metall von Tiphareth ist das Gold. Als seine Edelsteine gelten der gelbe Diamant und der Topas. Die heiligen Tiere Tiphareths sind der Löwe und das weiße Pferd – das Gespann des Sonnengottes Helios wird von weißen Pferden gezogen. Ihre heiligen Pflanzen sind die Akazie und der Weinstock. Ihr Duft ist der Weihrauch.

Netzach: Das Prisma der Musen

Mit der siebten Sephira Netzach, der untersten Sephira auf der rechten männlichen belebenden Säule, erreichen wir Jetzirah, die dritte Welt oder Ebene im Baum des Lebens. Hier beginnt das astrale, manche sagen psychologische Dreieck, bestehend aus den Sephiroth Netzach, Hod und Yesod. Hier beginnt die Welt der Formen.

Wie die Bezeichnung »Welt der Formen« verrät, setzt hier die Auffächerung ein, der die geschlosseneren Erscheinungen der oberen Sephiroth auf ihrem Weg in die Materie nun immer stärker unterworfen sind. So stellt der Baum des Lebens an seine Schülerinnen und Schüler auch im astralen Dreieck, das ihrem irdischen Ausgangspunkt ja näher läge, seine Anforderungen. Vor diesen Anforderungen wollen wir uns nicht scheuen. Und gerade Netzach ist eine Sephira, die aus ihrer Vielfältigkeit ihre besondere Kraft und ihren besonderen Zauber bezieht.

In Netzach betreten wir das Reich der Venus, deren Einfluß sich in dieser Sephira nicht nur auf das astrologische Kraftprinzip, das heißt die vierte kabbalistische Ebene, beschränkt. So begegnen wir in Netzach der Schönheit und dem verzaubernden Charme in vielerlei Versionen. Netzach, das ist die Sephira der Kunst. Von hierher rührt alles, was die Künstler inspiriert, mögen sie Künstler von Beruf, von Berufung oder nur des Herzens sein. Netzach erfüllt sie mit ihren Farben, ihren Formen, ihren Tönen, ihren tänzerischen Rhythmen und ihren Düften. Wenn wir an früherer Stelle gesagt haben, daß ohne Musen nichts geht und jede magische Kabbalistin und jeder magische Kabbalist sich irgendeiner Kunst verschreiben muß, sei es auch nur empfangend, dann heißt das auch, an Netzach führt kein Weg vorbei.

Der deutsche Name von Netzach heißt »Sieg«. An diesem Beispiel läßt sich erkennen, wie wenig man oft mit diesen deutschen Namen, wenn sie allein für sich stehen, anfangen kann, ja, wie irreführend sie vielleicht sogar sind. Denn Netzachs Sieg ist selten der nach einem Krieg und Kampfgetümmel üblichen Art. Netzachs Sieg ist vor allem die liebevolle und siegreiche Verschmelzung der Schönheit mit der Wahrheit.

Der mikrokosmische Ort für Netzach ist die linke Hüfte, die linke Lende und das linke Bein. Vielfach liest und hört man auch »die Lenden, die Hüften, die Beine«. Wenn man sich zu dieser Ansicht entschließt, muß man allerdings in Kauf nehmen, mit der Sephira Hod in Kollision zu geraten, der dann gleichfalls »die Lenden, die Hüften, die Beine« als

Deutsche Bezeichnung: Sieg.

Lage im Baum: unterste Sephira der rechten männlichen Säule, erste Sephira des astralen Dreiecks und siebte Sephira im Baum des Lebens.

Position im menschlichen Mikrokosmos: linke Hüfte.

Gottesname der ersten kabbalistischen Welt von Atziluth: »Yod Heh Vau Heh Tsabaoth – Der Gott der vielen, Herr der Heerscharen«.

Erzengel der zweiten kabbalistischen Welt von Briah: Haniel, »Die Verkörperung des lebendigen Gottes«.

Engelchöre der dritten kabbalistischen Welt von Jetzirah: Elohim, »Götter und Göttinnen«.

Erzengelfarbe: Smaragdgrün.

Engelfarbe: Grün geflügelt, mit Blicken in den Farben des Prismas.

Astrologisches Kraftprinzip der vierten kabbalistischen Welt von Assiah: Venus.

Magisches Bild: eine schöne nackte Frau (mit Bart).

Symbole: die Rose, die Lampe, der Gürtel.

Metall: Kupfer.

Edelstein: Smaragd.

Duft: Rosenduft, Vanille, roter Sandelbaum.

Pflanze: Rose.

Heiliges Tier: die Taube, der Luchs, der Panther.

Netzach: Das Prisma der Musen

mikrokosmischer Sitz oder vielmehr Sitze zugeschrieben werden. Meiner Erfahrung nach ist es besser, als Sitz von Netzach nur die linke Hüfte anzunehmen.

In Netzach ist die Natur in ihren Urformen zu Hause. Ein Paar, das ein Kind zeugt, befindet sich in der Sphäre von Netzach, auch wenn es weit darunter liegende Prozeduren und Worte anwendet oder sich vielleicht sogar geistig noch höher hinaufschwingt. Wer mit der Natur arbeitet, in die Geheimnisse der Natur einzudringen wünscht und die Verbindung mit den Naturgeistern sucht, sollte sich an die Mächte von Netzach wenden und sie in sich wecken. Dort sind die Ursprünge.

Auch Netzachs vier Welten haben die Kabbalisten vier Farben zugeordnet, unter denen als Erzengelfarbe das Smaragdgrün dominiert. Doch ist die ganze Sephira in ein Licht getaucht, das zeigt, daß hier in Netzach mit der Welt der Formen auch das Licht vielfältig wird. Es schimmert und strahlt deshalb in den Farben von Rot, Orange, Gelb, Grün, Blau, Ultramarin und Violett. Hierher gehört auch in seinen Ursprüngen der »Tanz der sieben Schleier«. Symbolisch sind die sieben Schleier die sieben Hauptfarben des Prismas, und wenn sie gefallen sind, tritt Venus in ihrer Schönheit durch Wahrheit nackt zutage. Welche Kabbalistin und welchen Kabbalisten wundert es da noch, daß dies alles in der siebten Sephira geschieht?

Der Gottesname

Der Gottesname von Netzach lautet »Yod Heh Vau Heh Tsabaoth – Der Gott der vielen«, aus der Bibel bekannt als »Herr der Heerscharen«. Damit ist die große Zahl und Mannigfaltigkeit der Kräfte Netzachs deutlich angesprochen. Netzachs Armeen rekrutieren sich aus den Kräften des ganzen Kosmos, in ihnen fächert sich die Urenergie auf wie das Sonnenlicht, das durch ein Prisma in eine Welt von Farben verwandelt wird, und überzieht mit ihren Heerscharen die geistigen und auch die materiellen Regionen. Dieser Prismeneffekt setzt sich bis in die Welten der Erzengel und der Engel fort.

Der Erzengel

Der Erzengel von Netzach ist Haniel, »Die Verkörperung des lebendigen Gottes«. Manche Kabbalisten glauben, daß die Briah-Welt von Netzach von drei Erzengeln regiert wird, außer von Haniel vom Erzengel Phaniel (»Das Gesicht Gottes«) und vom Erzengel Auriel (»Das Licht Gottes«). Ich begnüge mich mit Haniel, weil ich glaube, daß man gerade bei Netzach versuchen sollte, die Strukturen und Hierarchien nicht allzusehr zu komplizieren.

Verglichen mit Michael, Raffael und Gabriel, ist der Erzengel Haniel bei den Menschen nicht sehr bekannt. Aber das gleiche ließe sich ja auch von den ungeheuer mächtigen Erzengeln der oberen Sephiroth sagen. Für die Kabbalistin und den Kabbalisten ist Haniel eine geistige Macht, durch die sie nicht nur das Bewußtsein der wahren Schönheit erwerben können, sondern die ihnen auch dazu verhilft, geistig in die großen Zusammenhänge einzudringen, seien es die der Sterne, der Natur von Tieren und Pflanzen oder der Menschen.

Wir nehmen Haniel als smaragdgrüne Gestalt mit Flügeln wahr, über deren Kopf ein rosa Lichtschein leuchtet. Unfigürlich sehen wir ihn als große Flammensäule in Smaragdgrün mit Gold, mit einer rosa Spitze.

Die Engel von Netzach sind die Elohim, was gewöhnlich mit
»Götter« übersetzt wird. Doch wäre wohl »Götter und
Göttinnen« die passendere Bezeichnung. Denn wie Geburah auf der linken weiblichen Säule starke männlich an-
mutende Aspekte besitzt, so erscheint uns in Netzach,
auf der rechten männlichen Säule, vieles eher recht weiblich. Darüber werden wir auch bei der Sephira Hod
noch einmal sprechen. Tatsächlich ist eine männliche Ve-
nus-Sphäre nach irdischen Begriffen zumindest ungewöhn-
lich.

Leider muß man sagen, daß sich die Menschen unserer
Tage weitgehend den Freuden, Schönheiten und Kräften
verschlossen haben, die ihnen aus der Sphäre von Netzach
zufließen könnten. Das nimmt nicht wunder in einer Zeit,
in der die Liebe zum herz- und phantasielosen Sex und der
Künstler zum Entertainer geworden ist. Und doch sind es
gerade die Engel von Netzach, die Elohim, die den Menschen dort glücklich machen, wo Macht, Reichtum und das
harte Schwert der Naturwissenschaften nichts mehr bedeuten, in der Kunst. Wer sich durch Töne, Farben, Tanz,
kostbare Worte erfreut, dem stehen die Engel Netzachs zur
Seite. Und weil wir gesagt haben, daß auch für die Kabbalistin und den Kabbalisten ohne Kunst nichts geht, geht
auch nichts ohne die Elohim. Sie sollten wir uns gewogen
machen. Sie warten darauf.

Die Elohim sind auch die »Götter und Göttinnen« der
Natur. In ihren Reihen finden wir die gehobeneren Natur-
götter aller Pantheons. Das heißt nicht, daß die Elohim die
Pflanzen, Geschöpfe, Landschaften und Gewässer materiell
entstehen lassen. Aber sie sind Kräfte, die hinter den von
unseren Sinnen wahrnehmbaren Erscheinungen der Natur

wirken und hinter den Naturgeistern stehen, sie gestalten durch ihre Einflüsse die Natur.

Wir können die Elohim als Engel mit grünen Flügeln wahrnehmen. Und ihre Augen strahlen in den Farben des Prismas, wenn wir das Glück haben, von ihnen angesehen zu werden.

Das astrologische Kraftprinzip

Das astrologische Kraftprinzip von Netzach ist, wie wir schon wissen, die Venus. Unbewußt tragen die Menschen der Pluralität von Netzach Rechnung, wenn sie den Planeten Venus als Abendstern bezeichnen, weil er als erster am Abendhimmel aufleuchtet, und als Morgenstern, der erst in der aufgehenden Sonne für unser Auge erlischt. Nicht von ungefähr, das heißt nicht ohne kosmisch tiefere Bedeutung, leuchtet die Venus in der Nähe des Mondes, der Sphäre der Illusionen. Denn die Illusionen, nicht nur die der Verliebten, gehören auch in das Reich der Netzach-Mächte. Wer vom Prismablick der Elohim gestreift wird, braucht sie nicht zu fürchten.

Das magische Bild

Das magische Bild von Netzach ist eine schöne und unbekleidete Frau, eine Venus. Vor allem der männliche Kabbalist, der dieses magische Bild benutzt, muß sich hüten, die nackte Schönheit als das zu sehen, was sie nicht nur ist. Um die männlich-weiblichen Eigenschaften Netzachs auszudrücken, wird das magische Bild dieser Sephira vielfach als bärtige Venus wahrgenommen, was vielleicht dem leicht entflammbaren magischen Kabbalisten hilft, auf dem spirituellen Weg zu bleiben.

Die Symbole

Die Symbole von Netzach sind der Gürtel und die Rose, beides Attribute der Venus, und die Lampe, in der noch einmal der strahlende, aussendende Effekt der männlichen Säule deutlich wird. Mit der ungeheuren Strahlkraft Chockmahs hat diese Lampe von Netzach jedoch nicht mehr viel gemeinsam. Als heilige Tiere Netzachs gelten für die sanfte Seite der Venus die Taube, für ihre rauheren Seiten der Luchs und der Panther. Die Rose ist nicht nur das Symbol, sondern auch die Pflanze von Netzach. So verwenden wir, um uns auf Netzach einzuschwingen, den Rosenduft als Parfum oder den Geruch von Vanille oder den des roten Sandelbaumes. Zu Netzach gehört als Metall das Kupfer, als Edelstein der Smaragd, Symbol des grünen Strahls der Natur.

Hod: Der Zeremonienmeister

Dem Weg des zündenden Blitzes folgend, erreichen die durch den Baum des Lebens strömenden Kether-Kräfte die achte Sephira Hod, deutsch »Ruhm«, auf der linken, weiblichen, formgebenden Säule. Wie schon bei Geburah und Netzach tun wir gut daran, das Weiblich und Männlich nicht allzusehr im herkömmlichen Sinn aufzufassen, das heißt, Hod nicht als einen Kraftpunkt der Energien und Mächte zu sehen, welche die Menschen gewöhnlich als typisch weiblich einzustufen pflegen. Mikrokosmisch befindet sich Hod an der rechten Hüfte – auch hier lassen wir besser, wie bei Netzach, Lenden und Beine außer acht.

Stand Netzach unter starkem Venus-Einfluß, so finden wir die ganze Sephira Hod von Merkur-Kräften durchdrungen, die aus der vierten kabbalistischen Welt auch in die oberen Welten Hods ausstrahlen. Wir haben schon bei anderen Sephiroth empfunden, daß das astrologische Kraftprinzip der vierten kabbalistischen Welt mehr ist als ein Symbol, in dem sich die Kräfte der oberen Welten dieser Sephira niederschlagen. Hier in Hod ist dieses Phänomen eklatant.

Was bei den Römern Merkur, war bei den Griechen Hermes. Ihm werden viele Erfindungen zugeschrieben, das Alphabet, die Mathematik, die Astronomie, die Maße und die Gewichte. Hermes wird in Verbindung gebracht mit Hermes Trismegistos, von dem wir im 6. Kapitel sprachen, und Hermes Trismegistos mit Thoth, dem ägyptischen Gott der Magie. Es ist ein weiter Bogen, der sich da über die Sephira Hod und ihre Mächte spannt.

Wurde in Netzach künstlerisch inspiriert und beseelt, so wird in Hod geordnet, gezählt, klassifiziert. Hod ist die Sephira der Wissenschaften, vor allem der exakten, und in ihren weniger erfreulichen Bereichen die Region der Bürokratie, des Festgefahrenen, des gedanklichen Erstarrens. Nicht umsonst liegt Ama, die tödliche Seite von Binah, auf derselben weiblichen, formgebenden Säule zwei Sephiroth über Hod.

Ganz allgemein fallen in das Reich Hods das konkrete Denken, die Bücher – auch das Schreiben von Büchern –, das Lernen, das Aufzeichnen mit modernen Geräten wie Tonbändern, Computern und Videos, dazu die Heilkunst, Handel und Geschäfte und Reisen. Wer eine größere Fahrt, einen Urlaub oder einen Flug antritt, ist gut beraten, wenn er die Gunst der Merkurkräfte Hods herbeiruft.

Deutsche Bezeichnung: Ruhm.

Lage im Baum: unterste Sephira der linken weiblichen Säule, zweite Sephira des astralen Dreiecks und achte Sephira im Baum des Lebens.

Position im menschlichen Mikrokosmos: rechte Hüfte.

Gottesname der ersten kabbalistischen Welt von Atziluth: »Elohim Tsabaoth – Gott der Armeen«, auch »Der vielgestaltige Gott«.

Erzengel der zweiten kabbalistischen Welt von Briah: Raffael, »Der Arzt Gottes«, »Heiler Gottes«.

Engelchöre der dritten kabbalistischen Welt von Jetzirah: Beni Elohim, »Kinder der Götter und Göttinnen«.

Erzengelfarbe: Orange.

Engelfarbe: Hellorange.

Astrologisches Kraftprinzip der vierten kabbalistischen Welt von Assiah: Merkur.

Magisches Bild: ein Hermaphrodit.

Symbole: Namen, Mantren, der Merkurstab.

Metall: Quecksilber.

Edelstein: Opal.

Duft: Räucherharz des Styraxstrauches.

Pflanze: der Styraxstrauch.

Heiliges Tier: die Eule.

Hod: Der Zeremonienmeister

Auch das Studium der esoterischen Wissenschaften fällt unter die Herrschaft Hods. Astrologie, Theurgie und, was uns besonders angeht, Kabbala und Magie haben in Hod kräftige Wurzeln. In Hod regiert die Kenntnis der zeremoniellen Seiten, der praktischen Prozeduren. Das Wissen um die Worte der Macht ist Hod-Kraft. Doch ohne die belebenden Einflüsse von Netzach blieben Magie und Kabbala und alles schöne Wissen und Erkennen von Hod kostbare Floskeln ohne Schöpferkräfte, aus denen nichts erwüchse und entstünde. Und obendrein ist das Zusammenwirken der Mächte und Energien von Hod und Netzach nur ein Ausschnitt aus dem großen magisch-kabbalistischen Geschehen, an dem in jedem Augenblick alle zehn Sephiroth teilhaben, auch dann, wenn wir uns nur auf eine von ihnen zu konzentrieren scheinen.

Der Gottesname

Der Gottesname von Hod lautet »Elohim Tsabaoth – Gott der Armeen«, auch »Der vielgestaltige Gott«. Er klingt also sehr verwandt dem Gottesnamen von Netzach, der Yod Heh Vau Heh Tsabaoth heißt, »Herr der vielen« oder »Herr der Heerscharen«. Doch besteht ihrem Gehalt nach zwischen den beiden ein fundamentaler Unterschied. Der Yod Heh Vau Heh Tsabaoth von Netzach ist wirklich der Herr der zahllosen und unterschiedlichen Heerscharen, die von den Engeln der Kunst angeführt werden, den Musen, oder den Liebesgöttinnen, den Naturgöttern, und die im Schein des Prismas ihre Welten durchziehen. Hods Elohim Tsabaoth ist der Gott der vielen, der zahllosen Strukturen, Ordnungsformen, die die Heerscharen aus Netzach in sinnvoll operierende Formationen zu ordnen versuchen.

Nur wer sich darüber klar ist, kann mit den Kräften von Hod und auch von Netzach angemessen, das heißt richtig magisch operieren und durch die Verschmelzung der Wirkungsweisen dieser beiden Sephiroth große Wirkungen erzielen.

Der Erzengel

Der Erzengel von Hod ist Raffael, »Der Arzt Gottes« oder »Heiler Gottes«. Krankheit ist ja in Unordnung geratene Gesundheit, und was liegt näher, als daß der Erzengel von Hod, der Sephira der Ordnung, der spirituelle Arzt ist, der sie heilen kann. Wenn man krank ist, sollte man sich deshalb an den Erzengel Raffael wenden und durch Willen, Vorstellung und Intuition seinen orangefarbenen Heilstrahl auf die kranke Körperstelle und die darüberliegende Stelle des Ätherkörpers ziehen, sie dort auch hineinatmen. Abwechselnd damit kann man zusätzliche Heilkräfte durch den grünen Strahl der Natur von Netzach mobilisieren und durch den gelben Strahl von Tiphareth – für eine aus dem Gleichgewicht geratene Gesundheit ist selbstverständlich auch die Sephira der Harmonie zuständig.
Weil Raffael die Sephira regiert, kann er dem helfen, der eines der Werke ausführen möchte, deren Gelingen in die Domäne Hods gehört. Wir stellen uns Raffael als orangefarbene Säule vor oder als Erzengelgestalt in einem leichten, kräftig orangefarbenen Gewand, das im starken Wind weht. Wie Kamael, der Erzengel der über Hod liegenden Sephira Geburah, trägt er ein Schwert. Doch während Kamael sein Schwert dazu benutzt, das Zuviel abzuschlagen, dient Raffaels geistiges Schwert, das allerdings zweiseitig geschliffen ist, dem höheren Verstand, der konstruktiven Ordnung. Wer

eine geistige, von Netzach beseelte Arbeit in diese Ordnung einzubringen versucht, ruft Raffael an und schafft dann mit geschlossenen Augen in der Vorstellung ein Bild oder die Ahnung eines Bildes vom geplanten Werk.

Die Engel

Die Engel von Hod sind die Beni Elohim, die man gewöhnlich »Die Söhne der Götter« nennt. Doch eigentlich sind es die »Kinder der Götter und Göttinnen«. In vielen kirchlich-christlich inspirierten Bäumen des Lebens werden die Beni Elohim von Hod als »Die Erzengel« bezeichnet, was, wenn man es so übernimmt, große Verwirrung stiftet und eine Arbeit mit dem Baum des Lebens unmöglich macht.

Denn die Erzengel regieren in der zweiten kabbalistischen Welt, der von Briah, und nicht in der dritten von Jetzirah. Hier ist das Reich der Engel. Ganz abgesehen davon, daß – wenn man vielleicht vom Sonderfall Netzach absieht – jede Sephira einen einzigen Erzengel hat, Chöre oder Scharen gibt es nur bei den Engeln. Und was würde aus dem unsagbar feinen Kräftespiel, das zwischen den zehn Sephiroth hin und her wogt und auf dem das ganze System vom Baum des Lebens basiert, wenn die Erzengel, von denen jeder einen ganz unterschiedlichen Aspekt dieser sephirothischen Mächte repräsentiert und regiert, sich – zusätzlich vielleicht sogar zu den Erzengeln der zehn Sephiroth – in einer einzigen Sephira ballten?

Ich bin nicht dafür, nur aus Freude an der Sache über Ungutes endlos zu schreiben. Aber hier muß ich die kabbalistische Freundin und den kabbalistischen Freund, die mir so weit gefolgt sind, ernsthaft warnen. Die Beni Elohim von Hod sind nicht »Die Erzengel«, sondern die »Kinder der

Götter und Göttinnen«, sie sind Engel, die Engelscharen von Hod.

Die Beni Elohim vermitteln uns die heilenden Kräfte, die Raffael durch Hod anzieht oder in uns weckt. Sie helfen uns, die Werke, die in die Zuständigkeit der Sephira Hod fallen, ihren endgültigen Formen näherzubringen. Während der Erzengel Raffael uns aus der Ferne seinen hohen Schutz gewährt, begleiten uns die Beni Elohim, wenn wir darum richtig bitten, auf unseren Reisen. Sie sind Engelsgestalten von sehr hellem Orange.

Das astrologische Kraftprinzip

Das astrologische Kraftprinzip von Hod ist, wie wir bereits wissen, der Merkur. Am Himmel umkreist der Stern Merkur näher als alle Planeten unseres Systems die Sonne und erhält deshalb mehr Licht von ihr als die anderen. Als esoterisch-astrologisches Kraftprinzip ist er der große Gestalter, der Systematisierer, der den noch unscharf erfaßbaren Kräften Form durch Intellekt verleiht. Ohne die Ordnungskräfte von Hod-Merkur würden wir in den Reichen von Netzach und vor allem von der neunten Sephira Yesod Opfer von Täuschungen. »Nach meiner Auffassung«, schreibt Hans-Dieter Leuenberger,

> »war es ein entscheidender Fehler im System des Golden Dawn, daß seine Neophyten bei der Erteilung der einzelnen Grade zuerst nach Yesod geführt wurden, bevor sie die Initiation von Hod und Netzach erfuhren. Dadurch erhielten sie offenbar nie das ganz richtige Verhältnis zu dieser Sephira und auch nicht die Kontrolle über deren Kräfte. Die Folge davon war ein astrales Aus- und Herum-

flippen, um es modern auszudrücken, was wesentlich zum Niedergang des Ordens beigetragen hat. Das gleiche gilt übrigens auch für die Praxis der Psychotherapie.«

Mehr über diese Illusionen, denen nicht nur Kabbalistinnen und Kabbalisten, sondern vor allem auch Medien und ihr Publikum rudelweise zum Opfer fallen, werden wir im Kapitel über die Sephira Yesod erfahren.

Das magische Bild

Das magische Bild von Hod ist ein Hermaphrodit. Sein Name verrät, was er in der griechischen Mythologie ist: ein Kind von Hermes und Aphrodite. Als schöner Zwitter mit weiblichen Brüsten und männlichem Geschlechtsteil ist er ein Gegenstück zur bärtigen Venus von Netzach und deutet wie diese auf die enge Durchdringung der Netzach- und Hod-Kräfte hin.

Die Symbole

Die Symbole von Hod sind Namen und Versikel, letztere verständlicher unter der Bezeichnung »mantrische Sätze«. Sie spielen nicht nur in den östlichen Religionen eine Rolle. Auch ein Rosenkranzgebet mit seinen ständigen, autosuggestiven Wiederholungen ist ein Mantra, und ganz besonders gehören hierher die Worte der Macht der magischen Kabbalisten.

Der Begriff des Namens als Symbol von Hod ist weit gefaßt, er reicht von der Benennung und damit Kodifizierung und Einordnung bis zum persönlichen Namen der Kabbalistin und des Kabbalisten. Nicht immer ist der Vorname, den uns unsere Eltern gaben, unser wirklicher Name. Diesen gilt es für unsere magischen Arbeiten, in die wir auch unseren Namen einbeziehen können, herauszufinden.

Oft ist unser echter Name der, den uns Freunde und Freundinnen, Klassenkameradinnen und Klassenkameraden in der Jugend scheinbar zufällig gaben. Wenn er nicht jugendlicher Boshaftigkeit entsprang, mit der eine unserer Schwächen oder Lächerlichkeiten festgenagelt wurde, verdankt er seine Entstehung sehr häufig der Intuition, über die wir in der Jugend meist noch ungehemmt verfügen. Auf alle Fälle sollten wir in uns herumhorchen, ob dieser »Spitzname« unseren Kern umschreibt. Wo nicht, müssen wir unseren eigentlichen Namen suchen, er wird uns irgendwo irgendwann begegnen, und wir werden von ihm geheimnisvoll angerührt sein.

Allerdings sollten wir uns davor hüten, daß dieser Name unserem Wunschdenken entspringt, das ihn mit einer berühmten Person verbindet, die wir bewundern und die wir gerne wären. Erstaunlich oft jedoch haben uns die Eltern den Namen geschenkt, der wir wirklich sind. Leider haben diese Geschenke in neuerer Zeit, wo man ganze Jahrgänge nach irgendwelchen Stars taufen läßt, merklich abgenommen.

Als starkes Symbol Hods wirkt der Caduceus, der goldene Stab des Hermes oder Merkurstab, um den sich zwei sich überkreuzende Schlangen winden. An seinem oberen Ende befinden sich zwei Flügel, Attribute des eilig reisenden Götterboten Hermes. Der Stab, der Hods Zauberstab ist, bedeutet magische Macht, die beiden Schlangen symbolisieren Weisheit. Den Jahrtausende vor Christus lebenden Mesopotamiern galten die zwei sich überkreuzenden Schlangen als Symbol des Gottes, der alle Krankheiten heilt.

Diesen Stab hat Asklepios verwendet, der griechische Gott der Arzneikunst, den die Römer Aesculapius nannten. Aus dessen Händen haben ihn die Ärzte übernommen und verwenden ihn bis auf den heutigen Tag als Standeszeichen – oft ohne zu ahnen, daß sie damit ein mächtiges Symbol von Merkur, Hermes Trismegistos und dem Erzengel Raffael in Stempel oder Briefkopf führen.

Das heilige Tier von Hod ist die Eule, Symbol für geordnete Weisheit, Wissen und Gelehrsamkeit. Mit ihren scharfen Augen durchdringt sie die Nächte der Unwissenheit. Und hier kann man doch einmal einige Überlegungen über die geheimnisvollen Verbindungen von Zahlen und Buchstaben anstellen, über die ich am Anfang des Buches einige allerdings schnell relativierte Bemerkungen gemacht habe. Man ist schon verblüfft, wenn man in vielen Sprachen die Wortähnlichkeit zwischen dem Wort Nacht, in der Hods Symbolvogel lebt, und der Zahl Acht der achten Sephira Hod betrachtet, für die dieser Nachtvogel, die Eule, das Symbol ist: im Deutschen Nacht–acht; französisch nuit–huit; italienisch notte–otto; englisch night–eight; spanisch noche–ocho. Philologen werden vielleicht sagen, daß der Ursprung für das Wort »Nacht« den indogermanischen Sprachen gemeinsam ist, weil man in der Urzeit nicht nach Tagen zählte, sondern nach Nächten. Wie es zu den Parallelen mit den Variationen der Zahl Acht kommt, ist damit allerdings noch nicht erklärt.

Hods Pflanze ist der in den Mittelmeerländern wachsende Styraxstrauch und Hods Duft das von ihm gewonnene Räucherharz. Ihr Metall ist das Quecksilber, das bei den Alchimisten Mercurium heißt. Ihr Edelstein ist der Opal.

Yesod:
Die Maschinerie des Universums

Die neunte Sephira Yesod heißt auf deutsch »Fundament« und ein Blick auf den Baum des Lebens genügt, um uns zu zeigen, warum das so ist. Ein Fundament ist der Teil eines Gebäudes, auf dem alle anderen Teile dieses Gebäudes ruhen und der den direkten Kontakt zur Erde hat. Die Erde, das Erdreich, unsere materielle Erde, ist im Baum des Lebens die einzige noch unter Yesod liegende Sephira, Malkuth, »Das Reich«.

In Yesod läuft alles zusammen, was aus den Sphären im Baum des Lebens dann Malkuth erreicht. Hier in Yesod ist das große Auffangbecken für die Potenzen der rechten, männlichen, belebenden Säule und der linken, weiblichen, formgebenden Säule und der mittleren Säule. Auch Tiphareth ist ja schon eine in diesem Sinne rezeptive, aufnehmende und harmonisierende Sephira, vor allem für die Kräfte von Chesed und Geburah. Aber Tiphareth befindet sich noch im Zentrum vom Baum des Lebens. Unter ihr liegen außer Yesod noch schräg rechts Netzach und schräg links Hod. Yesod dagegen wird auf seinem Platz an der mittleren Säulen nicht mehr flankiert. Die rechte und die linke Säule sind in Netzach und Hod zu Ende.

Yesod, illusionär wirkend im diffusen Licht des Mondprinzips mit seinen beiden Seiten, ist die Sphäre des Astrallichts. Dort im Astrallicht wird alles aufgenommen, was die Menschen auf der Erde an Gedanken, Worten, Wünschen, Taten, Emotionen freigesetzt haben. Vieles davon stürzt, wie von einem gewaltigen Spiegel reflektiert, zurück zur Erde. Gleichzeitig sickern die Variationen des Geistes und der Energien aus den oberen Welten und Sephiroth durch das Astrallicht Yesods wohltätig hinunter nach Malkuth und

Deutsche Bezeichnung: Fundament.

Lage im Baum: zweitunterste Sephira der mittleren Säule, unter den Enden der männlichen und der weiblichen Säule liegend, dritte Sephira des astralen Dreiecks und neunte Sephira im Baum des Lebens.

Position im menschlichen Mikrokosmos: Wurzel-Chakra, Geschlechtsteile.

Gottesname der ersten kabbalistischen Welt von Atziluth: »Schaddai el Chai – Der Herr des Lebens« oder »Der allmächtige, lebende Gott«.

Erzengel der zweiten kabbalistischen Welt von Briah: Gabriel, »Der Starke aus Gott.«

Engelchöre der dritten kabbalistischen Welt von Jetzirah: Cherubim, »Die Mächtigen«.

Erzengelfarbe: lila, silbern flimmernd.

Engelfarbe: rosa Gesichter, Arme und Beine, silberne Flügel, hellila Gewänder.

Astrologisches Kraftprinzip der vierten kabbalistischen Welt von Assiah: der Mond.

Magisches Bild: ein starker, schöner, nackter Mann.

Symbole: die Sandalen, die Düfte.

Metall: Silber.

Edelstein: Mondgestein, Bergkristall.

Duft: Jasmin, Myrrhe.

Pflanze: Alraune.

Heiliges Tier: die Katze.

bilden so ein feinstoffliches, positives Gegengewicht gegen die in der Überzahl leider verheerenden Reflexionen der menschlichen Gedanken und Taten.

Im mikrokosmischen Universum des Menschen ist Yesod das Reich der Bilder des Un- und Unterbewußten, der von den Menschen aller Zeiten und Rassen gebildeten Archetypen, des kollektiven Unbewußten.

Yesod wird die Maschinerie des Universums genannt (Chockmah, erinnern wir uns, ist der Motor des Universums). Und diese Maschinerie arbeitet unaufhörlich daran, die aus den unendlichen Gefilden im Baum des Lebens Malkuth entgegenstrebenden Kräfte aufzunehmen und in Bilder und Symbole der Formen umzuwandeln, die in Malkuth, auf der Erde, sich dann im Menschensinne konkret realisieren. Alles, was auf der Erde Form hat, sei es auch geistiger Art, ist durch die Vorformen von Yesod herabgekommen.

An die Mächte von Yesod muß sich der kabbalistische Magier wenden, der Einfluß auf die physische Welt von Malkuth nehmen will. Doch haben wir bereits früher gewarnt: Die magische Kabbalistin und der magische Kabbalist, die nicht mit den geistigen Ordnungsprinzipien der Sephira Hod vertraut sind, die ihrerseits ihre Impulse von Netzach beziehen, werden sich im Illusionsgegaukel von Yesod hoffnungslos verirren und schlimme, bestenfalls dumme Resultate erzielen. Denn die Symbole und Bilder, denen sie in Yesod begegnen, sind nicht das, was sie zu sein scheinen. Sie sind eben Symbole, Masken, hinter denen sich andere, höhere Kräfte verbergen, die wir nicht als Bild oder mit dem Verstand wahrnehmen können. Nur der wird schweren oder je nachdem sogar bedenklichen Täuschungen entgehen, der dank seiner kabbalistischen Vorarbeiten und Meditationen durch gehobene Emotion oder Intuition weiß, auch wenn er es nicht direkt auszusprechen vermag, was sich hinter diesen Masken wirklich verbirgt.

Die Hauptstärke der magischen Kabbalistin und des magischen Kabbalisten besteht darin, nicht nur abzuwarten, was ihnen von den höheren Mächten via Yesod hier in Malkuth aufs Haupt gedrückt wird, sondern etwas zu tun. Zu tun, das heißt einwirken, also Magie treiben. Wir suchen die Gunst der Mächte zu gewinnen, deren Hilfe unserer spirituellen Entwicklung und unserer Lichtarbeit für die Welt nutzt. Um diese Kräfte zu uns herabzuholen, müssen wir – das ist eines der kabbalistischen Paradoxe – zu ihnen aufsteigen. Auch dieser Weg führt über Yesod. Und deshalb ist es so wichtig, unsere Vorarbeiten geleistet und diese Kräfte, Mächte, Energien und Inhalte intuitiv integriert zu haben. Wenn dann das Symbol auftaucht, das dafür steht, aber nicht ist, als was es erscheint, wissen wir, was es bedeutet.

Hier soll man sich auch nicht irremachen lassen durch die Behauptung, daß man mit Symbolen, die ja astral sind, auch nur astrale Regionen erreichen könne. Das stimmt wohl, doch sind diese dann erreichten astralen Regionen nur Startbahnen in höhere spirituelle Bereiche, aus denen man dann wieder zu jenen Startbahnen zurückkehrt und das mitbringt, was nun auf diesen zu Landebahnen gewordenen früheren Startbahnen symbolisiert erkennbar wird.

War Netzach die Sphäre der Naturmagie, Hod die Zone der zeremoniellen Magie, so ist Yesod das Reich der Magie, wo die Kräfte des Unbewußten magisch mobilisiert werden. Keine der drei Sephiroth könnte ohne die Mitwirkung der beiden anderen magisch funktionieren. So wäre man durchaus berechtigt, das untere, astrale Dreieck auch das magische Dreieck zu nennen. Wie sehr der Mond, der ja nur die äußere Erscheinung des Mond-Prinzips darstellt, von – oft auch nicht ganz geheurer – Magie förmlich überquillt, spürt man, wenn man in der Natur in die Atmosphäre einer Vollmondnacht taucht.

Die Gepflogenheit, die vier Jahreszeiten auch als Zeit des Säens, Zeit des Reifens, Zeit des Erntens und Zeit der Ruhe zu bezeichnen, gilt nicht nur für den Agronomen. Denn hinter den Naturkräften, die die Kartoffeln ernteref machen, stehen andere, noch subtilere Kräfte. Spirituell Arbeitende unterteilen meist nicht nur das Jahr, sondern auch die ein knappes Monat dauernden Umlaufzeiten des Mondes um die Erde. Tatsächlich herrschen bei zunehmendem Mond andere Energien als zu Zeiten des abnehmenden Mondes. Man merkt das auf dem Land viel stärker als in der Großstadt, was wahrscheinlich daran liegt, daß man in der Großstadt überhaupt sehr vieles nur schwer merkt. Trotzdem kann man als äußere Zeichen in der Stadt zum Beispiel recht gut erkennen, wie verrückt und hysterisch sich die Autofahrer kurz vor Vollmond benehmen, während viele Menschen ein, zwei Nächte vor Neumond beginnen, einen oder auch mehrere über den Durst zu trinken.

Man liest, man solle magisch-kabbalistische oder überhaupt größere spirituelle Unternehmungen bei zunehmendem Mond ausführen, weil dann die positiven Kräfte zunähmen. Ganz so einfach, wie das scheinbar einleuchtend klingt, ist es aber nicht.

Denn bei zunehmendem Mond wachsen nicht nur die positiven Mond- und Yesod-Kräfte, sondern die Mond- und Yesod-Kräfte überhaupt. Wer also etwa für ein größeres spirituelles Unternehmen die Sonnenkräfte von Tiphareth mobilisieren will, die ja zu den Mondkräften in einem zum Teil gegensätzlichen und oft sogar heiklen Verhältnis stehen, tut das besser vielleicht in Zeiten, in denen die Mondkräfte schwächer sind. Außerdem sind die einzelnen Menschen für die lunaren Einflüsse von Yesod verschieden empfänglich. Am besten notiert man sich einmal ein Jahr lang in einem kleinen Kalender mit ganz wenigen Worten oder sogar nur Zeichen, wann die morgendliche Meditation oder Zeremonie besonders intensiv gewesen ist. Ich zum Beispiel entnehme meinem Kalender, daß für mich starke Tage nicht nur kurz vor, sondern auch direkt nach dem Vollmond liegen und daß besonders starke Tage in der Woche nach dem Neumond sind, wo die positiven Mondkräfte den Theorien nach doch eigentlich noch nicht sehr entwickelt sein sollen.

Mikrokosmisch liegt meiner Ansicht nach Yesod da, wo sich beim Menschen das Wurzelchakra befindet, das zwar nicht mit den Geschlechtsteilen identisch ist, aber unübersehbar in ihrer Nähe liegt. Und natürlich gehören zu Yesod ihrer ganzen Wirkungsweise nach als Körperzuordnung die Geschlechtsteile, durch die, wie Hugo von Hofmannsthal in seinem Libretto zur Oper »Die Frau ohne Schatten« von Richard Strauss schreibt, die sich liebend in den Armen liegenden Gatten »die Brücke« sind, »auf der die Toten wiederum ins Leben gehen«.

Besser läßt sich eine der wichtigsten Wirkungsweisen von Yesod kaum beschreiben. Andererseits müssen auch die Menschen, die von der puren Sexualität in die zahlreichen und immer subtiler werdenden Sphären der geistigen Liebe aufsteigen wollen, ihren Weg über Yesod nehmen, die nicht nur die Maschinerie des Universums ist, sondern auch seine Brücke.

Der Gottesname von Yesod heißt »Schaddai el Chai«, das ist »Der Herr des Lebens« oder »Der allmächtige, lebende Gott«. Er ist der Herr des Lebens, das in Yesod seine letzte astrale Ausprägung erhält, bevor es als materielles Leben die Welt von Malkuth betritt. Schaddai el Chai ist einer der Gottesnamen, die äußerst kraftvoll, dynamisch klingen und sozusagen auf Anhieb »zünden«, wie etwa auch der Gottesname der fünften Sephira Geburah, Elohim Gibbor. Mit der schließlich innersten Macht der Gottesnamen hat dies allerdings noch nichts zu tun, wie diejenigen wissen, denen es gelingt, etwa die Gottesnamen Yod Heh Vau Heh Elohim (Binah) oder gar Ehejeh (Kether) richtig zu vibrieren. Für uns, die wir in der Welt von Malkuth agieren, ist jedenfalls Schaddai el Chai ein Gottesname von großer, lebender Kraft.

Der Erzengel

Der Erzengel von Yesod ist Gabriel, »Der Starke aus Gott«. Er gilt, zusammen mit dem noch über ihm stehenden Erzengel Michael, als Führer der himmlischen Milizen, ein Rang, den man auf Anhieb dem Erzengel von Geburah, Kamael, zuschreiben würde. Aber Milizen sind ja Volksheere, Volkssoldaten, während Kamael und seine Seraphim eine spezialisierte Truppe bilden, die dort eingreift, wo ein Zustand oder ein Prinzip durch Maßlosigkeit verletzt wird. Gabriel gilt übrigens auch bei den Mohammedanern als einer der Mächtigsten: Der Prophet Mohammed behauptet, daß es Gabriel – im Islam Jibril – war, der ihm Sure um Sure den Koran diktierte.

Bei den Christen ist Gabriel der Verkündigungsengel, der Maria die Geburt ihres Sohnes ankündigte und sie beauftragte, diesem den Namen Jesus zu geben. Unzählige Meisterwerke der Kunst zeigen Gabriel in dieser himmlischen Mission, oft mit einer weißen Lilie in der Hand. Die Tatsache, daß Gabriel den Auftrag bekam, Maria die Geburt von Jesus anzukündigen, weist ihn direkt als Erzengel von Yesod aus. Denn wer wäre kompetenter, die Geburt des »Gottessohnes« vorauszusagen, als der Erzengel der Yesod-Sphäre, aus der heraus alles – auch ein Gottessohn, der auf Erden wandeln muß – konkrete Gestalt gewinnt.

An Gabriel, den »Starken Gottes«, wenden wir uns vor allem wenn wir mit Briah von Yesod in Kontakt kommen wollen, Yesods Welt der Schöpfung. Oder wenn wir makrokosmisch oder mikrokosmisch zur Welt der Schöpfung im Baum des Lebens aufsteigen wollen, zu den Sephiroth Chesed, Geburah und Tiphareth, dem ethischen Dreieck. Wir stellen uns Gabriel als große Gestalt in einer hellen Nacht vor. Er ragt aus den Wassern empor, und auf seinem lila Gewand spielt das silberne Licht des Mondes und dessen silberner Widerschein im Wasser. Für andere ist die Kraft Gabriel eine Himmel und Erde verbindende lila, mit Silberflimmern gesprenkelte Säule.

Die Engel

Die Engel von Yesod sind die Cherubim, auf deutsch »Die Mächtigen«. Cherub heißt eigentlich »wie ein Kind«, und deshalb werden die Cherubim in der Kunst häufig mit Kindergesichtern dargestellt, auch als Putten. Doch soll man sich davon nicht täuschen lassen. Denn die wirklichen Cherubim sind äußerst kräftige, handelnde Engel. Sie gelten als die Wächter des Paradieses, auch Wächter über den Baum des Lebens. Dazu sind sie die Hüter der Schwelle, die Unberufene daran hindern, in die höheren Yesod-Sphären vorzudringen und darüber hinaus in die oberen Sephiroth. Genauso halten die Hüter der Schwelle den Unwürdigen ab, der noch nicht reif dafür ist, in die tieferen Gewölbe und höheren Himmel seines eigenen Mikrokosmos einzutreten, dorthin, wo im Saal der geheimen Vorstellungen und Bilder seine eigenen göttlichen Meisterwerke hängen.

Die Cherubim bringen den Menschen, der geboren werden soll, ins Leben und nehmen den Gestorbenen in Empfang. An sie sollen wir uns deshalb in der Todesstunde oder noch besser Todesminute wenden, damit, wenn man durchs große Tor tritt, die Cherubim uns unterfassen und wie in einem Schnellift in die oberen Sphären von Yesod tragen, ohne daß wir von den Monstren der unteren Yesod-Bereiche erschreckt und angegriffen werden. Sie bringen uns wohl auch in das Zwischenreich, das sich vom Tod bis zur nächsten Reinkarnation erstreckt und das eine Art »Fegefeuer« ohne Feuer sein kann oder eine Art Paradies, das »Sommerland«. Dort, in diesem Zwischenzustand, warten wir unter verwandten Seelen und in einer verdienten Landschaft, die dem entsprechen, was man in seiner letzten Inkarnation auf der Erde in seinen Phantasien, Gedanken, Wünschen und Taten geschaffen hat. Das kann sehr schön oder sehr schrecklich sein.

In der praktischen, magisch-kabbalistischen Arbeit rufen wir die Cherubim zu uns herab oder bitten sie, uns durch das Tor von Yesod hinaufzubringen in die höheren Sephiroth und Welten im Baum des Lebens. Sie helfen uns auch, geistige Prinzipien auf der Erde zu konkretisieren. Die Cherubim haben rosa Gesichter, Arme und Beine, kräftige Gestalten, silberne Flügel und kurze, helllila Gewänder.

Das astrologische Kraftprinzip von Yesod, der Mond, symbolisiert schon rein äußerlich deutlicher als die anderen Gestirne die Wirkungsweisen seiner Sephira, Yesod. Genau wie der Mond sein Licht nicht selbst produziert, sondern von der Sonne empfängt und reflektiert, so empfängt Yesod mit ihrem Astrallicht fremde Energien und reflektiert sie. Was der Mond auf die Erde scheinen läßt, ist zwar auch Licht, aber mit dem Sonnenlicht und seiner Macht hat es nichts mehr gemein. Allerdings soll man sich nicht irren. Hinter dem weißen Mondlicht, das scheinbar kraftlos ist und keine Wärme spendet, verbergen sich die ungeheuren Kräfte und Energien der im lunaren Kraftprinzip fokussierten Yesod-Mächte. Nicht einmal die Sonne kann die Aberbillionen Tonnen von Wasser in den Ozeanen so über Tausende von Kilometern in Bewegung setzen und gigantisch aufeinandertürmen, wie das der Mond mit seinen Gezeiten tut. Was in diesen riesigen Dimensionen wirksam ist, gilt auch im Kleinsten. Wissenschaftler haben gemessen, daß die Flüssigkeit, die man in eine Tasse füllt und stehenläßt, den Gezeiten des Mondes unterworfen ist und sich bewegt. Zusammenfassend kann man sagen, daß alles, was im Bereich der Erde zyklisch abläuft, auch im Menschen, durch das astrologische Kraftprinzip Mond von Yesod-Kräften angetrieben wird.

Das magische Bild

Das magische Bild von Yesod ist ein starker, schöner, nackter Mann. Man mag dabei an den mythologischen Riesen Atlas denken, der unsere Erde auf den Schultern trägt. Auch hier, beim magischen Bild, zeigt sich wieder, daß man sich irrt, wollte man in Yesod eine eher schwächliche Sephira sehen, getaucht in Mondlicht, das kraftlos und nur von der Sonne geborgt ist, als einen kalten Spiegel, der nicht produziert, sondern nur reflektiert. Eine Haupteigenschaft von Yesod ist Stärke, denn ohne Stärke würde das gigantische Räderwerk einer Maschinerie des Universums stillstehen. Als Generator und Regenerator für die acht oberen Sephiroth und die zehnte Sephira Malkuth verwendet Yesod als Treibstoff die Mächte des Kosmos, die in Kraft und Zahl unbegrenzt sind.

Die Symbole

Die Symbole von Yesod sind die Sandalen, nur eine Sohle noch, die den Fuß des Gehenden vom Erdreich, von der Erde, Malkuth, trennen, und die Düfte, vor allem auch das Räucherwerk. Düfte, das heißt natürliche Parfums, sind ja auch schon der Sephira Netzach zugeordnet. Doch sind diese mehr geistige Essenzen der gehobenen Netzach-Natur. Wer meditativ oder zeremoniell mit Yesod arbeiten will, begibt sich besser nicht auf ein so weites Feld, sondern benutzt als Intuitionshilfe Myrrhe oder den Duft von Jasmin, der mehr als andere Düfte eindeutig zu Yesod gehört.

Das heilige Tier von Yesod ist die Katze, ihre Pflanze die Alraune. Yesods Metall ist das Silber, ihre Steine sind natürlich der Mondstein und der Bergkristall.

Malkuth: Die Schule der Elemente

Die zehnte Sephira Malkuth, »Das Reich«, am Fuß des Lebensbaums, ist die Welt, in der wir gegenwärtig leben. Ihre mikrokosmischen Entsprechungen sind natürlich die Füße, aber als Körperzuordnung gilt auch der Anus, was jedem einleuchtet, der unbekümmert darüber nachdenkt. Wie alle Sephiroth umspannt Malkuth die vier kabbalistischen Ebenen Atziluth, Briah, Jetzirah und Assiah. Aber in den kabbalistischen Welten im Baum des Lebens steht sie im Gegensatz zu allen anderen Sephiroth allein.

Das heißt nicht, daß Malkuth nicht ohne eine besondere Bezugs-Sephira wäre. Chockmah und Binah sind auf Kether ausgerichtet, Chesed und Geburah sollen in Tiphareth harmonisiert werden, Netzach und Hod lassen ihre polaren, recht magischen Kräfte nach Yesod strömen. Malkuth empfängt aus Yesod, dem Sammelbecken aller oberen Sephiroth, Leben und gibt ihm konkrete Form. Was in der dritten Sephira Binah als Ur-Matrix aufschien und geistig vorgeformt wurde, diese überirdischen Archetypen, das wird in Malkuth endlich ganz materiell.

Hier in Malkuth, dem physischen, aktiven, materiellen Menschenleben, haben wir unsere gegenwärtige Aufgabe zu erfüllen. Man sollte meinen, daß es am einfachsten sei, im Konkreten zu leben. Aber das ist nicht der Fall. Wer lebt schon im wirklichen Hier und Jetzt des Augenblicks, wer flüchtet sich nicht in die Gedanken an die Vergangenheit oder die Hoffnung und Ängste vor der Zukunft, auf das endlos rotierende Karussell der sich gegenseitig durch Assoziationen und absurde Einfälle produzierenden Gedanken? Wer schafft es wirklich, innerlich ruhig zu werden, gegenwärtig in Harmonie mit dem Plan der Schöpfung, den uns das Überselbst widerspiegelt, unser göttlicher Funke?

Deutsche Bezeichnung: Das Reich.

Lage im Baum: unterste Sephira in der mittleren Säule und im Baum des Lebens, zehnte Sephira und einzige Sephira der Welt von Assiah im Baum des Lebens.

Position im menschlichen Mikrokosmos: die Füße, der Anus.

Gottesname der ersten kabbalistischen Welt von Atziluth: »Adonai ha Arez – Herr der Erde« oder »Adonai Melek – König aller Könige«.

Erzengel der zweiten kabbalistischen Welt von Briah: Sandalphon, »Führer der Erde«, »Intelligenz der Erde«.

Engelchöre der dritten kabbalistischen Welt von Jetzirah: Ischim, »Die Feuerseelen«, »Die guten Menschen«.

Erzengelfarbe: Gelb, Grün, Rot, Schwarz.

Engelfarbe: wechselnd.

Astrologisches Kraftprinzip der vierten kabbalistischen Welt von Assiah: die Erde als Sphäre der vier Elemente.

Magisches Bild: eine junge Frau mit Schleier und Krone, die auf einem Thron im Grünen zwischen Blüten sitzt.

Symbole: das gleicharmige Naturkreuz, der Kreis, der Tempel, der weiße Würfel auf einem schwarzen Würfel.

Edelstein: alle Steine außer den einer anderen Sephira zugeordneten.

Duft: die Düfte eines Frühlings-, Sommer- oder Herbsttages in der Natur, ein Frühlings-, Sommer- oder Herbststrauß.

Pflanze: alle Pflanzen in ihrer Gesamtheit.

Heiliges Tier: der Hund.

Malkuth: Die Schule der Elemente

Die kabbalistische Freundin und der kabbalistische Freund, die durch den Baum des Lebens wissen, wie Schöpfung aus dem Numinosen kommt und sich im Zug durch die Sephiroth verdichtet, tun sich da wahrscheinlich leichter. Sie wissen, daß die Kräfte aus Kether, dem Sitz der Spiritualität, ihrem Gegenpol entgegenstreben und deshalb in Malkuth materielle Formen gewinnen müssen. So sind sie in der Lage, das Leben auf der Erde anzunehmen, die ehrwürdige Vertreter von Kirchen als »Jammertal« bezeichnen, womit sie dem Schöpfer unserer wunderbaren Welt einen wahrhaft prächtigen Dank verpassen. Denn die Erde ist nicht als Jammertal gedacht. Man kann sie nur dazu machen.

Das ist, zugegeben, ein problematisches Thema. Denn natürlich sieht man die Erde als Jammertal, wenn man ein Jammertal in sich, in seinem Mikrokosmos, im eigenen Malkuth mit sich herumschleppt. Hier heißt es, die spirituellen Werkzeuge zuerst und energisch anzusetzen. Doch davon wollen die meisten nichts wissen. Sie glauben, es ist einfacher, sich gleich in mystische Höhen aufzuschwingen und die Füße nicht mehr auf dem harten Boden zu haben. Um uns dem Zorn streitbarer Andersdenkender zu entziehen, zitieren wir noch einmal Dion Fortune, die von diesem Zorn zumindest in Malkuth nicht mehr zu erreichen ist:

»Wenn wir der Disziplin Materie entkommen wollen, bevor wir sie gemeistert haben, bewegen wir uns nicht in Richtung höherer Sphären, sondern kommen zu einem Stillstand in der Entwicklung. Genau darin liegt das spirituelle Manko der unzähligen, wie Pilze aus dem Boden schießenden Gruppen, die uns die Lehren des fernen Ostens und des fernen Westens vermitteln wollen. Durch billigen Idealismus suchen sie den harten Anforderungen des Lebens zu entfliehen … Früher oder später werden sie das Hindernis angehen und überwinden müssen. Das Leben wird sie immer und immer wieder damit konfrontieren und irgendwann auch zu Peitsche und Sporen greifen, sprich zu psychischer Krankheit. Wer sich dem Leben nicht stellt, muß es abspalten, und Bewußtseinsspaltung ist der Auslöser für die meisten psychischen Krankheiten.«

Auf der Ebene von Malkuth kneifen »gilt nicht«. Im übrigen lügen sich die meisten in die eigene Tasche, wenn sie behaupten, sie strebten nach Höherem, weil sie das banale und ordinäre Treiben von Malkuth überwunden hätten. Sie haben es nicht überwunden. Sie wollen oder können sich ihm nicht stellen. Nach ihrem Tod werden sie von Zaphkiel erfahren, dem Erzengel der Sephira Binah und obersten Herrn des Karma, daß sie umsonst gelebt haben.
Aber auch der geübteste spirituelle Höhenflieger kann nichts daran ändern, daß er während seiner Inkarnation auf der Erde von ebendieser Erde aus in die inneren und äußeren geistigen Bereiche aufsteigen muß. Und jede magisch-kabbalistische Handlung beginnt zwangsläufig in Malkuth. Man kann kein Haus bauen, indem man zuerst das Dach errichtet. Das alles besagt natürlich nicht, daß wir uns vom Strom jenes Lebens mitreißen lassen sollen, das die sogenannten modernen Menschen für das wahre Leben halten. Es heißt vielmehr, wir sollen das Reich Gottes auf Erden errichten. Das bedeutet nichts anderes, als die spirituellen Ideale, die kabbalistischen Gesetze, auch in der materiellen Welt von Malkuth zu verwirklichen: »Wie oben, so unten.«

Der Gottesname von Malkuth heißt »Adonai ha Arez – Herr der Erde«. Das ist der Gott, der in allen Wesen und Dingen und Erscheinungen ist und in dem alle sind. Malkuth besitzt noch einen zweiten Gottesnamen: »Adonai Melek – König aller Könige«. Beide Namen sprechen den Herrn an, der in den Königreichen der Erde regiert. Die magische Kabbalistin und der magische Kabbalist werden nach einigen Versuchen oder vielleicht sofort spüren, welcher der beiden Gottesnamen für sie kraftvoller ist. Bei diesem werden sie bei ihren zukünftigen Arbeiten und zeremoniellen Handlungen bleiben.

Diese wie alle Gottesnamen der zehn heiligen Sephiroth wirken durch magische Macht. Sie ist eine Erfahrung, die man erlebt, indem man den betreffenden Gottesnamen im richtigen Geiste vibriert oder auch schreibt. Der Gottesname, die umfassende Macht der ersten kabbalistischen Welt von Atziluth, wird von den Kabbalisten mit höchstem Respekt und höchster Verehrung angewandt. Sie lassen nie ein Stück Papier herumliegen oder in fremde Hände fallen, auf dem ein Gottesname der zehn Sephiroth geschrieben steht. Auch sprechen sie nie einen dieser Gottesnamen leichtfertig aus, das heißt außer in ihren kabbalistischen Handlungen oder in Augenblicken, in denen sie die Kraft des Gottesnamens mit aller Intensität ihres kabbalistischen Glaubens zu Hilfe rufen.

Dies gilt übrigens, um es noch einmal ernsthaft zu betonen, nicht nur für Gottesnamen, sondern auch für die Erzengel, Engel, magischen Bilder und alle anderen Symbole der magischen Kabbala, die wir in unserem großen kabbalistischen Werk verwenden. Wer sie leichtfertig und unwürdig gebraucht, muß nicht nur mit ihrer

Wirkungslosigkeit rechnen, sondern auch damit, daß er dadurch Schaden nimmt.

Der Erzengel

Der Erzengel von Malkuth ist Sandalphon, »Die Intelligenz der Erde«, auch »Führer der Erde«. Rein vom Sinn her ist Sandalphon das Geräusch, das die Sandale macht, und natürlich denken wir dabei an die Sandalen des magischen Bildes der neunten Sephira Yesod und glauben das Geräusch zu hören, das die Sandalen Yesods beim Auftreten auf die Erde Malkuths machen.

Diese Bezeichnungen lassen zusammen mit dem, was wir über Malkuth schon wissen, wenig Zweifel über das Wesen Sandalphons offen. Man nennt ihn auch den Zwillingsbruder von Metatron, den Erzengel der ersten Sephira Kether. Wie Metatron soll Sandalphon ein Mensch gewesen sein, den Gott direkt zu sich nahm. Der Überlieferung zufolge soll Sandalphon in seinem Erdenleben der Prophet Elias gewesen sein.

Sandalphon wird die Aufgabe zugeschrieben, festzusetzen, welches Geschlecht der Embryo im Mutterleib bekommen soll, wodurch er allerdings Kompetenzprobleme mit dem Karma-Erzengel von Binah, Zaphkiel, bekommen würde. Wer es fertigbringt, das Gesicht des Erzengels Sandalphon zu sehen, der kann darin die Züge seiner früheren Inkarnation erkennen. Eine der Schwierigkeiten, die er dabei überwinden muß, besteht darin, daß Sandalphon riesig groß ist. Manche Kabbalisten sehen in Sandalphon die Verkörperung unseren bösen Karmas. Doch ist es nicht sehr glücklich, die »Intelligenz der Erde«, den »Führer der Erde«, dessen Hilfe für uns in unsrer Eigenschaft als Erdenmenschen so unerläßlich ist, einseitig mit dem Begriff »dunkler Engel« zu belasten und damit ins Düstere einzufärben. Daß Sandalphon, zuständig für Briah, die Welt der Schöpfung Malkuths, also ein Erzengel des Lebens, gleichzeitig unser Todesengel ist, hängt mit der Sterblichkeit unseres Erdenkörpers zusammen. Denn in dem Moment, in dem wir nach der Geburt unseren ersten Schrei tun, sterben wir Sekunde um Sekunde, Stunde um Stunde, Tag um Tag dem Ende dieses Erdenlebens entgegen. In der Sekunde nach unserem letzten Ausatmen werden wir in die Welt des körperlosen Seins geboren, in der wir kürzer oder sehr lange sein werden, bis mit einer neuen Inkarnation sich unser »Karma-Karussell« wieder zu drehen beginnt.

Wir stellen uns Sandalphon als riesige Gestalt vor, die in einem Umhang in den Farben Gelb, Grün, Rot und Schwarz hoch über die Natur, das heißt die schönen Landschaften unserer Erde, aufragt.

Die Engel

Die Engel von Malkuth sind die Ischim, »Die Feuerseelen« oder »Die guten Menschen«. Das sind zwei höchst unterschiedliche Begriffe, und sie stehen auch für zwei verschiedene Formen und Wirkungsarten der Ischim. Als »Feuerfunken« sind sie belebte Atome, die wie Weberschiffchen hin und her sausen und der Materie Leben verleihen. Als »gute Menschen« sind die Ischim nach Meinung vieler Kabbalisten hochentwickelte Menschenseelen, die schon zu Lebzeiten ungewöhnliche Herzensqualitäten besaßen. Sie hätten in die Welt des Lichts aufsteigen können. Aber sie haben es aus Liebe vorgezogen, die Seelen auf Erden lebender Menschen spirituell zu führen und zu schützen. Andere, vor allem Führer esoterischer Gemeinschaften, bezeichnen die Ischim als vom Karma befreite Seelen, die sich erneut inkarniert haben, um den anderen Menschen als Meister zu helfen.

Ich glaube, diese Meister sollten sich nicht exklusiv als Ischim fühlen. Ischim sind einfach auch die guten Menschen. Man muß sie nicht so hoch ansiedeln. Sicher bin ich nicht allein, wenn ich glaube, den Ischim schon mehrmals begegnet zu sein. Als ich in einem Frühjahr mit dem Wagen von Italien über den Colle di Tenda nach Südfrankreich fahren wollte, mußte ich in einer Kolonne hinter einem Rotlicht halten. Plötzlich sprang ein junger Mann aus einem Auto, das fünf Wagen vor mir hielt, und lief an den anderen Autos vorbei zurück zu mir. Obwohl ich eine deutsche Nummer hatte, sprach er mich auf französisch an.

»Sie wollen sicher über den Col de Tende nach Frankreich«, sagte er zu mir. »Aber durch die Unwetter der letzten Tage ist die Paßstraße verschüttet. Sie kommen nicht durch. Fahren Sie nicht weiter südwärts, sondern nach Westen, zu dem Ort Vinadio. Von dort führt eine kleine Straße über einen hohen Paß nach Isola in Frankreich. Da können Sie in südlicher Richtung direkt nach Nizza weiterfahren.«

Ich scherte aus der Reihe aus, wendete und fuhr zurück. Auf der Suche nach der Abzweigung nach Vinadio geriet ich in eine Sackgasse. Ich holte ein wenig ratlos die Landkarte aus dem Handschuhfach. Da hielt der junge Mann von vorhin in seinem Auto neben mir, obwohl er doch in der Schlange in entgegengesetzter Richtung gestanden hatte, und erklärte mir noch einmal den Weg. Von da an hatte ich keine Probleme mehr. Auf einer schmalen Straße, die oft nicht einmal Platz für zwei Wagen nebeneinander ließ, fuhr ich über den hohen Paß durch eine wie verzauberte menschenleere Natur und erreichte sicher Frankreich. Die Straße über den Colle di Tenda war, erfuhr ich dort, tatsächlich tagelang gesperrt. Wäre ich ahnungslos weitergefahren, hätte ich mein Ziel an diesem Tag nicht mehr erreicht.

Man sollte, wie gesagt, die Ischim nicht zu hoch ansiedeln. Nur so kann man sich bemühen, es ihnen gleichzutun, einmal einer von ihnen zu werden. Man wird dann, wenn man ihnen begegnet, sie erkennen, und sie werden uns erkennen, und man wird niemals allein sein und in Sicherheit über die Erde Malkuths gehen.

Einer der Engel Malkuths ist unser ganz persönlicher Schutzengel, dessen höhere Entsprechung wir schon unter den Malachim der Sephira Tiphareth fanden. Unser Schutzengel von Malkuth weist uns darauf hin, vielleicht ohne daß wir uns dessen genau bewußt geworden sind, welche Aufgabe, welche Mission wir im Leben zu erfüllen haben. Von nun an sind wir eine Frau oder ein Mann mit Bestimmung. Der Drang, diese Bestimmung zu erfüllen, durchzieht von nun an das ganze Leben, ob es sich darum handelt, ein ganz bestimmtes Buch zu schreiben, ein Geheimnis der Natur zu entdecken, ein karitatives Werk zu schaffen – oder was immer es sein mag. Ob sich dieser Drang, diese Mission glücklich verwirklichen lassen, ist eine andere Sache und hat mit der Bestimmung an sich nichts zu tun. Wenn so viele Menschen unsere Tage unter der scheinbaren Sinnlosigkeit des Lebens leiden, bedeutet dies, daß sie ihrem Schutzengel von Malkuth, ihrem persönlichen Ischim, noch nicht begegnet sind oder ihn noch nicht verstehen konnten.

Das astrologische Kraftprinzip von Malkuth ist die Erde als Sphäre der vier Elemente.

Das magische Bild

Das magische Bild von Malkuth ist eine junge Frau mit Schleier und Krone, die auf einem Thron im Grünen zwischen Blüten sitzt.

Die Symbole

Die Symbole Malkuths sind das gleicharmige Naturkreuz, das die vier Elemente symbolisiert, und der Kreis, der den magischen Kreis darstellt, den die magische Kabbalistin und der magische Kabbalist um sich ziehen und in dessen Mittelpunkt sie ihre Operationen ausführen. Im letzteren Sinn ist auch der Tempel, den die Kabbalisten in der Vorstellung errichten, ein starkes Symbol von Malkuth. Dieser Tempel hat den Vorzug, daß sie ihn überallhin mitnehmen können. Ein anderes traditionelles Symbol Malkuths ist der aus zwei aufeinandergesetzten Würfeln bestehende Altar, wobei die untere Hälfte schwarz, die obere weiß ist. Hier muß man wieder an das Hermetische Gesetz »Wie oben, so unten« denken. Schließlich ist Malkuth die einzige Sephira außer Kether, in der die Kräfte aller anderen Sephiroth konstant enthalten sind.

Das Tier von Malkuth ist der Hund, der sich – von wenigen wild lebenden Resten abgesehen – wie kein anderes Tier bedingungslos auf die Seite des Menschen geschlagen hat.

Die Pflanzen Malkuths sind alle Pflanzen in ihrer Gesamtheit (für magische Arbeiten: ein Strauß verschiedener Pflanzen). Die Steine Malkuths sind alle Steine außer denen, die
ausdrücklich einer bestimmten Sephira zugeordnet sind
(für magische Arbeiten: einige verschiedene Steine). Das
Parfum Malkuths besteht aus den durcheinander wogenden
Düften eines Frühlings-, Sommer- oder Herbsttages in der
unberührten Natur (für magische Arbeiten: ein Frühlings-,
Sommer- oder Herbststrauß).

Daath:
Die geheimnisvolle Sphäre

Wie wir schon früher dargelegt haben, begnügen sich manche Kabbalisten nicht mit den zehn Sephiroth. Sie nehmen
an, daß noch eine elfte Sephira existiert: auf der mittleren
Säule unterhalb von Chockmah und Binah. In Abb. 1 haben
wir diesen angenommenen Platz von Daath (»Wissen«)
durch einen schraffierten Kreis angezeigt.
Einer der Hauptgründe, die zu den Spekulationen über
eine elfte Sephira geführt haben, ist die Anordnung der
Dreiecke im Baum des Lebens. So, wie wir diese Anordnung
verstehen, zeigt das oberste, überirdische Dreieck, bestehend aus Kether, Chockmah und Binah, mit der Spitze nach
oben. Das ethische Dreieck (Chesed, Geburah und Tiphareth) und das astrale, magische Dreieck (Netzach, Hod,
Yesod) weisen nach unten. Malkuth steht für sich allein.
Folgt man den Vorstellungen von einer elften Sephira, dann
sind alle drei Dreiecke einheitlich mit der Spitze nach unten
gerichtet, während Kether und Malkuth, die ja tatsächlich
von ihrer Art her im Baum Sonderstellungen einnehmen,
außerhalb von Dreiecken allein sind. In jedem der drei

Dreiecke könnten dann die beiden auf den äußeren Säulen liegenden Sephiroth ihren Ausgleich in einer Sephira der mittleren Säule finden. Das sind nicht von der Hand zu weisende Argumente. Sie ändern jedoch nichts daran, daß von Anfang an stets von den zehn Sephiroth im Baum des Lebens die Rede war und das auch so geblieben ist.

Die in den vier kabbalistischen Welten Daaths angenommenen Zuordnungen, die von den Anhängern einer Daath-Theorie aufgestellt wurden, erfreuen uns nicht besonders. So besitzt Daath keinen oder nur einen verwaschenen, vermischten Gottesnamen. Sie wird nicht von einem Erzengel regiert, sondern von vieren, nämlich den Engeln der vier Himmelsrichtungen, die wir ja in ganz anderen Sephiroth wissen. Ihre Engel heißen »Die Schlangen«. Und ihr astrologisches Kraftprinzip ist der Sirius, womit die Anhänger Daath endgültig als einzige Sephira aus unserem Planetensystem hinauskatapultiert hätten.

Die Befürworter von Daath bezeichnen ihre »verborgene Sephira« als Abyssos, als Abgrund, den es zu überwinden gilt, wenn man in die obersten, Gott am nächsten liegenden Sephiroth vordringen möchte. Daß hier, zwischen dem ethischen und dem überirdischen Dreieck, auf der mittleren Säule eine Sphäre von höchster spiritueller Intensität liegt, die in beiden Richtungen nur schwer zu durchschreiten ist, glauben wir auch. Nur muß man sie nicht als elfte Sephira bezeichnen und damit alles Urwissen und alle Überlieferungen über den Baum des Lebens ins Wanken bringen, von der Feinabstimmung dieses Systems und ihrer Handhabung ganz zu schweigen. Der für mich unumstößliche Beweis dafür, daß die Anzahl zehn richtig ist, besteht darin, daß die Arbeit mit den zehn Sephiroth unvergleichlich gut funktioniert.

DREI

KAPITEL 11

Die drei Kardinaltugenden

Unsere Hauptaufgabe ist es nicht, kabbalistische Kenntnisse zu erwerben. Sie besteht vielmehr darin, sich mit Hilfe erworbener kabbalistischer Kenntnisse höher zu entwikkeln. Dieses Sichhöherentwickeln ist nichts weiter, als vollkommener oder, noch einfacher ausgedrückt, ein guter Mensch zu werden. Dies ist, wie wir mittlerweile wissen, ein weiter, gewundener, aber auch sehr schöner Weg. Diejenigen irren, die glauben und verkünden, der spirituelle Weg sei nur mit Entsagungen, Verzichten und Freudlosigkeiten gepflastert und dürfe nur mit tiefernster Miene begangen werden. In Wahrheit ist er von Schönheit, Freude und Belohnungen gesäumt, die mehr wiegen als alles, was man natürlich schon früher oder später zurücklassen muß. Und was man der kabbalistischen Freundin und dem kabbalistischen Freund auch anderes erzählen mag: Auf diesem Weg wandert es sich am besten mit heiterem Gesicht und Herzen.

Was einen vollkommenen, guten, in Harmonie mit den göttlichen Gesetzen lebenden Menschen ausmacht, läßt sich in wenigen Begriffen aussprechen, die auf den ersten Blick in der Mehrzahl gar nichts Kabbalistisches zu haben scheinen. Diese Begriffe klingen einfach, für manche Ohren geradezu banal. Doch durch unsere auf vielen vorangegangenen Seiten dieses Buches erworbenen Kenntnisse und Einsichten wissen wir, daß sie mehrschichtig sind und tiefer gründen. Dort, hinter den äußeren Worthülsen und ersten Schleiern, sind sie die Grundelemente magischer Kabbala.

Als solche wollen wir sie in unserem großen täglichen Zeremoniell, auf das wir jetzt immer schneller zugehen, verwenden.

Das Sprechen zeremonieller Worte und vor allem das scheinbar schlichter zeremonieller Begriffe macht am Anfang meist verlegen. Natürlich spricht man die zeremoniellen Worte in der Regel nicht vor anderen, sondern allein. Aber gerade das ist vielleicht zunächst noch hemmender. Man denkt an das Urteil der Leute: »Der spricht schon mit sich selbst!« Aber man spricht in diesem Fall nicht mit sich selbst, sondern mit den Mächten in und über sich.

Wenn es der Kabbalistin und dem Kabbalisten zunächst peinlich ist, mit Worten zu operieren wie »Liebe«, »Reinheit«, »Weisheit«, so liegt das auch daran, daß diese im exoterischen Sprachgebrauch zu oft und zu unehrlich verwendet worden sind, sinnentleert. Man fühlt, daß bei vielen dahinter etwas Unwahres, Hohles oder Plattes steht. Das ändert sich allmählich, je mehr man diese Wörter mit den verlorenen, wahren, das heißt auch alten Inhalten füllt und damit zu Worten macht. Durch unsere bisherige Arbeit wissen wir, daß sich hinter den Begriffen »Liebe«, »Reinheit«, »Weisheit« etc. die kosmischen und spirituellen Urbilder dieser Eigenschaften verbergen. Nun müssen wir es nur noch, statt zu wissen, leben und dann sein. So kommt man zur großen Harmonie.

Es sind drei Kardinaltugenden, deren Vervollkommnung jede magische Kabbalistin, jeder magische Kabbalist und alle Menschen überhaupt anstreben sollten. Drei Eigenschaften, in denen mehr als in anderen Eigenschaften enthalten ist, was uns dem Ziel unserer Leben näherbringt.

Liebe ist eines jener geistigen Fundamente, auf denen nicht nur die christlichen Religionen und ihre esoterischen Spielarten stehen sollten, sondern alle ernstzunehmenden Religionen, Kosmogonien und anderen Philosophien dieser Welt. Kabbalistisch gesehen ist im Menschen die Liebe wie ja auch der Verstand im astralen Dreieck vom Baum des Lebens angesiedelt, mit seinen Sephiroth Netzach, Hod und Yesod, der dritten kabbalistischen Welt, der der Formen. Aber die Liebe hat viele Dimensionen, hohe Arten von ihr finden sich auch in oberen Sephiroth, während sie in anderen, der Stärke oder der reinen Gerechtigkeit dienenden Sephiroth weniger aufscheint. Zumindest können wir sie in der Urkraft Chockmahs nicht erkennen, auch nicht im kühlen Wägen Binahs und in der unparteiischen martialischen Gerechtigkeit Geburahs, übrigens auch nicht in der Verstandeskälte von Hod.

Und doch muß Liebe auch stark sein, um sich und das Geliebte zu verteidigen, und gerecht, um das Liebenswerte im Tanz verführerischer Illusionen zu erkennen. Also sind auch Wahrheit und Mut ein Stück Liebe. Um sie richtig anzuwenden, bedarf es der Tugenden Weisheit und Wille. Dieser Wille wird gelenkt von unserer Freiheit im Rahmen der göttlichen Ordnung. Wir dienen ihr mit gehobener Gelassenheit, im heiteren Licht. Gesundheit, sei es mangels körperlicher die geistige, und gute magische Kräfte helfen uns dabei. Wer der Liebe dient, soll um das Glück mit Musen bitten – bei der Sephira Netzach haben wir bereits darüber gesprochen. Melodien und Klänge, liebend gehört oder gar produziert, lassen uns die Welten der in Liebe wogenden Sphärenharmonien ahnen, in denen unsere ganz spezielle, zu unserem göttlichen Funken stimmende Harmonie mitschwingt. Von dieser Sphärenharmonie führt ein direkter Lichtstrahl zur Harmonie unserer Seele. Denn Harmonie ist auch Schönheit, Harmonie ist auch Güte. Wem Güte fehlt, der kann nicht harmonisch sein. Harmonie ist auch Mut: Angst, Feigheit machen unharmonisch. Harmonie ist auch Wahrheit, auch Gerechtigkeit, auch Gesundheit. Magische Kräfte müssen nicht unbedingt harmonisch sein, aber sie dürfen die Harmonie nicht stören. Nichts darf die Harmonie der Liebe stören.

Wer in der Liebe lebt, ist dankbar, daß ihn der Weltgeist ausersehen hat zu sein. Denn das Leben ist nicht nur eine Prüfung, es ist schon auch ein Geschenk. Und ganz von selbst kommt man von der Dankbarkeit zum Glauben.

Stärke

Stärke ist die zweite der drei Kardinaltugenden, die wir mit einer Verankerung in den jenseitigen Welten in uns aufbauen müssen. Sie stützt sich auf die Liebe und die Weisheit. Aber auch andere unserer kabbalistischen Tugenden sollen in ihr enthalten sein. Es gibt keine Stärke ohne den Mut, den Willen und die erkämpfte und behauptete Freiheit im Rahmen der göttlichen Ordnung. Stärke, die sich nicht auf die Wahrheit, die Gerechtigkeit und die Reinheit der Motive stützt, ist die falsche Stärke. Die wahre Seelenstärke der Kabbalistin und des Kabbalisten, im Bewußtsein der geistigen Gesundheit, sicher der Hilfe durch gute magische Kräfte im eigenen Inneren und im hohen Reich der Lichtwesen, wird unbesiegbar im heiteren Licht der gehobenen Gelassenheit. Sie erfreut sich des Glücks mit den Musen und ist umspielt von Melodien und Klängen und Sphärenharmonien. Ihrer Kraft ist sie gewiß in Dankbarkeit und Glauben.

Weisheit ist die dritte Kardinaltugend, ohne die im Reich der Kabbala nichts möglich ist. Es ist die Weisheit, nicht nur zu wissen, wie die Phänomene aussehen und funktionieren, sondern was sie sind. Ohne Liebe und Stärke werden wir das nicht erreichen. Und das Wissen, was die Dinge und Phänomene sind, also Weisheit, fällt uns zu, wenn wir außer Liebe und Stärke die anderen Tugenden errungen haben, von denen wir gerade gesprochen haben und die in Liebe, Stärke und Weisheit enthalten sind.

Das große Morgenzeremoniell

Das Zeremoniell, das ich der kabbalistischen Freundin und dem kabbalistischen Freund hier zu ihrem künftigen Nutzen und Glück übergebe, ist nicht auf einen begrenzten Zweck ausgerichtet, sondern ein umfassender geistiger Kosmos für sich. Ich habe es Morgenzeremoniell genannt, denn natürlich ist es am besten, schon am Morgen den Tag ins Licht der angerufenen Kräfte zu stellen. Dabei empfiehlt es sich, das Zeremoniell möglichst täglich zur gleichen Stunde zu beginnen – so wird sich in uns bald das gute Gefühl entwickeln, daß die geweckten und angerufenen Kräfte schon auf den Kontakt mit uns warten. Das große Morgenzeremoniell dauert eine Dreiviertel- bis eine Stunde, die Zeitspanne hängt nicht zuletzt von der eingeschobenen Meditation ab. Man kann das Zeremoniell auch verkürzen, sei es auf Reisen oder wenn uns ein gedrängtes Tagesprogramm erwartet. Welche geistigen Stationen man dann auslassen und welche man unbedingt beibehalten soll, erkläre ich später. Wer morgens keine Zeit findet oder sich noch nicht überwinden kann, früher aufzustehen, führt das Zeremoniell am Spätnachmittag oder abends durch, aber keinesfalls gleich nach dem Essen. Das ist immer noch besser, als es am Morgen mit einem ständigen Gefühl des Gehetztseins zu zelebrieren.

Am besten ist es, die Worte des Zeremoniells laut zu sprechen. Doch wird das nicht immer möglich sein. Nach kurzer Übung ist es genauso gut, das Zeremoniell zu flüstern oder intensiv zu denken. Bei manchen Teilen des Zeremoniells ist es so wie bei dem berühmten Klebemittel, in dessen Gebrauchsanweisung es heißt, daß, wenn man die beiden zu verbindenden Teile aneinanderdrückt, »nicht die Dauer, sondern die Stärke des Drucks entscheidet«. In anderen Partien des Zeremoniells wiederum darf Zeit, Dauer keine Rolle spielen. Wo das so und wo es anders ist, wird man selbst bald herausfinden.

Natürlich soll man dahin gelangen, das große Morgenzeremoniell auswendig zu sprechen. Nur wenn man nicht noch immer mühsam überlegen muß: »Und wie heißt es jetzt?«, entfaltet es seine Wirkung. Ein guter Weg dorthin besteht darin, das Zeremoniell auf Band zu sprechen – selbst zu sprechen, damit sich nicht die Schwingungen einer fremden Stimme eindrängen. Das Bandgerät sollte mühelos ein- und auszuschalten sein und auch beim Ein- und Ausschalten nicht laut krachen. Je intensiver wir mit dieser eigenen Bandaufnahme arbeiten, um so schneller werden wir sie nicht mehr benötigen.

Die Vorstellung, Morgen für Morgen das gleiche Zeremoniell auszuführen, widerspricht den Theorien, die behaupten, man müsse bei seinen spirituellen Arbeiten ständig abwechseln, weil sonst der Geist des Menschen schnell ermüde. Das Gegenteil ist richtig. Nur durch das Herstellen nicht diffuser, sondern ganz exakter Kraftlinien und festgelegter Kanäle, durch die immer wieder dieselben Mächte in ihrer gewiß vielfältigen Art strömen können, werden wir zu einer geistigen Kraftstation mit einer ständig wachsenden Kapazität. Ich habe das große Morgenzeremoniell jahrelang praktiziert, und nie war das, was ich dabei erlebte, den geistigen Erlebnissen eines anderen Morgens gleich. Wer der kabbalistischen Freundin und dem kabbalistischen Freund suggerieren möchte, daß sie sich bei diesen »Wiederholungen« langweilen werden, muß sich den Verdacht gefallen lassen, daß er selbst überhaupt nichts erlebt.

Mit alldem will ich selbstverständlich nicht behaupten, daß sich unsere geistige Arbeit nun auf Jahre hinaus auf die Wiederholung des Morgenzeremoniells beschränken soll. Möglichkeiten, sich mit hohen Mächten, Lichtwesen und guten Naturgeistern oder – wie man will – nur spirituellen Energien zu verbinden, Engel und andere Potenzen aus dem Baum des Lebens anzurufen, finden die magische Kabbalistin und der magische Kabbalist den ganzen Tag, den ganzen Abend und die ganze Nacht.

Der Beginn des großen Morgenzeremoniells

Wir stehen auf, drehen uns nach Osten und schließen die Augen. Wenn es aus irgendeinem Grund nicht gut ist, nach dem geographischen Osten gewandt zu stehen, wissen wir, daß der esoterische Osten immer, wenn wir uns nichts anderes vorstellen, vorn ist. Um uns einzustimmen, beginnen wir mit der Vier-zu-zwei-Atmung (siehe 5. Kapitel). Tief mit dem Zwerchfell einatmen und dabei in Gedanken bis vier zählen, bei angehaltenem, aber nicht gepreßt angehaltenem Atem in Gedanken bis zwei zählen, langsam ausatmen und dabei in Gedanken bis vier zählen, mit leeren, aber nicht gepreßten Lungen bis zwei zählen. Das machen wir sechsmal.

Dann heben wir die Hände über den Kopf, etwas über die Schädeldecke, und zwar so, daß die Handflächen nach oben zeigen. Wir vibrieren den Gottesnamen der höchsten Sephira Kether:

»*Ehejeh!*« Manchmal ist es gut, den Gottesnamen »Ehejeh« zwei- bis dreimal zu vibrieren.

Das Pentagrammritual:
Verbindung mit den Kräften des Kosmos

Nun vollführen wir das Pentagrammritual (siehe 7. Kapitel), auch »Säuberung des Arbeitsplatzes« genannt, und rufen die Erzengel der vier Elemente an.

Also: Wir legen die ausgestreckten Finger der rechten Hand an die linke Hüfte, führen sie zu einer Stelle knapp über unserem Kopf und stellen uns dabei vor, daß wir mit den Fingern eine kräftige Lichtlinie produzieren. Nun führen wir die Hand hinunter zur rechten Hüfte und visualisieren wieder dabei einen Strahl aus Licht. Von der rechten Hüfte wandern die Finger der rechten Hand zu einem Platz auf unsrer linken Schulter, dann hinüber zu einer Stelle auf unsrer rechten Schulter. Von dort gehen die Finger zum Ausgangspunkt auf der linken Hüfte zurück. So haben wir in unserer Vorstellung einen Fünfstern, ein Pentagramm, aus Lichtlinien geschaffen, das nun von unserem Körper weg ein Stück nach vorne schwebt. Wir machen eine Armbewegung nach vorn und durchbohren mit dem ausgestreckten rechten Zeigefinger das Pentagramm aus Licht in der Mitte. Dabei vibrieren wir:

»*Yod Heh Vau Heh!*«

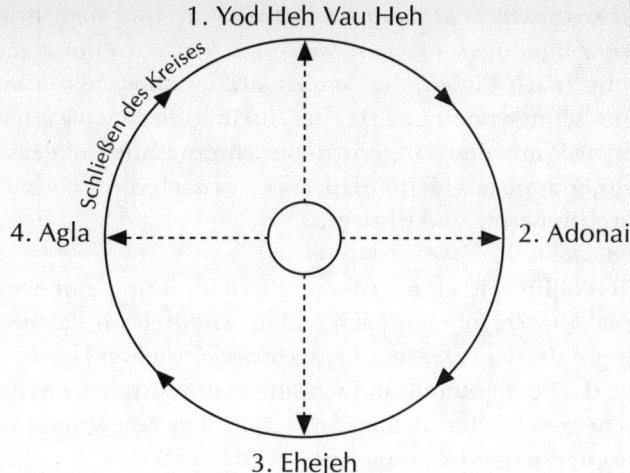

Abb. 17: Das Ziehen des Lichtstrahlschutzkreises beim Pentagrammritual

Mit ausgestreckt gelassenem rechten Arm und vorgestreck-
tem Zeigefinger machen wir eine Vierteldrehung nach
rechts, nach Süden, und imaginieren, daß wir das Viertel
eines schützenden Lichtkreises um uns schaffen. Dann ziehen wir mit den Fingern der rechten Hand wieder ein
Pentagramm aus Lichtlinien, lassen es nach vorn schweben,
durchstoßen es und vibrieren:

»Adonai.«

Wir vollführen eine erneute Vierteldrehung mit vorge-
strecktem Zeigefinger nach Süden, wodurch wir das zweite
Viertel des schützenden Lichtkreises entstehen lassen, ziehen das Pentagramm aus Lichtlinien, durchstoßen das nach
vorne geschwebte Pentagramm mit dem Zeigefinger und
intonieren den Gottesnamen:

»Ehejeh.«

Die nächste Vierteldrehung führt unseren Körper nach
Norden. Wieder zeichnen wir ein Viertel des Lichtkreises
und dann ein Licht-Pentagramm, durchstoßen es mit dem
Zeigefinger und sagen:

»Agla.« (»Agla« heißt »Gott, mächtig, immerdar«.)

Mit ausgestrecktem Arm und Zeigefinger drehen wir uns
nach Osten zurück. Damit haben wir den schützenden
Lichtkreis um uns geschlossen. Wir lassen den rechten Arm
sinken.

Wie wir aus dem 7. Kapitel wissen, können wir die imaginierten Pentagramme aus Licht auch umgekehrt ziehen, von oben nach unten (siehe Abb. 14). Dann beginnen wir über unsrem Kopf, führen die Finger hinunter zur linken Hüfte, von dort aus auf die rechte Schulter, zur linken Schulter, hinunter zur rechten Hüfte und zurück zur Stelle über dem Kopf. Auch dabei sprechen wir selbstverständlich die Gottesnamen. Wenn wir mit dem Ziehen des Pentagramms oben, über dem Kopf, beginnen, ziehen wir die Kräfte des Kosmos in uns herab. Beginnen wir unten, erheben wir die Kräfte unseres Mikrokosmos zu ihren Entsprechungen im Makrokosmos.

Anrufung der Erzengel der vier Elemente

Es folgt die Anrufung der Erzengel der vier Elemente. Raffael = Luft, Michael = Feuer, Gabriel = Wasser, Sandalphon = Erde. Auch das haben wir bereits geübt.

Wir stehen wieder mit geschlossenen Augen in Richtung Osten, was wir nach Beendigung des Pentagrammrituals ja ohnehin tun, und sagen oder denken:

» Vor mir Raffael. « (Dabei stellen wir uns den Erzengel Raffael in Gestalt oder als orangefarbene Säule vor.)

» Hinter mir Gabriel. « (Wir stellen uns den Erzengel Gabriel vor.)

» Zu meiner Rechten Michael. « (Wir stellen uns den Erzengel Michael vor.)

» Zu meiner Linken Sandalphon. « (Wir stellen uns den Erzengel Sandalphon vor.)

Wir sprechen: »*Rings um mich leuchten die Pentagramme. Zu meinen vier Seiten stehen die Erzengel der vier Elemente. Ich bin in der Mitte.*«

Die Erweckung der mittleren Säule

Wie jedesmal, wenn wir fühlen, daß wir soweit sind, beginnen wir mit dem nächsten Teil des Zeremoniells. Hier folgt das, was man »die Erweckung der mittleren Säule« nennt.

Wir stellen uns vor, wie aus unserem Tiphareth, in der Region des Solarplexus, in uns ein Lichtstrahl aufsteigt, höher und höher durch die Brust, den Kehlkopf, den Punkt hinter der Nasenwurzel, und wie dieser Lichtstrahl uns durch die Schädeldecke verläßt. Dort über dem Kopf formt er sich zu einer hell glänzenden Lichtkugel oder Sphäre aus Licht, die über unserer Schädeldecke funkelt, sich vielleicht dreht. Wir vibrieren:

»*Ehejeh.*« (Dabei sehen oder spüren wir, wie der Gottesname »Ehejeh« in der hellen Glanzlichtkugel vibriert.)

Aus der Kugel gleitet ein Lichtstrahl hinunter in die Gegend unseres Kehlkopfes. Dort bildet sich eine lavendelfarbene Sphäre. Wir vibrieren:

»*Yod Heh Vau Heh Elohim.*« (Dabei spüren oder sehen wir, wie Yod Heh Vau Heh Elohim in der lavendelfarbenen Sphäre vibriert.)

Aus der lavendelfarbenen Sphäre gleitet der Lichtstrahl weiter abwärts in die Gegend unseres Solarplexus, wo er eine neue, sonnengelbe Sphäre bildet. Wir vibrieren:

»*Yod Heh Vau Heh Eloah Va Daath.*« (Wieder spüren oder sehen wir, wie das Wort der Macht »Yod Heh Vau Heh Eloah Va Daath« in der sonnengelben Sphäre vibriert.)

Aus der sonnengelben Sphäre sinkt der Lichtstrahl weiter in

die Gegend unseres Wurzelchakras, auch der Geschlechtsteile, wo in uns Yesod liegt. Dort bildet der Lichtstrahl eine
violette Sphäre. Wir vibrieren:

»Schaddai el Chai.« (Wir sehen oder spüren, wie Schaddai el
Chai in der violetten Sphäre vibriert.)

Wieder sinkt der Lichtstrahl weiter bis zu der Stelle unserer
Füße, wo er eine olivgrüne Sphäre bildet. Wir vibrieren:

»Adonai Melek« oder *»Adonai ha Arez«.* (Die Worte der Macht
»Adonai Melek« oder »Adonai ha Arez« vibrieren in der
olivgrünen Sphäre. Dort können wir sie spüren oder sehen.)

Jetzt steigt der Lichtstrahl in uns wieder aufwärts, aus der
olivgrünen Sphäre durch die violette Sphäre, durch die
sonnengelbe Sphäre, durch die lavendelfarbene Sphäre,
durch unsere Schädeldecke hinaus in die lichthell glänzende Kugel über unserem Kopf. Wir atmen langsam aus; und
während wir ausatmen, gleitet die funkelnde Kugel an unserer rechten Seite hinab zu unseren Füßen. Dort geht sie
unter den Sohlen hinüber nach der anderen Seite. Und nun
atmen wir ein, und die Glanzkugel steigt an unserer linken
Seite hoch und erreicht, wenn wir die Lungen gefüllt haben,
wieder den Platz über der Schädeldecke. Vom Weg der
leuchtenden Kugel sind die seitlichen Umrisse unseres Körpers nun in Glanz und Licht gehüllt.

Dreimal lassen wir so die lichtglänzende Kugel seitlich um
unseren Kopf und Körper kreisen. Dann machen wir das
gleiche dreimal, indem wir die glänzende Kugel vorne über
unseren Körper abwärts gleiten lassen, unter unseren Füßen
durch, an der Rückseite der Beine und am Rücken wieder
hoch bis zur Stelle über dem Kopf. Nun sind auch unsere
Vorderseite und unsere Rückseite in glänzendes Licht gehüllt, das uns umgibt wie ein zusätzliches Gewand. So strah-
lend leuchtend, verharren wir eine Weile.

Bei keinem Morgenzeremoniell sollte fehlen, was man so schlicht wie treffend »Lichtarbeit« nennt. Denn unsere magisch-kabbalistische Arbeit zielt ja nicht nur darauf hin, uns zu vervollkommnen und in Übereinstimmung mit der Schöpfung und ihrem Schöpfer zu bringen. Wir müssen auch den Weltgeist ehren, indem wir an der Perfektionierung seines Werkes mitarbeiten, so wie es gemeint ist. Dazu zählt nicht zuletzt die geistige Hilfe für die Erde und für die Menschen.

Wir stehen mit geschlossenen Augen in Richtung Osten und sprechen:

> »Lichtwesen, kommt zu mir,
> leuchtet mit mir,
> liebt mit mir,
> seid mit mir eine Lichtstation in Gottes All.«

Hier spüren wir, gleich oder bei späteren Versuchen, wie helle Energien in uns einströmen. Wir merken ein Prickeln auf unserer Haut. Wir nehmen wahr, daß wir stärker und stärker hell leuchten, und während wir so die Strahlen der auf uns einwirkenden Lichtwesen in den Kosmos reflektieren, verstärken wir unser Leuchten durch das Licht, das aus unserem Inneren kommt. Wir sind nun eine Leuchtsäule, fast ein menschliches Gestirn zu Ehren Gottes. So stehen wir und leuchten und ahnen, daß unser zu Ehren des Höchsten ausgestrahlter Glanz von anderen Lichtwesen, die uns ähneln oder nicht, mit Jubel wahrgenommen wird. Und wir gliedern uns ein in die Schar der Lichtstationen, die im ganzen Kosmos zum Lobe der Schöpfung strahlen.

Anschließend setzen wir unsere Lichtkraft für Menschen

ein. Wir sprechen unsere folgende magische Formel ein paarmal und nennen dabei zuerst den Namen des Menschen, den wir am meisten lieben, und dann nacheinander einen oder mehrere Namen von Menschen, die krank sind oder aus anderen Gründen unsere Hilfe brauchen. Wir können auch unsere Lichthilfe uns persönlich unbekannten Menschen senden, von denen wir wissen, daß sie an einem wertvollen Werk arbeiten.

Wir sprechen, und beim Sprechen konzentrieren wir unser Licht auf die angesprochene Person:

>Und jetzt hüllen wir die (den) X in Licht,
ihren (seinen) Körper,
ihr (sein) Herz und ihren (seinen) Verstand,
ihre (seine) Seele
und ihren (seinen) Geist.«

Nachdem wir gezielt einigen Einzelmenschen Licht geschickt haben, machen wir eine Viertelwendung nach links und blicken dadurch, wenngleich mit geschlossenen Augen, nach dem Norden, der das Element Erde symbolisiert. Wir verneigen uns leicht und sagen:

>Geist der Erde, ich grüße dich und verneige mich vor dir in Liebe und Respekt.
Nimm von dem Licht, das ich und die Lichtwesen aus Gottes All bekommen, und hilf damit der Erde und ihren Bewohnern.«

Dabei können wir uns vorstellen, daß wir Lichtströme aussenden, die von einem gewaltigen hellen, hoch über der Erde schwebenden Netz aus Geist aufgefangen werden, einem Netz, in das auch die Lichtströme und guten Taten und Wünsche anderer Menschen für die Verwendung durch den Geist der Erde fließen und fliegen. Wenn wir dem Geist der Erde Licht schicken – und das gilt auch für die Zeremonie, bei der wir unsere Freundinnen und Freunde in Licht hüllen –, müssen wir uns bewußt sein, daß das von uns verströmte eigene Licht ständig durch das grenzenlose Licht aus dem All in uns ersetzt wird. Tun wir das nicht, werden wir früher oder später erschöpft sein.

Das magisch-kabbalistische Werk
in der direkten Einflußsphäre des Lebensbaums

Und nun beginnt das eigentliche magisch-kabbalistische Werk. Das heißt, wir operieren nun direkt in der Einflußsphäre des Lebensbaums. Dabei können wir, wie wir wissen, die Kräfte und Mächte des Makrokosmos in uns herabholen oder die entsprechenden mikrokosmischen Kräfte in uns wecken und stärken. Wobei das eine auch das andere beeinflußt und umgekehrt.

Es ist uns möglich, unten im Baum des Lebens zu beginnen, bei Malkuth, und aufwärts zu steigen oder, bei Kether beginnend, abwärts zu gehen. Bei der Morgenzeremonie habe ich es fast immer vorgezogen, oben anzufangen. In welcher der vier kabbalistischen Welten wir tätig sein wollen, kann von den Wirkungsweisen abhängen, die wir an dem betreffenden Tag erzielen wollen. Ich habe allerdings die große Morgenzeremonie fast ausschließlich dazu verwendet, meine geistig-spirituelle Struktur zu stärken und nicht irgendwelche kleinen Tagesziele zu verfolgen. Wer mit mir diese Absicht teilen möchte, tut gut daran, sich in die zweite kabbalistische Welt zu begeben, die Welt der Erzengel. In ihr ist er oder sie zugleich in der Erkenntnisebene.

Manchmal habe ich auch statt der Erzengel die Namen der zehn Sephiroth genannt und damit die ganzen sephirothischen Kräfte geweckt und aufgenommen. Das sind normalerweise wuchtigere Impulse, als wenn man nur die Welt von Briah, die der Erzengel, anruft. Doch mobilisiert man, wenn man die Sephiroth-Namen mit ihrer Gesamtheit der vier kabbalistischen Welten anspricht, auch die gefährlichen Kräfte, die jede Sephira natürlich enthält. Oft habe ich dadurch außer einem großen Kraftzuwachs dann plötzlich Energien gespürt, die es mir schwermachten, in der Harmonie zu bleiben. Besonders bedenklich ist es, die Zeremonie mit den Sephiroth-Namen bei abnehmendem Mond auszuführen.

Wir heben unsere beiden Hände über den Kopf, so daß die Handflächen nach oben zeigen, und sprechen die Namen der Erzengel aus. Dabei beginnen wir bei der obersten Sephira Kether. Wir vibrieren:

»Metatron.« (Wir imaginieren oder ahnen Metatron und spüren dabei in unserer Intuition, in unserer gehobenen Emotion, wie alle geistigen Energien in uns geweckt werden, die der Name »Metatron« für uns bedeutet.)

Wir legen die Finger der linken Hand an unsere linke Schläfe:

»Raziel.« (Wir imaginieren oder ahnen Raziel und wissen intuitiv, was er bedeutet.)

Wir legen die Finger der rechten Hand an die rechte Schläfe:

»Zaphkiel.« (Wir imaginieren den Erzengel Zaphkiel und was er für uns bedeutet.)

Wir heben den linken abgewinkelten Arm:

»Zadkiel.« (Wir imaginieren Zadkiel und wissen, was er bedeutet.)

Wir heben den rechten abgewinkelten Arm:

»*Kamael.*« (Wir imaginieren Kamael und wissen, was er bedeutet.)

Wir legen die Kanten der schalenförmig nach oben weisenden Hände an den Solarplexus:

»*Michael.*« (Wir imaginieren Michael.)

Wir legen die linke Hand auf die linke Hüfte:

»*Haniel.*« (Wir imaginieren Haniel.)

Wir legen die rechte Hand auf die rechte Hüfte:

»*Raffael.*«

Wir legen die Hände unterhalb des Bauches über das Geschlecht:

»*Gabriel.*«

Wir deuten mit beiden Händen auf unsere Füße:

»*Sandalphon.*«

Wir legen beide Hände in Höhe des Wurzelchakras über das Geschlecht:

»*Gabriel.*«

Wir legen die rechte Hand auf die rechte Hüfte:

»*Raffael.*«

Wir legen die linke Hand auf die linke Hüfte:

»*Haniel.*«

Wir legen die Handkanten an den Solarplexus:

»*Michael.*«

Bei Michael, dem Erzengel der Harmonie-Sephira Tiphareth, endet die Anrufung der Erzengel.

Das Wecken und Verstärken der drei Kardinaltugenden und der anderen Tugenden, von denen alle anderen in jeder einzelnen dieser Tugenden enthalten sind und aus denen sich die magische Kabbalistin und der magische Kabbalist in ihrer Idealform zusammensetzen, könnte von reinen Psychologen als »positives Denken« bezeichnet werden. Das Wort »positiv« ist ohne Zweifel richtig. Doch schon beim »Denken« wird der große Unterschied zwischen Psychologie und magischer Kabbala offenbar. Denn das Denken spielt beim Aussprechen der jeweiligen Tugend höchstens die Rolle einer Initialzündung. Dann beginnt das intuitive Erfassen. Im Gegensatz zum Psychologen haben die Kabbalistin und der Kabbalist mindestens eine Dimension mehr, die spirituelle Dimension. In ihr sind alle diese Tugenden verankert.

Nachdem wir beim vorhergehenden Teil der Zeremonie den Namen des Erzengels Michael (oder, wenn wir mit den Sephiroth-Namen arbeiten, den Namen »Tiphareth«) abschließend ausgesprochen haben, setzen wir uns mit geschlossenen Augen in aufrechter Haltung auf unseren Stuhl. Wir legen die Hände mit den Handflächen halb nach oben auf die Schenkel und sprechen, indem wir mit unserer gehobenen Emotion, unserer Intuition, die Kraft und den wahren Sinn des Gesprochenen erfassen:

>»Mein Überselbst,
>mein göttlicher Funke,
>führe mich ins Licht.
>Führe mich,
>stärke mich,

rate mir,
warne mich,
erfreue mich,
erleuchte mich.«

»Sprich zu mir mit deiner Stimme.«

»Und sei meine innere Stille,
mein innerer Friede.
Sei meine Harmonie.«

»Sei meine Liebe,
sei meine Stärke,
sei meine Weisheit.
Sei meine Weisheit durch Liebe,
durch Stärke,
durch Weisheit.«

Man kann auch die Reihenfolge der drei Kardinaltugenden
ändern. Dann steht zum Beispiel an dritter Stelle die Stärke,
und es heißt: »Sei meine Stärke durch Liebe, Weisheit,
Stärke.« Oder an dritter Stelle steht Liebe, man spricht
dann: »Sei meine Liebe durch Stärke, Weisheit, Liebe.«
Auch bei den jetzt folgenden Tugenden heißt es dann stets
statt Weisheit »Liebe« oder, je nachdem, was wir gewählt
haben, »Stärke«.

»Sei meine Weisheit durch Wahrheit,
durch Gerechtigkeit,
durch Reinheit,
durch Mut,
durch gehobene Gelassenheit,
durch heiteres Licht,

durch Gesundheit,
durch mein Glück mit Musen,
durch gute magische Kräfte,
durch Melodien und Klänge und Sphärenharmonien,
durch meinen Willen,
durch Freiheit im Rahmen der göttlichen Ordnung,
durch Dankbarkeit,
durch Glauben.«

Anrufung der Engel

Wie vorhin die Erzengel oder die Namen der Sephiroth rufen wir nun die Engel an. Ihre Scharen beleben Jetzirah, die Welt der Formen, durch die das Sein und Leben hier unten auf der Erde erst Gestalt zu gewinnen beginnt. Wie bei den Erzengeln gehen wir vom Gipfel des Baums des Lebens aus, hinunter nach Malkuth, und kehren dann wieder bis zur Höhe der sechsten Sephira Tiphareth zurück. Anders als bei den Erzengeln oder Sephiroth lassen wir diesmal unsere Hände ruhig auf den Schenkeln. Indem wir die Namen der Engel aussprechen, wissen wir, wie und was sie sind, bewirken und bedeuten:

»Chajoth ha Quodesch.
Ophanim.
Aralim.
Chasmalin.
Seraphim.
Malachim.
Elohim.
Beni Elohim.
Cherubim.

Ischim. (Eine kleine Pause.)
Ischim.
Cherubim.
Beni Elohim.
Elohim.
Malachim.«

Wir verharren, solange es uns danach zumute ist, und sprechen dann die folgenden Worte:

»Engelscharen,
begleitet X (den am meisten geliebten Menschen) und
mich
durch diesen Tag,
den Abend,
die Nacht.
Wie oben,
so unten.
So sei es.«

Mit unserem schönsten Ton, dessen Schönheit vor allem
eine innere sein muß, sagen/singen wir das alte Amen, das
Om (notfalls lautlos mit unserer inneren Stimme):
»Aa-uu-ooohm.«

Die Meditation und ihre Themen

Hier sollten wir unsere Meditation beginnen. Ihr Thema
kann einer der zehn Erzengel, der zehn Engelchöre oder
eine der zehn Sephiroth sein, auch einer ihrer Teilaspekte.
Sehr gut für eine Meditation sind natürlich die Kardinaltugenden und Tugenden und vor allem das Überselbst, der

göttliche Funke, und eine seiner von uns angerufenen Wirksamkeiten. Wir können das Thema der Meditation schon vor der Morgenzeremonie ausgewählt haben, vielleicht, weil wir uns davon an diesem Tag Hilfe versprechen. Das Thema kann sich aber auch bei einer der Stationen unsrer Zeremonie »gemeldet«, intuitiv eröffnet haben: »Das ist es!«

Natürlich läßt sich die Meditation auch in die Zeremonie einfügen, an der Stelle, wo wir das Wort aussprechen, über das wir meditieren wollen. Doch ist es dann nicht immer leicht, nach der Meditation mit der Zeremonie intensiv fortzufahren.

Das Bilden der Lichtkreise um uns
aus den drei Kardinaltugenden

Zum Schluß der Zeremonie stehen wir auf, halten aber die Augen nach wie vor geschlossen. Wir legen die herabhängenden Hände mit den Fingerspitzen aneinander und führen sie an der senkrechten Mitte des Körpers und des Gesichts vorbei, bis die Arme ausgestreckt sind und die Hände mit den Fingerspitzen nach oben weisen. Jetzt sprechen wir eindringlich:

»Licht und Liebe!« (Dabei umkreisen wir mit dem rechten ausgestreckten Arm die rechte Seite unseres Körpers, mit dem linken ausgestreckten Arm gleichzeitig die linke Seite unseres Körpers und nehmen wahr, wie sich dieser Kreis um unseren Körper ausdehnt und mit Licht und Liebe füllt. Unten legen wir die herabhängenden Hände wie zu Beginn mit den Fingerspitzen aneinander.)

Wieder führen wir die Hände an der Mitte unseres Körpers und unseres Gesichts vorbei bis über unseren Kopf und sagen:

»*Licht und Stärke!*« (Erneut bilden wir mit den seitlich abwärts sinkenden Armen und Händen einen Kreis um unseren Körper. Wir spüren und wissen, daß sich dieser Kreis ausdehnt und mit Licht und Stärke füllt.)

Zum drittenmal führen wir Arme und Hände hoch, sagen: »*Licht und Weisheit!*« (Wieder vollführen wir den Kreis und spüren, wie er sich ausdehnt und mit Licht und Weisheit füllt.)

Es ist wichtig, die drei Kardinaltugenden in der Reihenfolge zu sprechen, in der wir sie vorhin beim Zeremoniell aufgeführt haben.

Dank an die Mächte
der vier Himmelsrichtungen

Wir öffnen die Augen. Nach einer Weile verneigen wir uns leicht nach vorne und sagen:

»*Danke, Osten.*«

Wir machen eine Vierteldrehung nach rechts, verneigen uns, und wir sagen:

»*Danke, Süden.*«

Eine erneute Vierteldrehung nach rechts, wir verneigen uns und sagen:

»*Danke, Westen.*«

Wieder eine Vierteldrehung nach rechts sowie eine Verneigung, und wir sagen:

»*Danke, Norden.*«

Wir drehen uns mit einer Viertelwendung nach Osten zurück und fühlen uns gestärkt, glücklich und erhoben.

Das ist das Ende der großen Morgenzeremonie.

Wahrscheinlich benötigen wir, um die Morgenzeremonie beherrschen zu lernen, zwei Tonbandfassungen. Eine, auf der wir nicht nur die zu sprechenden Worte akustisch aufzeichnen, sondern auch die »Regieanweisungen« dazu. Und eine zweite Fassung, auf der wir nur festhalten, was wir sprechen müssen. Zu ihr gehen wir über, wenn wir die zeremoniellen Bewegungen und Handlungen auswendig beherrschen, die sich um die gesprochenen magischen Worte ranken. Übrigens kann man das Morgenzeremoniell auch schlicht nach dem Buch lernen. Das klingt zwar technisch altmodisch. Aber es ist keineswegs die schlechteste Methode.

Das ganze Zeremoniell sieht beim ersten Durchlesen recht kompliziert aus. Aber so schwierig, wie es zunächst scheint, ist es keineswegs. Besonders nicht für alle diejenigen, die den Rat befolgt haben, erst mit dem Zeremoniell zu beginnen, nachdem sie sich mit dem vertraut gemacht haben, was in den Kapiteln vor dem großen Morgenzeremoniell steht.

Der erste Eindruck von Kompliziertheit mag auch dadurch erweckt werden, daß ich bemüht war, die einzelnen Stationen des Zeremoniells minuziös zu beschreiben. Aber das ist wichtig. Es ist ähnlich wie bei Kochbüchern, in denen große, kostbare Rezepte in wenigen Zeilen abgehandelt sind, während sich die nämlichen Rezepte in einem anderen Kochbuch über zwei Seiten erstrecken. Sich das längere Rezept vorzunehmen ist, am Resultat des zu bereitenden Gerichts gemessen, nur scheinbar mühsam. Denn wenn wir das gründliche Rezept verstanden haben und es genau befolgen, wissen wir um jede Zutat, jede Einzelheit und jeden Handgriff Bescheid. Das in wenigen Zeilen zusammengepreßte Rezept dagegen wird dem kostbaren Gericht nicht gerecht und führt nicht zum gewünschten Resultat. Es ist wertlos.

Potente Kurzfassungen des Zeremoniells

Wenn die verfügbare Zeit für das große Morgenzeremoniell nicht ausreicht, kann man es wie gesagt abkürzen. Beginnen müssen wir es auf jeden Fall mit dem mit hochgehobenen Armen vibrierten Gottesnamen »Ehejeh«. Eine verkürzte Version bestünde dann aus der »Erweckung der mittleren Säule« mit der »Lichtstation im All« und der »Lichtarbeit für geliebte und bedürftige Menschen«, einer »Anrufung der Erzengel und des Überselbst« und der »Bildung der drei Kardinaltugenden« um den Körper. Eine noch kürzere Fassung wäre die »Lichtstation im All«, die »Anrufung der Engel« und wieder die »Bildung der Kreise aus Liebe, Stärke und Weisheit« um Kopf und Körper.

Wenn wir tatsächlich nur einen heiligen Moment lang Zeit haben, vibrieren wir das »Ehejeh« und bilden die Kraftkreise aus den drei Kardinaltugenden um uns. Hier ist es wirklich so, wie wir bereits sagten: »Nicht die Dauer, sondern die Stärke des Druckes entscheidet.« Es ist erstaunlich, was uns durch diese kleinste Zeremonie an Kraft zuwächst.

Und nun gutes Gelingen!

Schließen wir den Kreis. Sicher gäbe es über die magische Kabbala noch unendlich viel zu sagen. Zum Beispiel über die »Pfade«, welche die Sephiroth untereinander verbinden und die von verschiedenen kabbalistischen Schulen für sogenannte Pfadwanderungen benutzt werden – Phantasiereisen durch die Symbolwelt des jeweiligen Pfades und die an seinem Anfang und seinem Ende schwebende Sephira. Oder über das hebräische Alphabet, das genauso viele Buchstaben hat wie der Baum des Lebens Pfade zwischen den Sephiroth, nämlich zweiundzwanzig. Oder über den Tarot und seine enge Verflechtung mit der Kabbala und dem Baum des Lebens.

Man könnte Band um Band mit Quellenmaterial füllen, mit gelehrten Schriften, die sich mit der Kabbala befassen, mit den Worten von Sehern, Hohenpriestern und anderen bedeutenden Männern, deren Ruf mich titanenhaft überragt.

Wir kennen das aus anderen Kabbala-Büchern. Da wird zu einem Ritual, zu einem Erzengel, zu einem Phänomen der Kabbala der Prophet Elias zitiert, Johannes, der Sohar, ein Assyrer, ein Buddhist, ein Mohammedaner … und jeder weiß es anders; wenn man dann zum Schluß so klug wäre wie vorher, wäre das immerhin noch gut. Meistens ist man aber verwirrt und versteht gar nichts mehr. Das, was man wissen wollte, ist hinter den widersprüchlichen Aussagen in Deckung gegangen.

Aber lassen wir das alles. Begnügen wir uns mit der Zuversicht, daß das, was dieses Buch umfaßt, für die magische Kabbalistin und den magischen Kabbalisten ein in seiner Art komplettes System des Möglichen ist. Schließen wir den Kreis.

Wir schließen ihn, indem wir uns noch einmal dem geheimnisvollen Agens zuwenden, das im Baum des Lebens unter der Oberfläche wirksam ist und das von der Mehrheit der Menschen heftig und vielleicht sogar mit Furcht geleugnet wird. Im 6. Kapitel über die Hermetischen Gesetze haben wir bereits darüber gesprochen, und zwar beim sechsten Hermetischen Gesetz unserer Numerierung, das lautet: »Jede Wirkung hat eine Ursache; jede Ursache hat eine Wirkung.« Wir hatten dabei festgestellt, daß Ursache und Wirkung nicht unbedingt das sein müssen, was man vordergründig darunter versteht. Dazu erzähle ich drei Beispiele:

Zu dem Schweizer Psychiater und Psychologen C. G. Jung kam ein Mann in die Praxis, der über emotionale Störungen und starke Kopfschmerzen klagte. Die Ursache der emotionalen Störungen konnte Jung auf Anhieb diagnostizieren, die der Kopfschmerzen nicht. Er entließ den Patienten, nachdem er einen neuen Termin mit ihm vereinbart hatte.

Kaum war der Patient gegangen, rief dessen Frau bei Jung an. Aufgeregt wollte sie ihren Mann sprechen. Sie wurde noch erregter, als sie hörte, daß er gegangen war. Jung bat sie, den Grund ihrer Aufregung zu nennen. Und sie berichtete: Ein Vogelschwarm hatte sich am Schlafzimmerfenster ihres Mannes niedergelassen. Schon viele Jahre früher, als ihr Großvater im Sterben lag, war ein Schwarm von Vögeln an dessen Schlafzimmerfenster gekommen. Dasselbe Phänomen trat auf, als ihr Vater starb. Kein Wunder, daß die Frau die Ankunft von Vogelschwärmen vor dem Fenster mit dem Tod in Verbindung brachte. Auch diesmal zu Recht.

Denn wenige Stunden nachdem sie bei Jung angerufen hatte, starb ihr Mann überraschend den Herztod.

Der Fall faszinierte Jung, und er geriet ins Nachdenken. Zwei Dinge schienen ihm nach herkömmlicher Logik klar zu sein:

1. Vogelschwärme an einem Fenster verursachen nicht den Tod eines Menschen.
2. Das Sterben, der baldige Tod eines Menschen zieht keine Vogelschwärme an.

Das bedeutete, wieder in der herkömmlichen Betrachtungsweise, daß die Vögel und der Tod in keinem Ursache-Wirkungs-Verhältnis zueinander stehen. Daß Sterben und Vogelschwärme in den geschilderten Vorgängen trotzdem etwas miteinander zu tun hatten, war gleichfalls klar. Jung begann zu ahnen, daß es noch andere Folgen gab, die normalerweise nicht beachtet wurden und auch nach herkömmlicher Auffassung akausal waren. Er nannte dieses Zusammentreffen von quasi gleichzeitigen Ereignissen, die nicht durch eine erkennbare Ursache Wirkung zeigten, »Synchronizität«, Gleichzeitigkeit von Ereignissen.

Der österreichische Biologe Paul Kammerer, der Buch führte über ihm oder seiner Umgebung widerfahrende Synchronizitäten, ganze Übereinstimmungsserien, Koinzidenzen, notierte:

> »Meine Frau hat im Roman ›Michael‹ von Hermann Bang über Frau *Rohan* gelesen; dann in der Stadtbahn einen unbekannten Herrn gesehen, der dem ihr befreundeten Josef Fürsten *Rohan* ähnlich sah; abends kam Fürst *Rohan* zu Besuch.

… Der Herr in der Stadtbahn, dessen Ähnlichkeit mit Fürst *Rohan* meiner Frau aufgefallen war, war von einem anderen gefragt worden, ob er *Weißenbach am Attersee* kenne und als Sommeraufenthalt empfehlen könne. Aus der Stadtbahn begab sich meine Frau zum Naschmarkt, um Einkäufe zu besorgen, und wurde dort von einem Verkäufer gefragt, wo *Weißenbach am Attersee* liege, da er nach dort eine bestimmte Sendung aufgeben müsse.«

Ich selbst hatte folgende Begegnung mit einer Synchronizität: Die Studentin Laura, die Tochter unseres italienischen Nachbarn in der Nähe des Trasimener Sees, hatte mir erzählt, daß sie in ein Sommerzeltlager in den Bergen führe. Am Nachmittag fuhr ich mit meiner Frau und ihrer Freundin in die 25 Kilometer entfernte umbrische Hauptstadt Perugia. Wir wollten dort im »Sole« zu Abend essen, einem Restaurant, von dem aus man einen weiten Blick hinunter ins Land hat. Ich hatte mir vorgenommen, vorher in eine Buchhandlung zu gehen und ein Lieblingsbuch von Bassani, *Die Gärten der Finzi-Contini*, zu kaufen, um es Laura als Lektüre im Zeltlager zu schenken.

Während meine Frau und ihre Freundin draußen blieben und sich unterhielten, ging ich in eine Buchhandlung in der Fußgängerzone von Perugia und kaufte wie beabsichtigt den Roman von Bassani. Die Verkäuferin war ein Mädchen mit einem wunderschönen Gesicht, und so blieb ich vielleicht ein paar Minuten länger im Laden. Als ich herauskam, erzählte meine Frau, soeben sei Laura mit ihrer Mutter vorbeigekommen und sie hätten ein paar freundliche Worte gewechselt. Von Ursache und Wirkung im klassischen Sinne konnte hier nicht die Rede sein. Und trotzdem war Laura aus ihrem 25 Kilometer entfernten Elternhaus gekommen und genau zu dem Zeitpunkt in der gar nicht so kleinen

Stadt Perugia an der Stelle vorbeigegangen, wo ich mich wenige Meter entfernt im Laden befand und beim Kauf des Buches an sie dachte. Als magischer Kabbalist wußte ich natürlich, was das war, und ich fühlte mich glücklich, daß wieder einmal alles stimmte.

Wer in der äußeren Welt lebt, muß trotzdem mit dem Gesetz von Ursache und Wirkung vordringlich rechnen, wie diese Welt es versteht. Arthur Koestler drückt es in seinem Buch *Die Wurzeln des Zufalls,* einer interessanten Untersuchung über das Phänomen »Zufall« vor dem Hintergrund der modernen Pysik, so aus:

> »Was die Kausalität soll, glauben wir recht gut zu wissen: Sie soll Ordnung und Stabilität in das Universum bringen, das sonst chaotisch und unvorhersagbar wäre, um gleichsam zu gewährleisten, daß beim Öffnen des Wasserhahns Wasser herauskommt und nicht ein Feuerstrahl. Kausalität bedeutet also Gesetz und Ordnung.«

Aber sie bedeutet eben nicht alles. Dies meint auch der Philosoph Arthur Schopenhauer, wenn er sagt, die physikalische Kausalität sei nur einer der Herrscher über die Welt. Längst wissen und äußern moderne Naturwissenschaftler, daß die Zusammenhänge nicht so einfach sind, wie ihre Vorgänger das noch glauben konnten. Doch sollten wir nun nicht sagen: Diese magisch-kabbalistischen und anderen esoterischen Betrachtungsweisen stimmen, weil auch die Naturwissenschaften einiges davon beweisen. Sondern umgekehrt wird ein Schuh daraus: Die exoterischen Wissenschaften kommen nun auch dahinter, wodurch ihnen zwangsläufig ein paar Zacken aus der exoterischen Krone brechen werden.

So haben wir also, während wir unseren Weg verfolgen, mit vier ganz verschiedenen Kräften zu rechnen, die auf uns und unser Leben Einfluß nehmen können:

1. unseren Emotionen, soweit wir sie noch nicht umzuwandeln vermögen,
2. unserem Willen, soweit er in unser Schicksal eingreifen kann,
3. dem Gesetz von Ursache und Wirkung
4. und schließlich mit dem, was auch hinter der Synchronizität steht, nämlich den oft undurchschaubaren Gesetzen der Affinität, einer geheimen Verwandtschaft von Phänomenen und Dingen, die sich dank dieser Verwandtschaft gegenseitig anziehen, die »Sympathie zueinander haben«.

Und spätestens hier müßten die Anhänger eines allzu engen Karmas ins Schleudern geraten, die uns mit leuchtenden Augen schildern, wie das Karma im Stil von Storys der Boulevardpresse handelt: Einem Henker wird im nächsten Leben der Kopf abgeschlagen, eine untreue Frau heiratet im nächsten Leben einen Casanova, ein geiziger Millionär muß im nächsten Leben betteln gehen, eine kaltherzige Schönheit kriegt im nächsten Leben einen Buckel. All diese Geschichten beruhen absolut auf dem Ursache-Wirkung-Prinzip und übersehen, daß durch das Karma nur das durch unsere Handlung verletzte oder erfüllte Prinzip in Rechnung gestellt und nicht die banale Art dieser Handlung identisch ausgeglichen wird. Aber nachdem die Kausalität »nur einer der Herrscher dieser Welt« ist, wer sagt uns da denn, daß unsere Gedanken, Worte und Werke unbedingt nach dem Gesetz von Ursache und Wirkung im Guten oder Bösen beglichen werden? Genausogut ist es doch möglich, daß für eine unserer Handlungen, Gedanken, Gefühle keine übliche karmische Wirkung »eingeschrieben« wird, sondern eine Affinität. Und die kann ganz etwas anderes sein als die vielbeschworene »gerechte Strafe« oder »Belohnung«.

In seinem *Buch der göttlichen Magie* sagt Maître Omraam Mikhaël Aïvanhov:

> »Durch seine Gedanken, seine Gefühle, seine Handlungen tritt der Mensch in Affinität mit Regionen, sichtbaren oder unsichtbaren Geschöpfen, die die gleichen Wellenlängen wie er haben, und er zieht sie an. Aber da die Menschen diese Wahrheiten nicht kennen, machen sie weiß Gott was, und dann sind sie erstaunt, sich in schrecklichen Situationen zu befinden.«

Die magische Kabbalistin und der magische Kabbalist wissen das. Und deshalb arbeiten sie mit der Polarität, mit den sich ausgleichenden Gegensätzen, und zugleich mit der Affinität, der Anziehung von Verwandtem durch Verwandtes, von in der Essenz Gleichem durch in der Essenz Gleiches.

Philosophisch können wir den Rahmen des Gesetzes der Affinität noch einmal erweitern und sagen: Alles und alle stehen in einem Verwandtschaftsverhältnis zueinander. Denn es gibt nichts im All, was nicht vom Weltgeist durchdrungen wäre. Und gleichzeitig gibt es nichts im All, was nicht im Weltgeist ist, in Gott. Also sind wir beim Hermetischen Gesetz angelangt, dem wir die Nummer zwei gaben, und das lautet: »Der Weltgeist ist in allem; alles ist im Weltgeist.« Damit erhält das Gesetz von der Affinität überirdische Dimension. Hier betreten wir die Räume des Unendlichen.

Wenn ich in diesem Buch immer wieder die Meinung vertreten habe, ein westlicher Mensch habe den Auftrag, einen westlichen Weg in die Spiritualität zu gehen – und das ist für mich der Weg der magischen Kabbala –, so bedeutet das selbstverständlich keine Abwertung anderer Lehren. Wie alle Lehren ist auch die magische Kabbala eine Philosophie, eine Kosmogonie, ein System, ein Weg. Ein Weg, der in Regionen führen soll, in denen es keine Systeme und Unterschiede mehr gibt. Der von mir so verehrte Paul Brunton schreibt dazu in seinem Buch *Augenblicke der Wahrheit*:

>>Auf meinen Reisen in die himmlische Sphäre unendlichen, ewigen und absoluten Seins habe ich kein einziges Mal Markenzeichen entdeckt, die auf Christ, Hindu, Katholik, Protestant, Zen, Shin, Platoniker, Hegelianer usw. gelautet hätten, so wenig, wie ich Markenzeichen für Engländer, Amerikaner oder Hottentotten entdeckt habe. Alle derartigen Kennzeichnungen würden der wahren Natur des kennzeichenlosen Seins widersprechen. Alle Sektenunterschiede sind nur intellektuell. Sie kommen auf jener Ebene nicht vor, die tiefer ist als die intellektuelle Funktion.<<

Das ändert nichts an den erhabenen Wundern des magisch-kabbalistischen Weges zum Ziel. Es gibt eine fernöstliche Weisheit, die auch von ihren Anhängern im Westen immer wieder zitiert und als Universalschlüssel vorgezeigt wird. Sie lautet: >>Der Weg ist das Ziel.<< Die kabbalistische Freundin, der kabbalistische Freund und ich glauben, es anders zu wissen. Nicht der Weg ist das Ziel. Das Ziel ist das Ziel.

Literaturverzeichnis

*Den folgenden Autoren und ihren Büchern verdanke ich besonders
viel. Nur die* * *gekennzeichneten Werke befassen sich direkt – sei es
teilweise oder ganz – mit der Kabbala.*

Aïvanhov, Omraam Mikhaël: *Das Buch der göttlichen Magie*,
  Prosveta, Edis, Sauerlach
Ders.: *Les Fruits de l'arbre de Vie*, Prosveta, Fréjus 1987
Anonymus: *Kabalion*, Akasha, München 1981
Brennan, James H.: *Experimentelle Magie*, Sphinx, Basel
  1985
Brunton, Paul: *Die Weisheit des Überselbst*, H. Bauer, Freiburg
  i. B. 1986
Ders.: *Der Weg nach innen*, O. W. Barth, München 1976
Ders.: *Vom Ich zum Überselbst*, Aquamarin, Grafing 1992
Butler, W. E.: *Die hohe Schule der Magie*, H. Bauer, Freiburg
  i. B. 1976
Chevalier, Jean, und Gheerbrant, Alain: *Dictionnaire des Symboles*, Editions Laffont et Editions Jupiter, Paris 1969
Cirlot, J. E.: *A Dictionary of Symbols*, aus dem Spanischen,
  Routledge & Kegan, London and Henley 1969
Davidson, Gustav: *A Dictionary of Angels*, The Free Press, New
  York 1971
Duchaussoy, Jacques: *Le Bestiaire Divin*, Le Courier du Livre,
  Paris 1972
Eliade, Mircea: *Geschichte der religiösen Ideen*, Band 2 und 3,
  Herder, Freiburg i. B. 1979
Fortune, Dion: *Die mystische Kabbala*, H. Bauer, Freiburg i. B.
  1987

Halevi, Z'ev ben Shimon: *The Work of the Kabbalist*, Gateway Books, London 1984

Ders.: *L'Arbre de Vie*, aus dem Englischen, Albin Michel, Paris 1985

Hocke, Gustav René: *Manierismus in der Literatur*, Rowohlt, Hamburg 1959

Julien, Nadia: *Le Dictionnaire des Symboles*, Marabout Alleur, Belgien 1989

Kaiti, Leo: *Piante e profumi magici*, Atanòr, Rom 1989

Knight, Gareth: *Guide practique du Symbolisme de la Quabal*, Band 1, aus dem Englischen, Ediru Sarl Mennecy

Koestler, Arthur: *Die Wurzeln des Zufalls*, Suhrkamp, Frankfurt 1974

Leuenberger, Hans-Dieter: *Der Baum des Lebens, Tarot und Kabbala*, H. Bauer, Freiburg i. B. 1982

Lévi, Eliphas: *Transzendentale Magie*, erster Teil, Sphinx, Basel 1975

Peach, Emily: *Das Tarot Werkbuch*, O. W. Barth, München 1986

Peat, F. David: *Synchronizität. Die verborgene Ordnung*, O. W. Barth, München 1989

Pennington, George: *Handbuch für Glasperlenspieler*, Hugendubel, München 1981

Regardie, Israel: *Il Giardino dei Melograni*, aus dem Englischen, Edizioni Mediterranee, Rom 1990

Richardson, Alan: *Die mystische Kabbala*, Sphinx, Basel 1982

Virio, Paolo M.: *Lo splendore della Kabbalah*, Amonethes, Genua

Virya, Vedhyas: *Spiritualité de la Kabbale Médiévale et Provençale*, Editions Presence, 1986

Weidelener, Herman: *Die Götter in uns*, Goldmann, München 1987

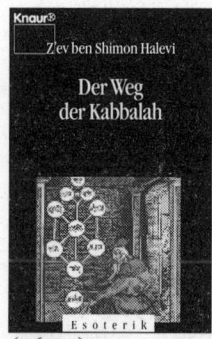

Westliche Wege

Knaur®

Neil Douglas-Klotz

Das Vaterunser

Meditationen und Körperübungen zum kosmischen Jesusgebet

Esoterik

(86008)

Knaur®
Esoterik

Thomas Sugrue
EDGAR CAYCE
Die Geschichte eines schicksalhaften Lebens

(4107)

Knaur®
Esoterik

Hanneke und Hans Korteweg

DEM INNEREN LICHT FOLGEN

Chakren, Charakterstrukturen und die sieben Strahlen

(4261)

Knaur®
Esoterik

Katja Wolff

DER KABBALISTISCHE BAUM

Adams Schlüssel zum Paradies

(4223)

Knaur®
Esoterik

Katja Wolff

MAGIE
Kunst des Wollens
Macht des Willens

(4262)

Knaur®
Esoterik

Lex Hixon

EINS MIT GOTT
Mystik jenseits von Religion und Zeit

(4252)

Westliche Pfade

(4174)

(86024)

(4268)

(4279)

(4133)

(4163)

Knaur ®

Spirituelle Wege – die kleine Bibliothek der Weisheiten

(86057)

(86071)

(86075)

(86067)

(86072)

Spirituelle Wege – die kleine Bibliothek der Weisheiten

(86051)

(86053)

(86056)

(86064)

(86073)